LE DUCHÉ

DE VALOIS

PENDANT

LES QUINZIÈME ET SEIZIÈME SIÈCLES.

SOISSONS, IMPRIMERIE DE GILLES-GIBERT.

LE DUCHÉ
DE VALOIS

PENDANT

LES QUINZIÈME ET SEIZIÈME SIÈCLES,

Par Antony Poilleux.

Je n'enseigne pas, je raconte.

A Soissons,
CHEZ Mme LAMY, LIBRAIRE.

A Villers-Cotterêts,
CHEZ M. DELETTRE, LIBRAIRE.

ET CHEZ LES LIBRAIRES DE COMPIÈGNE, SENLIS ET CRÉPY.

—

1842.

AVANT-PROPOS.

La dernière histoire du duché de Valois, parut en 1764 et fut publiée par Carlier, prieur d'Andresy. Les trois volumes in-quarto qu'il a consacrés à cette description de notre belle province, ont cessé d'être en harmonie avec les besoins de l'époque dans laquelle nous vivons.

C'est avec une partie des matériaux qu'il nous a légués que j'ai composé ces études historiques.

J'ai commencé mon récit à l'établissement du duché de Valois au XVe siècle, par l'infortuné Charles VI, et je me suis arrêté au règne de Henri IV, qui avait abandonné à

Marguerite de Valois ce pays si riche en souvenirs historiques.

Le duché de Valois comprenait dans son ressort, les comtés de Braine, Nanteuil et Levignan;

Les vicomtés d'Oulchy, de Pierrefonds, de Boursonne, de Chelles, de Buzancy et d'Acy;

Les baronnies de Cramailles, de Givraye, de Saintine et de Pontarcy.

Enfin plus de six cents fiefs dépendaient encore de cette maison célèbre dans notre histoire.

Parmi ces localités, un grand nombre conserve encore un intérèt réel pour les arts ou pour l'histoire. Les couvens de Bourfontaine, de Valsery, de Longpont, de lieu restauré de Chartreuve, offrent encore des vestiges curieux de leur ancienne splendeur.

Les châteaux de Pierrefonds, de La Ferté-Milon, de Montespilloy, de Fère-en-Tardenois, sont des témoins parlans de la puissance du duché de Valois pendant les quinzième et seizième siècles.

J'ai donc cru utile de recueillir ce qui

reste de souvenirs historiques sur cette province, berceau de notre monarchie et qui se plaça dans toutes les époques à la tête de la civilisation. J'ai cherché à rattacher ces souvenirs à l'histoire générale du royaume, espérant rendre par ce moyen, l'étude de notre histoire nationale plus étendue et plus facile.

Si mon plan est mauvais, mon lecteur en décidera et mon excuse est dans mon intention. Mes prétentions comme compilateur ne sont pas assez élevées pour qu'un grand échec puisse me frapper, et je me soumets avec résignation au jugement de la critique, tout en faisant un appel à son indulgence et en remerciant mes souscripteurs de leur honorable confiance.

Oigny, 28 *avril* 1842.

CHAPITRE PREMIER.

Charles VI était en démence ; dans les instans de lucidité si rares que lui laissait sa maladie, ses yeux étaient frappés de l'état dans lequel la France était plongée par les divisions ambitieuses qui régnaient entre ses oncles Philippe de Bourgogne, le duc de Berry et son frère Louis d'Orléans, comte de Valois.

La reine Isabelle de Bavière et Valentine de Milan, femme du duc d'Orléans, profitant de l'absence du duc de Berry, réussirent à faire élever Louis, comte de Valois, au titre de lieutenant-général du royaume ; et le premier soin de ce prince, en prenant les rênes du gouvernement, fut de se mettre en garde contre les tentatives belliqueuses de ses compétiteurs.

En 1390, il avait commencé à reconstruire le château de Pierrefonds ; il profita du pouvoir qu'il obtenait pour le faire continuer, pour augmenter celui de La Ferté-Milon, qu'il avait fait rétablir à la même époque ; il fortifia tous les châteaux, toutes les villes de sa dépendance, et les sommes énormes qu'il employa à ces préparatifs de lutte, en augmentant les charges publiques et le nombre des mécontens, précipitèrent la France vers la guerre civile, dont le Valois dut se ressentir le premier.

Les impôts dont Louis d'Orléans frappa la France pour couvrir toutes ces dépenses excitèrent les murmures des grands et du clergé, qui n'étaient pas plus ménagés que le peuple.

Les ducs de Bourgogne, de Berry et de Bourbon firent des remontrances qui demeurèrent quelque temps sans effet ; mais bientôt Charles VI, effrayé par les menaces qui pénétraient jusque dans son palais, fit réunir un conseil et rendit à son oncle

Philippe de Bourgogne le pouvoir qu'il avait déjà exercé pendant sa minorité.

Le comte de Valois, mécontent, chercha à se venger en suscitant à son successeur des obstacles politiques, par la délivrance du pape Benoît (Pierre-de-Lune), retenu prisonnier à Avignon, et qui, en 1394, avait déjà fomenté les plus grands troubles à Paris.

Son caractère entreprenant le porta à défier, dans un combat singulier, Derby, duc de Lancastre, régnant sous le nom de Henri IV en Angleterre, au détriment de Richard II, qu'il avait détrôné.

Le duc de Lancastre refusa ce duel avec une fierté toute royale; enfin, après des récriminations mutuelles, la guerre éclata entre l'Angleterre et la France.

Cette déclaration de guerre servit à affermir les intrigues du pape Benoît; et le comte de Valois, profitant de la faiblesse de son frère, lui arracha la reconnaissance de ce pape à l'insçu du duc de Bourgogne.

Cette petite satisfaction, qui flattait l'amour-propre du jeune comte de Valois, lui nuisit encore dans l'esprit du peuple et dans l'opinion des grands, car bientôt après son exaltation, Pierre-de-Lune, loin de pacifier l'église, comme il en avait fait la promesse, sema de nouvelles divisions, qui compromirent davantage le crédit du duc d'Orléans.

Cependant la mort du duc de Bourgogne, arrivée à Hall, en 1404, l'intimité qui régnait entre lui et la reine Isabelle de Bavière, le placèrent de nouveau à la tête du gouvernement; il profita de cette nouvelle faveur de la fortune pour faire ériger, en 1406, par des lettres-patentes de Charles VI, le comté de Valois en duché-pairie. Ce nouveau titre à l'animosité de ses ennemis excita surtout la haine de Jean-sans-Peur, fils de Philippe de Bourgogne, qui lui avait d'abord succédé dans l'administration des affaires publiques et que les intrigues du duc de Valois avaient renversé.

Jean-sans-Peur, plus entreprenant que son père, conspira la mort du duc d'Orléans. Philippe de Bourgogne se fut contenté d'enlever à son rival la faveur du malheureux Charles VI; son fils fut plus criminel : il feignit une réconciliation, et profita du caractère plus droit de Louis d'Orléans, duc de Valois, pour le faire assassiner.

Ce prince avait un ennemi implacable en la personne de Raoul d'Auquetonville, gentilhomme normand, auquel il avait enlevé une charge à la cour.

Le duc de Valois occupait l'hôtel Saint-Pol. Le soir du 23 novembre 1407, il sortait, accompagné seulement de deux de ses gens, Raoul, en embuscade avec douze affidés, le guetta et l'atteignit rue Barbette.

Un coup de hache-d'armes coupa la main de Louis, qui jeta un cri ; un second coup de hache, porté par un des conjurés, lui fendit la tête et termina sa vie.

Il était âgé de trente-six ans. Mezeray le peint comme dévoré d'avarice, rongé d'ambition et d'une avidité insatiable. Un autre auteur (1), sans détruire complètement toutes ces asssertions, vante son courage et la noblesse de son caractère.

Les assassins prirent la fuite après cette exécution, et le corps de Louis d'Orléans fut porté par ses gens au couvent des Célestins, où il fut inhumé.

Le duché de Valois passa, après sa mort, à l'un de ses trois fils, Charles de Valois, qui fut en même temps duc d'Orléans. Il avait alors seize ans. Philippe-le-Hardi, père de Jean-sans-Peur, l'avait tenu sur les fonts de baptême à Paris.

Valentine de Milan, femme de Louis d'Orléans, était à Blois lorsqu'elle apprit le meurtre de son mari. Elle voulut chercher à obtenir justice contre Jean-sans-Peur ; Charles VI, avec la même faiblesse qui l'avait porté à ériger en duché le comté

---

(1) M. Carlier, *Histoire du Valois*.

de Valois, laissa ce crime impuni et continua au meurtrier de son frère la faveur qu'il lui avait jadis témoignée.

La duchesse d'Orléans se retira donc à Blois et y mourut le 4 décembre 1408.

Cette mort fit réunir sur la tête du jeune Charles d'Orléans des biens immenses, et lui donnèrent une influence extrême, qui fit trembler le meurtrier de son père. Jean-sans-Peur promit d'abandonner les affaires publiques, et la paix fut conclue en 1409.

Le duc de Bourgogne, deux mois après, avait violé la condition principale ; il avait repris tous ses emplois. La puissance de son caractère le rendait de plus en plus redoutable pour les grands, et une nouvelle rupture éclata entre les maisons de Bourgogne et d'Orléans.

J'ai dit que les possessions de ce dernier étaient considérables. Outre les duchés d'Orléans, de Valois et de Milan, il était comte de Beaumont, d'Ast et de Blois ; il était enfin possesseur du fief de Coucy.

Je crois utile d'appeler l'attention du lecteur sur l'état du Valois en 1410, époque à laquelle la guerre des Bourguignons et des Orléanais se préparait, cette guerre, prévue par Louis d'Orléans, qui n'avait rien ménagé pour rendre son duché capable de résister long-temps aux attaques de ses ennemis.

Une vaste ceinture de châteaux-forts, de villes fortifiées, protégeait la capitale du duché, séjour habituel de Louis et de Valentine de Milan. Au nombre de ces moyens de défense, je citerai Coucy, dont la gigantesque tour est si souvent visitée des curieux; Pierrefonds, Bethisy, Nanteuil-le-Haudoin, La Ferté-Milon, Oulchy et Braine. Tels étaient, en 1410, aux conférences de Gien, les principales forteresses qu'offrait le Valois à la ligue qui fut formée entre son jeune duc, tout ému de la perte de ses proches, et les comtes de Foix, de Clermont et d'Aarmagnac.

Le duc de Berry, pendant ces conférences, avait annoncé d'abord les intentions les plus pacifiques; mais bientôt il reprocha au Bourguignon ses manques de foi, son appel à l'étranger, et, chef un moment de cette ligue, il signa, le premier, les différentes lettres qui émanèrent de cette association contre un rival trop puissant.

Au milieu de ces préparatifs de guerre, le roi voulut opposer, dans un instant de répit que lui laissait sa maladie, une autorité que les grands n'étaient pas habitués à reconnaître.

Le duc de Bourgogne, de son côté, chercha à éluder les menaces par de feintes soumissions, tout en se préparant à la défense.

La ligue était formée complette et menaçante ; elle demandait la répression du meurtre de Louis d'Orléans ; le duc de Bourbon lui-même en faisait partie, et le duc de Bourgogne dut commencer ses hostilités en s'emparant de Creil.

Alors commença, pour le Valois, cette série de malheurs que la guerre civile amène. Les champs furent abandonnés, les terres ne pouvant être cultivées faute de bras. Le pays fut traversé par ces armées que la mortalité, le manque de vivres, n'élevaient jamais à plus de six à sept cents hommes, par ces armées que la misère et la guerre de parti disposaient aux pillages et aux massacres.

En 1411 donc, la France était divisée en deux camps, ici le duc de Bourgogne, le duc de Brabant, qu'il avait appelé à son secours, et le malheureux monarque, dont le nom, par un reste de vénération, faisait encore acquérir, dans le peuple, des partisans à Jean-sans-Peur.

Paris avait voulu se déclarer neutre ; un corps de huit mille Bourguignons punit, par sa présence et ses exactions, cette ville de son indifférence politique.

Il ne manquait à cette époque qu'un seul parti, celui de la patrie, déchirée par ces ambitions déçues, qui tantôt étaient devouées à l'Orléanais, tantôt au duc de Bourgogne.

L'autre parti, moins fort que celui de Jean-sans-Peur, se renfermait dans son apparente justice : il assurait de son amour pour la paix, il protestait de la pureté de ses intentions pour la prospérité de l'état, il appelait la punition d'un grand crime sur le coupable ; c'était dans ce seul but qu'il voulait réunir ses forces à Chartres.

Le dauphin avait pris parti pour le duc de Bourgogne ; la reine Isabelle, infidèle tour à tour au roi, à Louis d'Orléans, n'offrait pas assez de garantie au duc de Bourgogne ; il l'emmena de Melun à Paris, que les armées alliées menaçaient.

Le duc de Valois campait à Gentilly ; les troupes confédérées avaient pillé Saint-Cloud, Paris s'agitait et se déclarait en faveur du duc de Bourgogne, lorsqu'un accomodement, appelé d'abord la paix, puis la trahison de Bicêtre, vint dissoudre cette coalition.

Avec de telles passions en présence, cette nouvelle paix ne pouvait, pas plus que la précédente, calmer ces haines puissantes. Bientôt une accusation de complot contre le comte d'Alençon, le duc d'Orléans, le duc d'Armagnac, complot dont le but était de s'emparer du roi et du dauphin, pour gouverner en leur nom, vint faire éclater une nouvelle rupture.

Le peuple saisit avec avidité cette accusation de

complot ; sa haine contre les Armagnacs en augmenta encore.

Cependant les princes, irrités de cette accusation, protestèrent devant tous les pouvoirs existans ; ils demandèrent justice contre cette nouvelle calomnie du duc de Bourgogne, et tous leurs vassaux vinrent se réunir autour d'eux.

Le roi Charles ordonna en vain à sa noblesse de déposer les armes, de remettre à ses prévôts les clés des châteaux-forts. Les princes refusèrent d'obéir ; ils parurent cependant consentir à se soumettre à l'arbitrage du duc de Berry.

Jean-sans-Peur montra bien quelque répugnance; mais le duc de Valois exigeant la mise en accusation de plusieurs membres du conseil royal, toute négociation fut rompue, et les Armagnacs déclarés rébelles à leur souverain. Un bref du pape les excommunia en cette qualité.

Dans cette position, les forces du duc de Valois furent considérablement diminuées par les défections de ses officiers, que la mesure du pape intimidait, et le duc de Bourgogne, profitant de ces circonstances, engagea le roi Charles à tenter la conquête du Valois.

L'époque était malheureuse. Les cadavres des Orléanais, ne recevant aucune sépulture, infectaient l'air et devenaient la pâture des loups. Un hiver rigoureux, le manque de provisions l'accablèrent, tout semblait conspirer la perte du parti des Armagnacs, tandis que le clergé, qui avait été frappé d'un impôt excessif, se plaignait au roi Charles avec une arrogance que la rigueur des temps pouvait seule faire supporter.

Les manifestes des Armagnacs, les réponses des Bourguignons, imprégnés des passions les plus violentes, les sanglantes récriminations des deux partis, la tyrannie qu'éprouvait dans son intérieur le malheureux roi, qui ne pouvait se résoudre à ensanglanter le royaume, le détermina à un nouvel essai de rapprochement, rapprochement que le peuple de Paris, excité par Jean-sans-Peur, repoussa avec fureur.

La cour céda à ces exigeances, et le comte de Saint-Pol, favori du duc de Bourgogne, fut nommé gouverneur de Paris.

Ce fut lui qui créa ce corps de bouchers si fameux par ses sanglantes traces qu'il laisse dans l'histoire de ces temps de troubles. A la suite de sa frayeur, causée par une émeute de ces soutiens du gouvernement, le roi tomba dans son état de démence qui ne devait plus finir qu'avec sa vie.

Tandis que les partisans du duc de Valois étaient égorgés par le corps des bouchers de Paris, ce prince ravageait la Picardie et les dépendances de Jean-sans-Peur, qui préparait contre son adversaire des troupes nombreuses.

Ce fut pendant ces préparatifs qu'il apprit que le peuple de Paris se prononçait en sa faveur. Il enrôla tous ceux qu'il put réunir, et fit proscrire tous les partisans des Orléanais, et renouvelant, pour écraser plus promptement ses ennemis, son appel à l'Angleterre, il recevait de cette puissance, opposée aux intérêts de la France, huit cents hommes et mille archers.

C'était une guerre à outrance, c'était un combat général, Anglais et Bourguignons, Orléanais et Armagnacs, lutte terrible par son étendue, succès variés, chances opposées ; on rencontre tout en étudiant cette époque.

La Picardie était dévastée par le duc d'Orléans ; la ville de Roye tombait au pouvoir du duc d'Armagnac.

Les deux armées se rencontrèrent à Chauny, à Mont-Didier. Les Bourguignons l'emportèrent sur les Orléanais, qui avaient leur quartier-général à Acy-en-Multien. On assure que là le duc d'Armagnac fut désigné comme chef et donna son nom à cette entreprise.

Le comte des Vertus, frère du duc de Valois, avait fait manquer, par un retard, un coup de main que méditait Louis d'Orléans sur la ville de Senlis ; les Armagnacs étaient pressés d'attaquer Paris et de s'emparer du roi pour ramener la confiance dans leurs rangs.

L'armée passa devant Senlis, fit quelques pertes en hommes et en munitions et arriva à Saint-Denis. Le duc d'Orléans s'empara d'un trésor qui avait été déposé par la reine et le distribua à ses partisans. Le duc de Bourgogne fit publier une bulle d'Urbain V contre les compagnies de brigands, désignées sous le nom de cottereaux, routiers et tardvenus, et en fit l'application aux Armagnacs. Des prières publiques furent ordonnées contre ce parti, et le fanatisme, excité contre eux, fit commettre les atrocités qui toujours ont signalé les guerres de parti.

Les chances étaient de plus en plus défavorables à la cause des Armagnacs : neuf cents des leurs périrent au pont de Saint-Cloud, le comte des Vertus fut fait prisonnier, et le Limousin, la Guyenne et le Languedoc furent soumis au vainqueur.

Ce fut après ces échecs que le roi Charles VI, à l'instigation du duc de Bourgogne, fit tenter, par le comte de Saint-Pol, la conquête du Valois.

CHAPITRE II.

Il ne restait plus au duc d'Orléans, pour défendre le Valois contre les forces du Bourguignon, qu'un seul général, c'était Bosquiaux, dont la fidélité éprouvée avait servi d'appui aux trois fils du duc Louis après son assassinat.

Nicolas Bosquiaux commandait le château de Pierrefonds, près la forêt de Guise, une des clés du Valois, une des positions les plus importantes pour soumettre cette province.

Le comte de Saint-Pol avait ordre de s'en rendre maître; il attaqua d'abord le château de Crépy, et, craignant une résistance opiniâtre, il employa la négociation; il offrit une capitulation des plus honorables, et obtint la remise de la ville et du château.

Cette expédition lui ouvrit les portes des autres forteresses et lui facilita le siége de Pierrefonds.

Ce château, comme celui de La Ferté-Milon, était assis sur un roc; les tours avaient cent huit pieds de hauteur en maçonnerie, elles étaient au nombre de sept, unies ensemble par une double galerie crenelée; cette forteresse occupait un emplacement de deux mille quatre cent mètres carrés; cet emplacement formait une figure trapézoïde; au sud-est, la tour du milieu s'avançait de dix-huit pieds sur la plateforme et contenait la chapelle.

A la solidité la plus complète se joignait l'élégance la plus recherchée, et, sur ces ruines, l'œil du curieux rencontre les sculptures les plus délicates qui mériteraient d'être soigneusement conservées.

Bosquiaux, dit un historien (1), avait reçu du duc d'Orléans l'ordre de se rendre aux meilleures con-

---

(1) Carlier.

ditions, pour préserver cette riche création de Louis d'Orléans d'une dévastation; elle était à peine terminée. Aussi, quand le comte de Saint-Pol se présenta, lui offrit-il de livrer ce château, moyennant deux mille écus d'or et la liberté d'emporter tous les effets de ses gens d'armes, des saufs-conduits et les honneurs de la guerre.

Le comte de Saint-Pol exécuta avec le même soin que devant Crépy toutes ces conditions, et se fit nommer par le roi capitaine de Pierrefonds.

La Ferté-Milon vit, après cette capitulation, le comte Valeran obtenir sa forteresse par les mêmes moyens, et Villers-Cotterêts tomba de suite au pouvoir du comte de Saint-Pol, qui s'empara des équipages de chasse du duc d'Orléans dans le château de la Malemaison, remplacé depuis par celui que nous voyons encore.

Tout avait cédé dans cette partie du Valois aux armes du roi et du duc de Bourgogne : le comte de Saint-Pol avait tout soumis à leur obéissance ; bientôt il vint assiéger Coucy, que Renaud des Fontaines défendait pour le duc d'Orléans. Ce capitaine capitula à son tour, et les troupes royales occupèrent entièrement le Valois.

Pour achever complètement la ruine du parti d'Orléans dans le Valois, les paysans du Laonnais s'étaient réunis en partisans contre les siens et couraient sus à tous ceux qui tenaient pour lui dans les environs ; ils se nommaient *les enfans du roi ;* leur organisation était semblable à celle des *Jacquiers*, qui avaient désolé le Beauvoisis, et que le Captul de Buch, aidé du roi de Navarre, avait détruit sous le règne du roi Jean.

Quinze cents enfans du roi se présentèrent devant Pontarcy, que le comte de Roucy occupait avec un corps-d'armée échappé à la déroute de Saint-Cloud ; ils le sommèrent de se rendre, le comte de Roucy refusa et le siége fut commencé par cette horde sans organisation, qui parvint à renverser un pan de mur ; sur ces entrefaites, le prévôt de Laon arriva avec du renfort, le siége fut poussé avec régularité et la capitulation, offerte alors par les Armagnacs, fut acceptée, en ne conservant que la vie à la troupe du comte de Roucy, qui fut lui-même retenu prisonnier à Laon.

Ces enfans du roi firent encore d'autres excursions, et leur passage fut marqué dans le Valois, des traces qui accompagnent toujours les guerres civiles.

Réduit à la plus impérieuse nécessité, dépossédé de tout son pouvoir dans le Valois, abandonné des siens, le duc d'Orléans, dont le frère, le comte des Vertus, avait été fait prisonnier, le duc d'Orléans, dis-je, appela à son tour les Anglais à son aide.

Il était assiégé dans Bourges; le roi et le duc de Bourgogne serraient fortement les Armagnacs; un complot de ceux-ci, dont le but était encore de s'emparer du roi, avait échoué; leur position était des plus critiques.

La guerre, la famine, la peste, l'abandon du sol, fruit de ces discordes civiles, ruinaient la France et plus de deux mille gentilshommes, puisqu'on ne comptait pas alors le tiers-état, avaient déjà péri.

C'était au mois de juin 1412, que le duc de Lancastre envahissait les côtes de Normandie; un rapprochement eut lieu entre les deux partis.

Bourges fut livré aux troupes royales; les troupes anglaises furent congédiées par le duc d'Orléans, moyennant une somme qu'il ne put acquitter qu'en partie, et pour garantie de laquelle il donna son frère, le comte d'Angoulême, en ôtage. Des promesses mutuelles de réconciliation furent prononcées, et le Valois put rentrer sous la domination de Charles d'Orléans.

L'oriflamme que le roi Charles VI avait fait déployer contre les princes alliés fut remis à Saint Denis. Des fêtes, des félicitations furent adressées par les parlemens pour cette nouvelle trêve, qui devait être si courte.

Ce ne fut pas sans peine que le duc de Valois

put reprendre toutes ses forteresses ; Valeran, comte de Saint-Pol, refusa surtout de livrer les châteaux de Coucy et de Pierrefonds aux troupes du duc d'Orléans ; celui-ci en appela au roi, et le comte de Saint-Pol répondit aux ordres réitérés du monarque, que lui-même l'avait nommé à perpétuité capitaine de la forteresse de Pierrefonds, pour laquelle il avait déboursé deux mille écus d'or; outre les frais du siége, qu'abandonner ces deux places fortes, c'était livrer les bons et loyaux serviteurs du monarque aux vengeances du parti qui leur était opposé et qu'il était juste de leur accorder au moins quelque dédommagement.

Il était bien difficile de prendre, soit dans les finances de l'état, soit dans celles du duc d'Orléans, de quoi satisfaire cette dernière et si juste exigeance du comte de Saint-Pol, les deux caisses étaient également obérées, un siége en règle était soumis à bien des chances contraires et le duc d'Orléans devait craindre d'endommager un des édifices pour lesquels son père avait dépensé tant de sommes considérables.

Il chercha donc d'autres moyens de faire rendre le château ; il employa toutes les influences possibles pour déterminer Valeran à cet abandon, et celui-ci, fatigué de tant d'instances réitérées, parut se déterminer à céder.

Malheureusement la bonne foi qu'il avait mise dans toutes les capitulations précédentes fit place à un sentiment de vengeance bien fatal au château, il avait promis d'en remettre les clés à un commissaire nommé par le roi, qui avait désigné Dubos, bailly de Sens, et cette remise devait avoir lieu le 25 octobre 1415. Quelques jours avant en faisant les préparatifs d'abandon et de déménagement, le feu prit dans des matières combustibles, qu'on l'accusa d'avoir accumulées dans un dessein perfide, le progrès des flammes fut tel, qu'en peu d'heures la plus grande partie des toits avait été brulée, les tours endommagées et la chapelle surtout fortement attaquée.

Il s'excusa sur le hasard qui avait déterminé l'incendie des greniers à foin.

Les troupes du duc d'Orléans occupèrent donc des bâtimens ruinés, qu'il s'empressa de rendre habitables, mais la magnificence qui avait présidé à cette construction ne pouvait plus se reproduire, pas même à vingt ans de distance.

Ainsi commença la ruine d'un château, dont les restes mériteraient une sérieuse attention et des études spéciales, en raison des ornemens pleins de goût qui ont échappé aux divers genres de destruction depuis cette époque.

Les efforts des Français, un instant réunis, étaient

donc dirigés contre les Anglais, dont l'invasion était menaçante, lorsque Henri IV, duc de Lancastre, mourut dans cette même année 1413, et vint donner une année de trêve à la guerre étrangère, et faciliter ainsi les réactions civiles qui n'avaient été que momentanément appaisées.

Jean-sans-Peur s'était retiré dans ses états de Flandre ; il intriguait de là contre son compétiteur; il augmentait les forces armées et entretenait avec ses partisans à Paris des intelligences propres à lui faire rendre le gouvernement des affaires publiques.

Enfin il vint attaquer l'Ile de France ; son camp était près de Roye, delà il envoya des troupes dans les villes de Noyon, de Compiègne et de Soissons, qui lui furent livrées. Ce premier succès l'ayant rendu hardi, il se présenta devant Senlis, dont l'importance sur le Valois était très-grande, puisque cette ville était le siége présidial et le bailliage duquel ressortissait autrefois tout le Valois.

Senlis résista. Le capitaine loin de suivre l'exemple des trois commandans, que les menaces du duc de Bourgogne avaient intimidés, ou que les prières avaient séduits, promit de se défendre vigoureusement ; Jean-sans-Peur passa outre, tourna la ville, s'empara de Baron, de Dammartin, et vint attaquer Paris par la porte St-Honoré, qu'il trouva fermée contre son attente.

Ses espérances ayant été trompées par les mesures que son rival avait prises dans cette ville, il revint sur ses pas et se retira dans les trois villes que ses troupes occupaient. Pendant quatre mois les garnisons de Jean-sans-Peur dévastèrent le Valois.

Les Bourguignons que renfermait la ville de Compiègne attaquèrent trois fois sans succès le château de Bethizy. Renaud des Fontaines commandait à Crépy; Nicolas Bosquiaux de Pierrefonds surveillait en même temps les forts d'Ambleny, de Vivières et de Courtieux; enfin la Ferté-Milon, Montespilloy, Neuilly-Saint-Front, Oulchy, Vez, Longeuil, Saintines, Intines, etc., tenaient pour les Armagnacs, que le roi favorisait; il avait annoncé la ferme résolution de combattre à outrance les Bourguignons.

L'hiver fit continuer les excursions des compagnies Bourguignones. Pendant les mois de janvier, février et mars, elles dévastèrent le Valois, pillant les campagnes, et se répandant à l'improviste dans les bourgades ouvertes, à l'insçu des troupes du duc d'Orléans et malgré la vigilance de leurs commandans.

Les troupes orléanaises, de leur côté, mal payées, mal disciplinées, avides de butin, se répandaient dans les fermes, les hameaux et rançonnaient jusqu'à leurs propres partisans.

L'historien du Valois (1) raconte que deux ou trois Orléanais échappés, entraient dans une ferme et disaient au paysan : « Pour qui tiens-tu ? es-tu Bourguignon ou Armagnac ? » — « Je suis des vôtres, disait le fermier intimidé. » — « Mais encore quel parti suis-tu ? es-tu Bourguignon ? » — « Je suis, disait le campagnard, fidèle sujet de mon souverain ; je n'ai pas assez de connaissance pour juger les intérêts des princes, mes seigneurs, et je les respecte sans discuter leurs prétentions. » — « Mais es-tu Bourguignon ? » — « Hélas ! j'obéis au roi mon souverain maître. » — « Tu es donc Orléanais, disait le soldat, eh bien je suis Bourguignon ; vide ce que tu possèdes ou je t'applique le frontal de mes cordelières, etc.

Et alors les soldats appliquaient le malheureux à la question, le suspendaient par les pieds, allumaient un grand feu sous sa tête jusqu'à ce que la douleur lui ait ôté la vie s'il n'avait rien, ou lui ait fait dire où il recélait ses vivres ou son argent.

Vers Pâques de l'année 1414 ; les Armagnacs résolurent d'attaquer Soissons, Noyon et Compiègne. Le roi les accompagnait, l'oriflamme avait été déployée, ce fut la dernière fois que parut cet emblème, et le corps d'armée fut établi à Senlis en

(1) Carlier.

quartier-général. Ils passèrent dans cette ville le jour de Pâques et le lendemain, c'est-à-dire le 9 Avril, le roi accompagné du duc d'Aquitaine, son fils aîné, du duc d'Orléans, des princes du sang, de plusieurs prélats, se rendit au château de Verberie pour faire les dispositions nécessaires pour attaquer Compiègne.

Les Bourguignons abandonnèrent cette place, dont les habitans se déclaraient pour le parti des Armagnacs et vinrent se réfugier les uns à Soissons, les autres à Noyon; le roi fit son entrée à Compiègne avec grand appareil, il passa un mois tant dans cette ville qu'à Verberie.

Pierre de Menou était capitaine à Soissons, Guy Duplessis et Enguerrand de Bournonville étaient ses lieutenans. Dès qu'ils virent leurs forces augmentées par les réfugiés de Compiègne, ils résolurent de défendre cette ville contre les troupes des Armagnacs, et se préparèrent à un siége en approvisionnant la place.

Ils envoyèrent donc des partis dans les campagnes qui entourent Soissons et s'adressèrent surtout aux nombreux monastères qui s'étaient établis dans le voisinage.

La célèbre abbaye de bernardins, de Long-Pont, fondée en 1132 par Joslein, évêque de Soissons, enrichie quelques années après par Raoul IV de

Crépy, fut visitée par les fourrageurs Bourguignons, pendant que les moines chantaient leur office. Ils chassèrent les religieux de l'église, pillèrent les reliquaires, les vases saints, enlevèrent dans l'abbaye toutes les denrées, jusqu'au blé et au vin et retournèrent à Soissons, chargés d'un riche butin.

La même visite eut lieu à Valsery, abbaye de Prémontrés, située dans un beau vallon au-dessous de Saint-Pierre-Aigle, qui avait été établie à Vivières, puis transférée en 1149.

Les Bourguignons enfermèrent sous bonne garde les moines, et se livrèrent au pillage. N'ayant pas pu trouver les richesses qu'ils espéraient rencontrer, ils s'attaquèrent aux individus, et les sommèrent de livrer leurs trésors. Ne pouvant tirer aucun aveu, ils se portèrent contre les religieux aux plus tristes excès ; ils les frappèrent, en tuèrent quelques-uns, en mutilèrent d'autres et partirent après avoir enlevé tout ce qu'ils avaient trouvé, tant à Valsery que dans les lieux voisins.

Le 5 mai 1414, l'armée royale quitta Compiègne et vint à Soissons; le roi logea à l'abbaye Saint-Jean-les-Vignes, qui n'était pas encore réunie à la ville. Cette abbaye, dont l'église en ruines est le plus bel ornement de Soissons, avait été établie en 1075, par Hugues, de Château-Thierry. L'évéque de Soissons, Victor Comérin, s'était retiré, pendant ces calamités, dans le château du mont Notre-Dame, dans lequel il passa la plus grande partie de son épiscopat.

Le duc d'Orléans et le dauphin passèrent outre jusqu'à Saint-Quentin, et ne s'arrêtèrent pas avec le roi devant Soissons.

Pierre Menou refusa de se rendre; le siége fut poussé avec vigueur, la ville prise et les chefs des Bourguignons mis à mort. Le commandement de Soissons fut donné à Nicolas Bosquiaux, capitaine de Pierrefonds.

Le parti de Jean-sans-Peur paraissait ruiné, abattu; le duc ne pouvait plus compter sur les Flamands, qui jusque-là fidèles, lui refusaient leurs services, et envoyaient même des députés à Charles VI pour lui témoigner de leur fidélité à la cause royale. Dans ces conjonctures, il ordonna au duc de Nevers, son frère, d'aller implorer la clémence du roi.

Les Armagnacs ne pouvaient plus payer leurs troupes affaiblies par de nombreux combats, moins encore que par la disette et les maladies, suites ordinaires de privations excessives.

La comtesse de Hainaut, le duc de Brabant, les communes de Flandres pressaient le roi d'accorder cette amnistie demandée par Jean-sans-Peur, promettant de s'armer contre lui s'il manquait de nouveau à sa parole.

Des préliminaires de paix furent posés. Jean-sans-Peur trouva les conditions trop dures on exigeait des ôtages, les places fortes du Nivernais et de Champagne devaient être occupées par les Armagnacs ; il hésitait, les opérations de l'armée royale se continuaient. Le comte d'Armagnac défit pendant ces pourparlers un corps de quatre mille Bourguignons.

Jean-sans-Peur ne pouvait se résoudre à venir lui-même se soumettre au roi ; il craignait un piége ; assassin lui-même, il craignait une représaille ; le duc d'Orléans n'avait pas quitté le deuil de son père, ou l'avait repris ; les hostilités continuèrent, il fit de nouvelles pertes : l'armée royale assiégea Arras qui capitula. Ce siége fut remarquable en ce que, pour la première fois, la mousqueterie fut employée.

Enfin, il se résigna, sur les instances du dauphin, son gendre, qui voyait la France menacée par l'Angleterre et l'urgence de combattre l'ennemi commun ; il signa ce traité de paix, s'obligeant à remettre les châteaux de Chinon et du Crotoy, de chasser les chefs des Cabochiens, de rompre tout lien avec l'Anglais, d'observer le traité de Chartres, enfin de ne pas approcher de la capitale sans l'ordre ou la permission du roi.

Cette paix causa en France une satisfaction générale ; satisfaction que les ambassadeurs du roi d'Angleterre vinrent troubler en apportant la guerre étrangère au milieu d'un pays déchiré par les discordes civiles.

CHAPITRE III.

Les prétentions du roi d'Angleterre étaient excessives, il rappelait ses droits prétendus à la couronne de France; réclamait l'exécution du traité de Bretigny, la Normandie en toute propriété et, en cas de refus, il annonçait qu'il allait envahir la France.

Deux ambassades successives vinrent prouver

qu'il voulait profiter de l'état misérable du royaume pour assurer son usurpation ; ses lettres exprimaient la même détermination et ses réponses aux envoyés français, enlevèrent toute espérance de conserver la paix.

Il ne tarda donc pas à exécuter ses menaces, et, le 14 août 1415, il descendit avec une armée entre Honfleur et Harfleur. Les habitans, comptant sur la noblesse, ne firent aucune tentative pour s'opposer à son débarquement, et bien que le connétable fut à Rouen avec bon nombre de troupes, il lui laissa paisiblement commencer le siége d'Harfleur.

Les ducs de Bourgogne et de Valois reçurent l'ordre d'envoyer leurs hommes d'armes, et, suivant les conditions du rapprochement, ne devaient pas les accompagner. Jean-sans-Peur se plaignit de cet affront, promit d'envoyer huit cents hommes commandés par le comte de Charolais, son fils, et écrivit au roi une lettre pleine d'expressions de fidélité et de dévoûment. Le duc de Valois, malgré les ordres qu'il avait reçus, rejoignit l'armée, et son adversaire, justement irrité de cette défiance, fit défense à ses vassaux de se réunir à l'armée royale.

Pendant toutes ces lenteurs, nées de la difficulté d'organiser des moyens de défense si urgens, le siége de la ville se continuait, et la ville tombait au pouvoir des Anglais. Le 10 septembre on mena le roi lever l'oriflamme à Saint-Denis et l'armée prit la route de Normandie. La prise d'Harfleur avait consterné toute cette partie du royaume, mais la position des Anglais n'était pas brillante malgré ce succès; les maladies ravageaient l'armée qui manquait de vivres. Le roi d'Angleterre aurait voulu traverser la Somme, il avait rencontré une résistance imprévue, chaque jour des escarmouches diminuaient ses forces, la saison était mauvaise, sa retraite était coupée; au lieu de cette marche triomphale que son orgueil lui promettait, il ne voyait plus que la misère et la captivité.

Il traversa la Somme à Saint-Quentin, grâce à la négligence de la garnison, et pénétra dans la Picardie. L'armée royale jugea le moment venu d'engager une action décisive. Au conseil de guerre, trente capitaines sur trente-cinq, furent d'avis de livrer bataille; on éloigna le roi et le dauphin, et un héraut fut envoyé au monarque anglais, qui marchait sur Calais, alors sous sa domination.

Les deux armées se rencontrèrent enfin; l'ardeur de la noblesse française était extrême; la victoire paraissait certaine; la fermeté d'Henri V soutenait seule ses troupes.

Cependant il fit quelques propositions de paix; elles lui furent refusées; une paix sans avoir combattu, après tant d'injures, tant d'outrages, fut rejetée par le caractère chevaleresque des princes français !... Fatale détermination qui coûta tant de malheurs à la France. Le vendredi, 26 octobre 1415 l'armée anglaise fut attaquée à Azincourt, dans le comté de Saint-Pol, arrière fief du comté de Boulogne, par l'armée française quatre fois plus nombreuse.

Malgré les souvenirs encore récens des batailles de Crécy et de Poitiers les mêmes fautes furent commises, les mêmes pertes suivirent un événement pareil.

Les Anglais repoussèrent avec le courage que donne le désespoir, une attaque trop vive et mal concertée. Le désordre naquit de l'étonnement, et, malgré un grand nombre d'exploits individuels, de traits de bravoure et de courage, l'armée anglaise fut victorieuse.

Quatorze mille Français périrent dans cette funeste journée, sept princes français restèrent sur le champ de bataille, et les ducs d'Orléans, de Bourbon, les comtes d'Eu, de Vendôme, le maréchal de Boucicaut payèrent par leur captivité les maux que leur folle présomption, leur fatale imprudence avait appelés sur l'armée française qui vit moissonner toute sa noblesse.

Le duc de Bretagne et le maréchal de Coigny arrivèrent pour apprendre ce désastre, et ils n'osèrent pas tenter une revanche qui aurait pu consoler la France et lui éviter bien des maux ; puisque malgré la victotre, le roi Henri V fut obligé de retourner en Angleterre pour y lever une nouvelle armée.

La défaite d'Azincourt eut les suites les plus fatales ; le duc d'Orléans était prisonnier, le Valois abandonné ; Jean-sans-Peur, dont on avait éloigné les troupes par esprit de méfiance jugea le moment favorable pour revenir à ses projets d'ambition et il se déclara pour Henri V.

Il n'avait plus qu'un ennemi à redouter, c'était le comte d'Armagnac, auquel le roi Charles VI venait de confier l'épée de connétable.

Les Flamands lui étaient revenus, il avait dix-mille hommes bien armés, bien dévoués ; il s'avança jusqu'à Provins et il entretenait des émissaires à Paris.

Le Valois était gouverné pendant la captivité du duc par le brave Bosquiaux, auquel le comte d'Armagnac avait confié la surintendance de tous les châteaux forts du Valois et qu'il avait continué dans le gouvernement de Pierrefonds et des tours de Courtieux, Viviers et Ambleny.

Le roi appela Bosquiaux à Paris; les intelligences du duc de Bourgogne avaient travaillé les esprits. Bientôt le roi fit enlever aux parisiens leurs armes, les chaînes qui leur servaient, dans les temps d'émeutes, à barricader les rues et pour imposer aux habitans de la capitale, il fit approcher Bosquiaux et Clugnet-de-Brabant avec leurs troupes.

Le dauphin venait de mourir d'une dyssenterie; son frère, Jean, duc de Touraine, lui succédait; Jean-sans-Peur réclama sa fille, veuve de Louis, et le douaire qu'elle avait apporté. La princesse vint le retrouver seule à Lagny, la dot resta.

Les Armagnacs obtinrent quelques succès. Le duc de Bourgogne, qui attendait à Lagny que les circonstances fussent toutes en sa faveur, fut forcé de se retirer dans les Pays-Bas. Il livra Lagny au pillage avant de quitter cette ville.

On l'appela, à propos de ce séjour, *Jean de Lagny* qui n'a point hâte. Quelques-uns de ses partisans qui avaient ravagé une partie du Valois et de l'Isle-de-France jusqu'à Verberie, furent pris et condamnés au dernier supplice en 1416.

Vers cette époque Jean-sans-Peur fit un traité

avec Henri V. Le comte d'Armagnac par les impositions excessives dont il accablait le peuple, par ses habitudes dures et impérieuses, s'aliénait les esprits ; on commençait à regretter le gouvernement du duc de Bourgogne ; ses émissaires le prévinrent, il revint en France et fut accueilli avec joie et confiance en Champagne, en Picardie et dans l'Isle-de-France ; il abolissait les impôts dans tous les lieux qui se soumettaient à lui, parlait aux habitans avec douceur et affabilité et devenait menaçant pour le connétable.

Celui-ci plein d'exaspération eût préféré voir perdre la France que de céder à son adversaire.

Les Bourguignons entrèrent dans le Valois ; ils avaient pour chef un Hector de Sauveuse, qui déjà avait été banni par Charles VI, pour des exactions et pillages qu'il avait commis contre les Armagnacs.

Ils attaquèrent Nanteuil-le-Haudoin, pillèrent la ville et surprirent dans le château Louis de Pacy qu'ils dépouillèrent et auquel ils conservèrent la vie après lui avoir fait jurer de renoncer au parti des Armagnacs.

Le village de Chevreville près Nanteuil fut brûlé, les habitans emmenés à Meaux, les plus dévoués au duc d'Orléans pendus et toute cette partie du Valois tellement dévastée que les terres restèrent trente ans sans recevoir de semence.

Pendant ce temps Senlis était attaqué par Jean de Luxembourg, vaincu jadis à Arras par le maréchal de Boucicaut; le capitaine Robert d'Eusne, qui commandait pour le roi, ne voulant pas exposer la ville et la garnison aux malheurs qui suivent une défaite, demanda et obtint une capitulation honorable; il se retira au fort de Montespilloy.

Compiègne avait été assiégé et rendu avec capitulation au détachement que commandait Hector de Sauveuse au retour de son expédition de Nanteuil. De cette place, Sauveuse envoyait des partisans dans l'intérieur du Valois; quelques-uns vinrent braver à Pierrefonds le fameux Bosquiaux qui avait repris le commandement; ce capitaine prit ses mesures et se rendit maître de Compiègne par un coup de main souvent cité, bien connu et qui cependant doit trouver ici sa place.

La garnison de Compiègne laissait souvent cette ville sans défense, lorsque la nécessité l'obligeait à aller faire des vivres. Le capitaine de Pierrefonds profita d'un de ces momens d'abandon et plaça cinq cents hommes dans une embuscade; il avait caché sa troupe dans une futaie entourée de haies, de morbois, à peu de distance de Compiègne, près la porte dite de Pierrefonds.

Il attendait là une occasion, elle se présenta : un

chartier qui conduisait du bois fut pris ; il dut céder sa voiture et ses habits à un des soldats de Bosquiaux, et quelques soldats déguisés suivirent la charrette.

A l'entrée de Compiègne, le pont-levis baissé, la herse levée, un des soldats tua le limonier, et à la faveur de cet embarras, les huit hommes, sans même attendre le gros de la troupe, égorgèrent la sentinelle et pénétrèrent dans Compiègne.

Hector de Sauveuse était absent; ses deux lieutenans manquèrent de vigilance, le concierge Boulvy seul reconnut dans l'un des faux paysans un Armagnac; un coup de hache l'empêcha de donner l'alarme.

Bosquiaux vint avec ses hommes et les deux lieutenans, Chièvres et Crève-Cœur qui s'étaient enfermés dans la tour de Corneille, furent obligés de se rendre, la ville fut pillée en partie, tous ceux qui tenaient pour Bourgogne furent emmenés à Pierrefonds avec les seigneurs de Chièvres et de Crève-Cœur.

Le sieur de Gamaches, zélé royaliste, resta à Compiègne en qualité de gouverneur pour le parti des Armagnacs.

Le seigneur de Chièvres avait à Pierrefonds un frère qui était officier dans les troupes de Bosquiaux ; il voulut faire évader le prisonnier ;

surpris par le vigilant et inflexible capitaine, il paya de sa tête ce dévoûment fraternel; le prisonnier fut transféré des prisons hautes dans les souterrains du château.

La France était déchirée par les maux les plus affreux, les divisions les plus inextricables; le nouveau dauphin avait épousé la fille du comte de Hainaut, partisan du duc de Bourgogne; le comte de Hainaut retenait son gendre, et ne voulait le laisser libre qu'autant qu'il serait permis à Jean-sans-Peur d'aller à Paris; le comte d'Armagnac voulut arrêter le comte de Hainaut qui parvint à s'échapper.

Le dauphin Jean mourut subitement. Le duc de Berry, le roi de Sicile moururent à la même époque; le comte de Ponthieu, troisième fils de Charles VI, depuis Charles VII, avait été élevé par les Armagnacs dans la haine des Bourguignons. Il avait alors quinze ans et annonçait un caractère entreprenant qui devait paraître dangereux au duc de Bourgogne.

Celui-ci profita des mécontentemens de la reine à laquelle le comte d'Armagnac venait de dérober un trésor; il exploita la fureur et la désapprobation générale qui avait suivi le meurtre du chevalier Bois-Bourdon, surpris par le roi, sortant de Vincennes, résidence d'Isabelle et siége de la cour d'amour. Grossissant son armée, cultivant le clergé, la noblesse, il s'approcha jusqu'aux portes de Paris, comptant sur un soulèvement.

Le dauphin, malgré son jeune âge, avait repris la ville de Rouen et puni sévèrement les auteurs d'une révolte; ses réponses au duc de Bourgogne étaient celles d'un suzerain.... La reine exilée à Tours, délivrée par Jean-sans-Peur, opposa à son pouvoir une régence dont elle partageait le titre avec son libérateur; elle établit un parlement à Troyes, nomma un chancelier. Plusieurs tentatives du Bourguignon sur Paris furent encore infructueuses, la vigilance du connétable déjoua ses projets.

Le roi d'Angleterre profitait de ce cahos; il soumettait la Normandie malgré les efforts de quelques braves. Le péril de la France devenait de plus en plus imminent; le pape Martin V, le roi Sigismond, cherchèrent à concilier les divers intérêts en proposant pour la régence le dauphin et le duc de Bourgogne.

Un conseil fut établi, les préliminaires arrêtés. L'ambition du connétable s'opposa à l'exécution de ce projet, le conseil se sépara sans rien décider.

Périnet Leclerc, fils d'un marchand de fer, en livrant Paris aux troupes de Jean-sans-Peur trancha les difficultés; mais les plus affreuses réactions eurent lieu dans la capitale contre les Armagnacs.

vaincus de nouveau. Les Parisiens qui naguères avaient proscrit les Bourguignons reçurent Jean-sans-Peur et Isabelle avec l'enthousiasme le plus grand. Le comte d'Armagnac, plusieurs évêques, des magistrats, des bourgeois notables faits prisonniers à l'entrée des bourguignons avaient été massacrés, égorgés ou jetés par les fenêtres sur les piques des soldats, par la multitude effrénée qui se montre toujours dans les temps de réaction.

Le parti des Armagnacs devint donc le parti du dauphin qui haïssait le duc de Bourgogne en raison des maux qu'il lui attribuait; il préféra le rôle de chef de parti à celui de dauphin captif; il établit dans Poitiers un parlement et appela à son aide tous les jeunes héros dont les noms sont devenus historiques.

Une conférence avait eu lieu entre le dauphin et le duc de Bourgogne, ils avaient signé leur réconciliation à Pouilly, près Melun, ils s'étaient embrassés. Cette union pouvait sauver la France, elle fut accueillie avec une satisfaction générale. L'Anglais s'approchait de Paris et les Parisiens honteux de leurs fureurs civiles se montraient consternés à l'approche de l'étranger. Toutes les espérances étaient dans l'accord des deux chefs de parti, lorsque le dix septembre 1419, dans une conférence qu'ils devaient avoir ensemble, sur le pont de Montereau, Jean-sans-Peur périt, assassiné suivant les partisans des Bourguignons, et suivant d'autres historiens, victime d'un geste qui parut une provocation en réponse aux reproches que lui adressait le dauphin.

L'embarras des historiens est extrême pour expliquer cet événement aussi imprévu qu'impolitique et qui fournit à la reine Isabelle l'occasion de prouver à son fils ce que pouvait sa haine.

En effet elle écrivit à Philippe-le-Bon, comte de Charolais, nouveau duc de Bourgogne. Elle l'excita à la vengeance en concluant une trêve avec Henri V, traité qui fut suivi quelques mois après (1420) du honteux traité de Troyes qui reconnaissait pour héritier présomptif de la couronne de France Henri V, et l'établissait régent du royaume pendant la vie du roi. Il épousa Catherine de France, et le dauphin fut déclaré ennemi de l'état et incapable, par ses crimes, de succéder au trône.

Les environs du Valois étaient occupés pendant les années 1419 et 1420 par les troupes anglaises devenues troupes royales; elles faisaient souvent des excursions sur les domaines du duc d'Orléans, et dans tous les lieux qui reconnaissaient l'autorité du dauphin.

Les Anglais avaient été en Brie; ils revenaient

par Nanteuil; Bosquiaux, de Pierrefonds, dut connaître leur itinéraire, il en donna avis au sieur de Gamaches, qui défendait Compiègne.

Robert d'Eusne s'était retiré, après sa capitulation de Senlis, à Montespilloy avec la garnison.

Les trois capitaines prirent leurs mesures pour couper les Anglais à leur retour de Brie. Ce fut le sieur de Gamaches qui fut chargé de cette expédition qui réussit complètement malgré l'infériorité des Français, qui tuèrent environ soixante ennemis, firent des prisonniers et s'emparèrent du butin des partisans qui se sauvèrent à Creil.

Le malheureux Louis de Pacy que nous avons vu surpris à Nanteuil par les Bourguignons et qui avait été forcé de combattre contre les Orléanais, avait accompagné les Anglais depuis Nanteuil jusqu'à Montespilloy; surpris par la troupe de Gamaches et fait prisonnier, il fut retenu en cette qualité dans la ville d'Orléans pendant cinq ans environ.

La disette, le froid rigoureux de l'hiver, (1419 à 1420) firent naître la misère dans les deux armées, puis la peste vint compléter ce triste tableau de discordes et de guerres. Les garnisons de Compiègne et de Pierrefonds étaient, dit Monstrelet, comme *affamées,* et firent des excursions dans le

Vermandois, leur propre pays étant entièrement ruiné.

Château-Thierry ayant été livré aux Anglais, les petites places qui l'entouraient ne purent résister, et Neuilly-Saint-Front, Oulchy tombèrent au pouvoir de Henri V, dont l'armée, affaiblie par les maladies, les pertes et enfin par les garnisons, réclamait un renfort, qu'il alla chercher en Angleterre, tandis que Jean-sans-Peur se rendit, par le même motif, en Flandre.

Le Valois avait, dans son étendue, les forêts de Retz, de Cuise et de Laigue.

Un corps de Bourguignons vint attaquer à Saint-Riquier, de l'autre côté de la Somme, le maître d'un des châteaux qui avoisinent la forêt de Laigue. Le seigneur d'Offemont était un brave capitaine, mais la garnison était excédée de faim et de fatigue, il lutta cependant avec avantage et assez long-temps pour qu'un autre Armagnac, Jacques d'Harcout, ait pu venir à son secours, en amenant quelques compagnies levées dans le Valois. Au moyen de ce renfort, le siége fut levé, et les assiégeans perdirent beaucoup des leurs.

Le duc de Bourgogne revint en force pour réparer cet échec. Le seigneur d'Offemont capitula après quelques nouveaux efforts; il obtint la permission de se retirer avec sa troupe où bon lui semblerait. Il passa la Somme à Blanquetaque, traversa le Vimeux, et divisa sa petite troupe dans les garnisons de Crépy et de Pierrefonds.

Meaux était assiégé par les Anglais. Le roi Henri V pressa le siége avec vigueur; la garnison était aux abois; le seigneur d'Offemont, en cherchant à la secourir, fut enveloppé et fait prisonnier. Meaux capitula le 9 mai 1421; la garnison resta prisonnière. Son commandant Vausus subit la même peine.

Henri V traita le seigneur d'Offemont avec distinction; il chercha à se l'attacher, persuadé que son influence lui serait favorable sur l'esprit des autres capitaines Orléanais qui défendaient le Valois; il lui proposa de ramener, par ses conseils, les capitaines qui tenaient pour le dauphin. La position critique de ceux-ci, les extrémités de la faim, la misère des habitans qui se prolongerait pendant une résistance désespérée, déterminèrent la plupart d'entr'eux à céder aux avis du seigneur d'Offemont, et lorsque le roi Henri se présenta à Crépy comme lieutenant-général de Charles VI, le capitaine lui rendit le château.

Bosquiaux capitula à Pierrefonds et se retira avec la troupe à Choisy, près Compiègne.

La Ferté-Milon, Montespilloy, Béthizy, Chavercy, Xaintines, cédèrent au vainqueur, et au commencement ou vers le milieu de 1422, le parti du dauphin ne possédait plus aucune forteresse dans le Valois.

Le seigneur de Gamaches avait été forcé lui-même d'abandonner Compiègne pour délivrer son frère, l'abbé de St.-Pharon, fait prisonnier en combattant, avec trois religieux, au siége de Meaux.

Il ne restait donc plus, au commencement de 1422 au dauphin et au duc d'Orléans aucune place dans le Valois. Toutes les garnisons étaient anglaises, car le roi d'Angleterre, peu confiant dans la foi de Jean-sans-Peur, éloignait les chefs Bourguignons de la possession des châteaux-forts.

La situation du Valois s'améliorait un peu sous l'influence étrangère. Les hostilités avaient cessé dans cette partie de la France, et la guerre se continuait sur l'autre rive de la Loire.

Le roi d'Angleterre cherchait à se concilier les populations; il flattait les moines, il favorisait les monastères, celui de Cerfroid surtout reçut de lui de fréquentes marques de bienveillance. Dans ce monastère, situé entre Gandelu et Montigny-l'Allier, sur les marches du Valois et de la Brie, et chef d'ordre des Mathurins, avait été nommé après beaucoup de dissentions en 1421, ministre-général, Jean Halboud, homme de savoir et de prudence, qui s'était fait estimer du roi d'Angleterre.

L'astrologie était alors en grand honneur ; les psautiers qu'on appelle heures de Charles VIII, ont en tête une figure humaine dont tous les rapports avec les planètes sont soigneusement décrits.

Jean Halboud était un savant et un habile ; il était le plus capable de dresser un *thème de nativité*. Le roi Henri V le fit venir pour tirer l'horoscope de son fils qui venait de naître.

Le moine annonça au monarque anglais que son fils perdrait un jour les deux couronnes de France et d'Angleterre.

Henri ne s'offensa pas de la liberté de l'explication ; il fut frappé de cette prédiction ; la résistance opiniâtre, qu'il avait éprouvée au siége de Meaux, fit naître en même temps de fâcheux pressentimens dans son esprit, et il dit tristement à son chambellan : « Henri, né à Montmouth aura régné peu et conquis beaucoup ; Henri né à Windsor, régnera long-temps et perdra tout, mais la volonté de Dieu soit faite.

Au lit de mort il fit appeler le duc de Bedford, et en le priant de servir son fils avec le même zèle qu'il lui avait prouvé, il lui recommanda de retenir les prisonniers d'Azincourt, et de conserver au moins la Normandie à son fils, s'il devenait un jour nécessaire de faire un traité avec son adversaire Charles, dauphin de France. Il mourut le 31 août 1422 à Vincennes.

Quelques temps après, le 21 octobre de la même année, l'infortuné Charles VI mourait à Paris, seul, abandonné ; le peuple, malgré sa misère, le pleura, car dans ces derniers temps, sous le gouvernement des Anglais, toutes ses espérances avaient été placées sur ce roi qu'on appelait le bien-aimé

Jules, duc de Bethford, devenu régent du royaume au nom de Henri VI, chercha à s'emparer de Bosquiaux, le seul des anciens partisans du duc d'Orléans, qui tînt encore pour le Dauphin ; la politique lui faisait un devoir de s'assurer de cet habile capitaine, qui pouvait profiter de l'incertitude des esprits, après les deux événemens qui venaient d'ébranler le parti des Anglais.

Bosquiaux, retiré à Choisy, n'avait avec lui qu'une poignée de braves, faible ressource pour défendre un château mal fortifié. La place fut emportée d'assaut ; Bosquiaux, pris les armes à la main, fut mené en triomphe à Paris, et expia sa longue et glorieuse fidélité à la cause qu'il avait défendue, par un jugement qui le condamna à mort, à cause du supplice qu'il avait fait subir à Guy d'Harcourt, bailli de Vermandois.

Il eut la tête tranchée, et fut écartelé dans les premiers jours du mois de novembre 1422.

CHAPITRE IV.

CHARLES VII.

Le dauphin était dans le Berry, lorsqu'il apprit la mort de son père; après les instans consacrés à la douleur il fit lever la bannière royale dans une pauvre chapelle, d'une bourgade ignorée à Mehun-sur-Yevre. Il ne lui restait qu'une bien faible portion du vaste royaume de France, mais il réunissait autour de lui des généraux pleins de courage et de dévouement qui le tirèrent de l'état d'anéantissement dans lequel il se trouvait.

Saintrailles et le sire de Gamache qui avaient repris le commandement des troupes françaises répandaient en 1423 son autorité dans les marches de Picardie et de Valois. Jacques de Harcourt s'était enfermé dans la forteresse du Crotoy et la défendit avec avantage pendant quelques mois ; mais il fut obligé de l'abandonner et de se réfugier à Parthenay, chez le père de sa femme, gentilhomme bourguignon dont il voulut s'emparer pour livrer le château à Charles VII ; son projet qui trahissait l'hospitalité qu'il avait reçue, tourna à sa perte, il fut tué par les habitans de la ville qui accoururent délivrer et venger leur seigneur.

La guerre se faisait par compagnies ; Saintrailles, fait prisonnier à Crévant et racheté par Charles VII, combattait contre Jean de Luxembourg dans le Vermandois et dans le Valois ; ils prirent et reprirent Compiègne et d'autres châteaux. Jean de Luxembourg était redouté des seigneurs du Valois, qu'il forçait à le suivre contre les troupes du roi Charles ; ils se réunirent pour aviser aux moyens de conserver leurs châteaux qu'ils retrouvaient souvent dévastés pendant leurs expéditions. L'assemblée fut divisée d'opinions, quelques-uns se déclarèrent pour le roi Charles et livrèrent à ses troupes leurs forteresses.

La guerre se présentait avec des chances plus favorables au roi de France; la déroute de Crévant était réparée par des avantages partiels, il est vrai, mais qui étendaient sa puissance. Des secours étrangers lui arrivaient, les écossais surtout se rangeaient sous ses drapeaux en nombre imposant. Un fils lui était né: ce fut Louis XI, et sa naissance, malgré la misère extrême, fut célébrée par des fêtes et des réjouissances qui augmentèrent l'enthousiasme en affermissant son autorité.

Ce fut pendant ces combats de compagnies, ces rencontres de partisans, que le château de Braine fut détruit par les troupes du roi qui vinrent camper devant le « château du Haut, près de Braine,
« après avoir pris cette ville, ensemble le Mont-
« Notre-Dame et Bazoches, près Soissons, l'atta-
« quèrent en grand nombre, et pendant long-
« temps, faisant sur lui feu de grosse batterie de
« *canon* et autres pièces; dedans le château,
« étaient les gens de Robert Sarrebruche, damoi-
« seau de Commercy qui, lors, était occupé aux
« guerres de Lorraine, quoi voyant ladite garni-
« son et n'espérant aucun secours, fit une sortie
« sur les Armagnacs qui les repoussèrent vigoureu-
« sement dedans le château et en grand désor-
« dre, tellement que entrèrent ensemble faisant
« grande exécution et laide tuerie de ceux qu'ils

« trouvèrent dedans, et non contens de l'occision
« et pillerie qu'ils avaient faites, mirent le feu par-
« tout et le démolirent et à cette cause fut appelé
« ce lieu *château de la folie*, qui fut en 1423, le
« lundi d'après le jour de monseigneur St.-Denis·

Les ruines de ce château dans lequel les scènes les plus atroces, l'orgie la plus cruelle furent exécutées, existent encore bien conservées et portent dans le Valois les noms de Château-du-Haut ou Château-de-la-Folie; cette dernière dénomination est aussi attribuée aux prodigalités que son constructeur rassembla ce qui lui fait donner quelquefois le nom de *folie d'Egmont* (1).

Les troupes du roi, sur lesquelles Braine et ses environs avaient été repris, vinrent s'emparer de la ville de La Ferté-Milon et attaquer la forteresse; les Bourguignons furent délivrés par le maréchal de Villiers-l'Isle-Adam qui, avec un renfort très opportun, força les royalistes à lever le siége.

La bataille de Verneuil en 1424 funeste au parti de Charles VII, qui perdit l'élite de ses capitaines, compromit sa cause et lui attira les railleries de ses ennemis qui l'appelaient le roi de Bourges ou le comte de Ponthieu.

Des négociations furent entamées avec le duc de Bourgogne; le comte de Richemont reçut l'épée

(1) Note N° 1, à la fin du volume.

de connétable. Le duc de Glocester irrita Philippe en attaquant ses possessions dans le Hainaut, le défi que ces deux ducs se firent, les instances écrites du pape Martin V au duc de Bourgogne, pour l'amener à des sentimens plus pacifiques envers le roi Charles, et surtout les manifestations toutes nationales des Bourguignons en 1425, le disposèrent à conclure une paix si nécessaire à ce malheureux royaume.

Les désordres que la guerre avait introduits dans les édifices étaient immenses; aussi, aux assises générales du Valois, tenues à Crépy en 1428, s'occupa-t-on des travaux nécessaires à la réparation des édifices publics; faute de bras pour disposer les pierres, on employa du bois et la quantité consommée fut telle, que le prix en devint excessif pendant plusieurs années.

Carlier que j'ai sous les yeux, s'exprime ainsi et je crois nécessaire de copier son texte.

« C'est un préjugé presque général d'attribuer aux
« Anglais la construction des plus beaux édifices des
« règnes de Charles V, Charles VI et François Ier.
« Les Anglais n'ont fait que détruire sans rien répa-
« rer et n'ont rien bâti; leur séjour dans les villes
« fut trop court, trop interrompu pour leur laisser
« la liberté des grandes entreprises; le roi d'Angle-
« terre ne commandait que des troupes..... Un

« ennemi habituellement occupé à chercher sa sub-
« sistance dans des pays ruinés, n'ira pas employer
« ses fonds à élever des monumens, ériger des
« palais, des églises. Les Anglais ont toujours fait le
« rôle d'ennemis. »

Pendant toutes ces années 1424, 25, 26 et 27,
rien ne se passa donc d'intéressant dans le Valois;
la guerre était de l'autre côté de la Loire, il était
soumis au joug anglais; les dispositions de Philippe-
le-Bon, du duc de Bretagne étaient incertaines,
malgré l'influence du connétable dans le gouvernement du royaume et les négociations du duc de
Savoie, pour amener un rapprochement complet,
tout restait dans une indécision favorable aux
intérêts des ennemis de la patrie.

La cause du roi Charles semblait désespérée en
1428; la discorde parmi les chefs du gouvernement,
l'augmentation des forces anglaises, la perte successive des places qui environnaient la Loire, et enfin le
siége d'Orléans qui avait entraîné l'abandon d'une
partie de ses partisans, l'avaient réduit à la dernière extrémité. Il fallait réunir autour de ce trône
chancelant, des appuis capables de changer immédiatement une fortune si fatale, il fallait, pour réveiller chez les Français accablés par des maux si
long-temps accumulés, la haine de l'étranger et
l'amour qu'ils avaient alors pour leur roi, un évé-

nement qui frappât la multitude, il fallait le merveilleux, exploiter la crédulité et le fanatisme, il fallait enfin la bergère de Vaucouleurs : Jeanne-la-Pucelle fit changer les destinées du gentil dauphin, et fidèle à la mission qu'elle disait avoir reçue, elle fit sacrer à Rheims ce prince qui reçut depuis le surnom de Victorieux.

Le siége d'Orléans fut levé le 8 mai 1429 et les merveilles qui se répandaient sur les faits, dire et gestes de Jeanne agissant sur les populations, les disposaient à secouer le joug des Anglais, les discours de la Pucelle (1), son opposition même dans le conseil du monarque, engagèrent ce dernier à se livrer aux avis de l'héroïne. Il partit donc pour Rheims en assurant sa puissance à Auxerre, à St.-Florentin, à Troyes, de là à Châlons et enfin à Rheims.

Après son sacre, ceux de Laon se soumirent aussi, le roi put arriver à Soissons où il fut reçu en souverain, il y séjourna trois jours pour recevoir serment de fidélité des villes de Château-Thierry, Provins, Coulommiers et Crécy-en-Brie.

Charles VII arriva à Crépy, qui lui ouvrit ses portes, il demeura quelque temps au château.

(1) Note N° 2.

Poton de Saintrailles, fut nommé gouverneur et s'occupa d'établir dans cette ville un quartier-général, afin de diriger les opérations qui devaient assurer aux Français leur entrée dans Paris. Une première tentative n'eut pas de réussite; à son retour il fut consolé par la nouvelle que Compiègne avait reconnu l'autorité royale. Le duc de Bethford rassembla douze mille combattans et vint à grandes journées pour s'opposer aux succès du roi, il s'établit à Senlis et de là, les deux armées s'observaient réciproquement, de nombreuses escarmouches eurent lieu; après bien des marches et contremarches les deux armées se rencontrèrent à Montespilloy et les dispositions suivantes furent prises.

Le duc sortit de Senlis qu'il occupait, alla camper près de Montespilloy sur les hauteurs, en tirant sur Baron; ces parties étaient couvertes de bois, de taillis et de buissons; ses hommes, inférieurs en nombre, étaient mieux placés que les Français, le régent fit en outre garnir d'archers le front de son armée et plaça sous le commandement du sire Villiers-l'Isle-Adam, huit cents Bourguignons d'élite; trois bannières étaient déployées dans le camp des Anglais, l'étendard de St.-Georges et les bannières de France et de Bourgogne. Les Anglais étaient à l'aile gauche, les Français de son parti à l'aile droite, lui-même au centre, soutenu par le capitaine et ses huit cents hommes, et sa retraite sur Senlis était assurée par une forte reserve.

Ses principaux officiers, Jean de Crouy, Jean de Créquy, Antoine de Béthune, Jean de Fosseux, le seigneur de Sauveuse, Jean-Bâtard de St.-Paul et d'autres, reçurent à cette occasion les éperons de Chevalier.

La même prudence dirigeait les Français ; la Pucelle, que Charles VII avait voulu conserver, assistait à toutes ces dispositions de grande bataille.

Le duc d'Alençon et le duc de Vendôme étaient à l'avant-garde, le corps de bataille était sous les ordres des ducs de Bar et de Lorraine, les archers avaient pour chefs Jean Foucaut et le sire de Graville, enfin les maréchaux de Raiz et de Boussac conduisaient une aile de l'armée au centre de laquelle le roi, accompagné des comtes de Clermont et du sire de La Trémouille, attendait que la bataille vint se présenter et décider de sa couronne. Un autre corps, formé par le sire d'Albret, le Bâtard-d'Orléans, Lahire, Saintrailles et la Pucelle, devait inquiéter l'ennemi en remplissant l'office de nos troupes légères.

Jeanne-d'Arc était dans de perpétuelles indécisions; le roi désirait le combat, plus d'une fois il s'avança pour reconnaître lui-même la position de l'ennemi, il écrivit au duc de Bethford pour l'engager à quitter son parc, celui-ci ne fit pas de réponse.

La position était critique pour les deux chefs de parti ; l'armée du roi couvrait le chemin de Nanteuil à Crépy, le moindre désordre dans les rangs l'exposait à être anéantie dans une plaine ouverte qui n'avait d'autre retraite à lui offrir que la ville de Crépy ; mais une défaite laissait toute la Brie à la disposition du vainqueur et toute l'influence heureuse de la levée du siége d'Orléans était perdue. Elle ne pouvait attaquer l'armée anglaise ni la tourner, ni la prendre en flanc, à cause des bois et de l'avantage des lieux.

Le duc de Bethfort, en risquant une bataille décisive et en la perdant, laissait aux Français des chances pour faire une invasion dans la Picardie et dans la Normandie qu'il était important de conserver au jeune roi Henri, il connaissait et devait craindre les dispositions d'un peuple qui n'attendait que le moment de se délivrer du joug étranger ; tout le temps se passa en escarmouches sanglantes, puisqu'elles n'avaient lieu qu'entre Français de chaque parti et qu'il ne se faisait pas de prisonniers ; le sire de La Trémouille faillit périr dans un de ces combats.

Enfin un soir, au coucher du soleil, les Picards du régent ayant insulté les archers du roi, on en vint aux mains de chaque côté ; le nombre des combattans était égal, un duel de six cents hommes s'accomplit sous les yeux des deux camps avec le courage le plus acharné ; pendant plus d'une heure et demie, ces braves combattirent sans perdre un seul pouce de terrain et l'excès de lassitude fit seul arrêter ceux qui avaient pu survivre à cette lutte. Plus de la moitié des combattans resta sur le champ de bataille ; chacune des armées retira ses morts et ses blessés.

Le roi et la Pucelle témoignèrent leur satisfaction aux archers, le duc de Bethfort complimenta les Picards de leur vaillance.

On appela ce combat la journée de Senlis ; elle eut lieu sur le même terrain et dans les mêmes villes que les deux armées de Philippe-Auguste et du comte de Flandre avaient occupées ; dans le 13ᵉ siècle comme en 1429, les armées restèrent en présence sans en venir à une action générale.

Le roi, convaincu que le duc de Bethfort ne sortirait pas de sa retraite, revint à Crépy, il reçut un avis des bonnes dispositions des habitans de Compiègne pour sa cause, se présenta devant cette ville, la garnison se disposait à soutenir le siége, lorsque les bourgeois trouvèrent moyen d'ouvrir les portes aux troupes royales, les Anglais mirent bas les armes, et Charles VII entra dans la ville au milieu des acclamations et des expressions de la joie publique.

Toutes les places des frontières de Picardie furent entraînées par cet exemple ; le duc de Bethfort ne se croyant plus en sûreté à Senlis, se retira à Paris.

Bientôt après, la garnison de Senlis capitula et le roi vit en peu de temps tomber entre ses mains toutes les places de l'Isle-de-France, dont il confia le gouvernement à ses partisans. Renaud des Fontaines reprit le gouvernement de Crépy.

Chaque jour augmentait la situation favorable de Charles VII, le duc de Bourgogne lui-même se rapprochait de lui ; des négociations furent entamées à Compiègne le 27 août et une trève fut consentie le 28 pour les pays de la rive droite de la Seine, Paris excepté et les villes servant de passage à la rivière ; cette trève fut mal observée.

Pendant ces préliminaires, les troupes royales tentèrent un coup de main pour s'emparer de Paris que le duc de Bethford venait de quitter ; elles entrèrent à St.-Denis, passèrent huit jours dans cette ville et se présentèrent devant la porte St.-Honoré le 8 septembre, jour de Notre-Dame, croyant surprendre les Parisiens ou entrer dans la ville à la suite d'un mouvement en faveur de l'autorité légitime ; malgré tous les efforts, les exhortations et les promesses de Jeanne, les Français durent se retirer, après avoir perdu un grand nombre des leurs.

Un détachement des troupes de Renaud des Fontaines à Crépy, rencontra dans une excursion un gentilhomme Bourguignon, nommé Brimeux, avec cent hommes d'armes, fondit sur eux et les fit prisonniers ; Brimeux fut remis à Poton, qui lui rendit sa liberté moyennant rançon.

Ces cent hommes d'armes étaient les débris d'un corps de Bourguignons que la Pucelle avait battu à Pont-Lévêque ; après cette rencontre, elle s'était retirée à Compiègne, parce que ses troupes avaient diminué, Poton vint la retrouver dans cette ville avec un renfort et se disposa à la défensive ; il ne tarda pas en effet à être attaqué par les troupes du régent et du duc de Bourgogne qui, étonnées de voir de nouvelles fortifications, se retirèrent pour attendre du renfort.

Elles reçurent en effet mille archers, aux ordres du comte Huntington.

Les Anglais attaquèrent le pont, ruinèrent les fortifications et changèrent le siége en blocus. Ils envoyaient de Venette, où ils avaient établi leur quartier-général, des partis jusqu'à Pierrefonds et le comte de Huntington feignit d'attaquer Crépy, pour forcer la garnison de Compiègne à une sortie. La diversion n'eut pas lieu. Le comte, en ramenant son détachement, attaqua Saintines, château d'un accès difficile et entouré d'eau. L'artillerie anglaise força le commandant, qui n'en avait pas à capituler; de là les Anglais se rendirent à Verberie, dont le château découvert ne devait leur offrir aucune résistance. Un bourgeois de la ville, nommé Dours, s'était retranché avec les habitans dans le cimetière, et après une défense opiniâtre, forcé par le canon du comte, ce capitaine improvisé demanda à capituler, on ne l'écouta pas. Dours se retira avec sa troupe dans la chapelle de Charlemagne et foudroyé par l'artillerie, il fut obligé de se rendre à discrétion, lui et les siens. Le général anglais le fit pendre et dépouilla de leurs biens ses partisans; pendant qu'il prenait Saintines et Verberie, un détachement qu'il avait envoyé s'emparait de Pont-Ste.-Maxence et de ses environs. Il se porta ensuite sur Pierrefonds dont les murailles lui semblèrent capables de braver son artillerie, et il passa outre.

Il apprit alors que Poton profitant de son éloignement, était sorti de Compiègne, pour faciliter l'entrée dans cette place, d'un renfort et des vivres et munitions qu'il avait tirés du Valois, et qu'enfin le maréchal et le comte de Vendôme s'étaient réunis à lui pour délivrer Compiègne.

Jeanne-d'Arc (1) attendait avec Guillaume de Flavi, qui était gouverneur de la ville, le retour de Saintrailles; informée de sa réunion avec les deux généraux, elle crut le moment opportun pour une sortie et la tenta avec six cents hommes, le 24 mai 1430, veille de l'ascension. Après avoir long-temps combattu avec courage, elle rentrait avec les siens et s'était mise en arrière-garde pour assurer leur retraite; « Ne sais, dit un historien (2):
« si à escient ou parce que l'Anglais chaussait les
« éperons de trop près à nos gens, la barrière fut
« fermée sur la misérable fille, laquelle laissée de
« tous, pour être menée à la boucherie par les
« siens mêmes, tomba entre les mains de Jean de
« Luxembourg: lequel, joyeux d'une si belle prise,
« sachant qu'il ne pourrait faire plus grand dépit
« aux Français, que de la rendre aux Anglais qui la
« haïssaient à mort, la vendit au duc de Sommer-
« set, gouverneur de Rouen pour le roi Anglais. »

Cet événement, qu'on attribua à la trahison du gouverneur, ranima le courage des Anglais qui, pour célébrer cette prise, firent, de concert avec le duc de Bourgogne, chanter un *Te deum* dans

(1) Note N° 3.
(2) Note N° 4.

toutes leurs églises. On sait comment ils se vengèrent d'elle. Il n'entre pas dans le cadre resserré que je me suis imposé, de rechercher les circonstances qui précédèrent sa mort.

Le duc de Bourgogne quitta le siége de Compiègne, confia à Jean de Luxembourg le commandement en chef et partit pour le Brabant.

Les généraux français, affligés de la prise de la Pucelle, n'oublièrent cependant pas de chercher les moyens de délivrer Compiègne, et malgré les obstacles que les Anglais accumulaient sur leur route, ils convinrent de se réunir à Verberie, après avoir pris leurs mesures pour applanir les chemins, combler les fossés, enlever les embarras que le comte de Huntington avait répandus sur leur route. Les populations françaises facilitèrent tous leurs transports; un convoi de vivres et cent hommes purent entrer dans la ville et encourager la garnison. Les capitaines français partirent de Verberie le 31 octobre et vinrent attaquer l'armée anglaise qui avait passé le pont et s'était placée en bataille sur la route de Verberie, près Royal-Lieu. Les Français cachaient leurs mouvemens au moyen de la forêt de Compiègne, le convoi de cent hommes entra dans la ville, donna avis aux habitans de l'arrivée des libérateurs et les instruisit de ce qu'ils devaient faire pour se rendre les maîtres d'une grande bastille située sur le chemin de Pierrefonds et défendue par les sires de Brimeu et de Créqui.

Les assiégés attaquèrent cette position avec une vigueur incroyable, soldats et bourgeois, jusqu'aux femmes, tous se précipitèrent à l'assaut. L'abbé de St.-Pharon, qui avait défendu Meaux, le gouverneur, le même qu'on accusait d'avoir, par envie et jalousie, livré la Pucelle, dirigeaient ces braves; deux fois leurs efforts furent repoussés, mais Saintrailles et trois cents combattans parurent, et la bastille fut emportée. Alors ce fut une boucherie comme toutes les guerres de cette époque; c'était encore ces mêmes Picards qui avaient embrassé le parti de Bourgogne; près de deux cents hommes d'armes périrent, les sires de Brimeu et de Créqui furent mis à forte rançon.

Les Français purent alors pénétrer dans la ville, ils y trouvèrent la famine, et, malgré cette calamité qui allait augmenter avec une plus forte garnison, la joie était extrême et l'ardeur telle, que de suite on s'empara d'une autre bastille; une troisième fut abandonnée et la quatrième, trop forte, ne put être emportée, mais elle fut vigoureusement attaquée. La nuit suivante, les Anglais et les Bourguignons abandonnèrent leurs chefs, qui furent obligés de laisser leurs munitions et leur artillerie à la disposition des gens de Compiègne qui s'en emparèrent sous leurs yeux, et détruisirent leurs ouvrages en leur criant mille injures.

Toutes les places situées sur les rives de l'Oise, tombèrent de nouveau sous la domination royale; Béthisy, Pierrefonds, La Ferté-Milon et Crépy tenaient toujours pour Charles VII.

CHAPITRE V.

Après la levée du siége de Compiègne, la guerre continua encore cinq à six ans et désola l'Isle-de-France et les confins de la Picardie; les armées anglaises se portèrent sur Lagny, croyant surprendre cette ville; la tentative manqua et les esprits se disposaient très mal contre ces étrangers qui venaient d'exécuter la pucelle à Rouen.

Le duc de Bethford, au commencement de 1431, sembla se disposer à pénétrer de nouveau dans le Valois ; les bourgeois de Crépy se préparèrent à la résistance et commencèrent à réparer les fortifications endommagées en 1429 par le comte de Huntington, le 21 juillet de cette année ; l'officier qui commandait dans cette ville, convoqua toute la population aux préparatifs de défense, et les ecclésiastiques, les moines, contribuèrent avec les bourgeois aux travaux que nécessitaient les menaces de l'Anglais, avec d'autant plus de facilité, que ces menaces avaient été suivies d'effets bien cruels dans les monastères du Valois, voisins de la Champagne ou de la Brie : à Coincy, par exemple, les bénédictins furent contraints par de mauvais traitemens, de désigner les lieux où ils avaient caché leurs richesses. Dans l'abbaye de Val-Chrétien, ordre de Prémontré, du doyenné d'Oulchy, ils brûlèrent l'église, le monastère, mirent à la rançon les religieux qu'ils emmenèrent garottés et les accablèrent de mauvais traitemens, jusqu'à ce qu'ils aient trouvé les moyens de racheter leurs libertés.

Cependant, le duc de Bourgogne Philippe, faisait des remontrances au roi d'Angleterre ; ses vastes états étaient épuisés d'hommes et d'argent, il était las de contribuer autant et plus que le roi, aux frais de la guerre contre les usages des temps passés, il consentait à donner encore mille hommes d'armes à Jean de Luxembourg, comte de Ligny, pour défendre la Picardie, mais pour deux mois seulement; ses états étant menacés et la conquête de la France ne se faisant pas à son profit, car il avait dépensé au siége de Compiègne une première somme de deux cent soixante mille trois cents francs, argent de Flandre, où le franc valait trente-deux gros de huit deniers chaque, tandis qu'il n'avait reçu que cinquante-quatre mille saluts (1), monnaie d'or que les Anglais faisaient frapper en France et qui valait vingt-cinq sous, puis une seconde somme de cinquante-sept mille cinq cents francs d'or français à vingt sous le franc ; maintenant il allait encore lui en coûter pour la Picardie et la Bourgogne plus de cinquante mille francs.

De plus, ce noble et puissant royaume de France, réduit en si grande misère, remplissait son cœur de douleur et de pitié (2).

Pendant ces représentations des ambassadeurs bourguignons, les Anglais attaquèrent Crépy et s'en rendirent maîtres en détruisant cette ville avec un acharnement qui n'avait pas encore eu d'exemple.

(1) Note N° 5.
(2) M. de Barante, *histoire des ducs de Bourgogne*.

Cette ville, seconde capitale du Valois, Vez(1) en ayant été la première, appartenait depuis le neuvième siècle, aux rois de France ou aux premiers princes du sang royal ; son enceinte actuelle était occupée entièrement par le château ; la ville était située dans la plaine qui la sépare du village de Duvy.

Les fortifications n'étaient pas terminées, les Anglais se présentèrent du côté de St.-Thomas, surprirent le faubourg, entrèrent dans la collégiale et se livrèrent dans cette partie de la ville, au pillage et à la dévastation, ils passèrent alors du cloître à la ville; cette partie, qui n'existe plus, s'étendait depuis le palais de Ste.-Agathe jusqu'à Duvy et détruisirent toutes les maisons au nombre d'environ quinze cents. Après cette double exécution du faubourg et de la ville, ils attaquèrent le château et sommèrent le capitaine de se rendre, celui-ci refusa et se défendit vaillamment contre une première attaque qui fut très meurtrière pour les assiégeans, bien que le nombre des défenseurs du château fut peu considérable.

Les ennemis revinrent à la charge et, malgré les mesures qu'ils avaient prises, furent repoussés de nouveau, leurs machines avaient fait des brèches aux

(1) Note N° 6.

murailles déjà en mauvais état, ils trouvèrent en voulant s'en emparer, une résistance opiniâtre qui les força de se retirer. Cette nouvelle tentative sans résultat les irrita au lieu de les abattre ; ils résolurent une troisième attaque du château. L'Église de St.-Thomas dont le portail était surmonté d'une tour qui dominait la ville, leur servit d'observatoire pour découvrir la faiblesse numérique et les manœuvres des assiégés, ils se préparèrent donc à attaquer le château sur un grand nombre de points à la fois, pour diviser les efforts de la petite garnison ; la place fut emportée d'emblée, la garnison, son chef, dont l'histoire n'a pas conservé le nom, furent passés au fil de l'épée, l'incendie consuma une grande partie des bâtimens et rien ne manqua à la désolation de Crépy ; l'église de St.-Denis, aujourd'hui église paroissiale, fut détruite en grande partie ; le chœur de St.-Arnoul, la chapelle de Ste.-Marguerite, qui renfermait les tombeaux des puissants comtes de Vexin et des seigneurs de la branche royale de Vermandois, furent entièrement détruits et n'ont jamais été réédifiés.

« Ainsi fut renversée, dit Carlier, cette ville ancienne que les rois et les plus grands seigneurs avaient si souvent honorée de leur présence, dans laquelle ils avaient comme établi le siége de leur domination et de leur puissance; en la considérant, non comme la capitale d'une province renfermée dans les bornes du ressort de son territoire ou de ses annexes; mais comme la métropole de tous les domaines qu'ils possédaient dans la Champagne, la Picardie, le Vexin, la Normandie, le Soissonnais, le Parisis, dans une grande partie de l'Isle-de-France, de la Flandre même, et dans quelques royaumes étrangers. »

Dans cet espace aujourd'hui découvert, huit beaux hôtels et cinq églises, l'hôtel de la comtesse près de Ste.-Agathe, le palais de Bouville dépendaient de cette cité dont les habitans, suivant Carlier, devaient monter à dix-huit mille, et qui furent réduits à deux cents après le sac de 1431; ceux qui échappèrent au carnage ne revinrent plus habiter leur malheureuse ville, puisque trois ans après, le seul four banal du donjon suffisait à la consommation des habitans.

Les chanoines de St.-Thomas avaient été enfermés dans la tour du beffroi et mis à rançon avec tous les moyens les plus propres à leur faire désirer leur liberté; exténués à force de mauvais traitemens et de privations de toute espèce, ils traitèrent avec leurs ennemis et obtinrent que l'un d'entre eux serait élargi pour chercher les moyens d'acquérir la délivrance de tous. Ce député vendit à cette époque, le bâton de chantre et l'argenterie de la collégiale qui avaient été soustraits au pillage et le prix de la vente racheta les chanoines.

Les Anglais habitèrent les ruines du château et confièrent le soin de le garder à Poton le Bourguignon, homme dur et intraitable qui fit beaucoup souffrir les habitans de Crépy, il s'occupa du rétablissement des fortifications du château, et craignant que dans le cas d'un nouveau siége, les Français ne vinssent à tirer le même parti de la tour de St.-Thomas, il fit raser ce beau monument jusqu'au niveau du toit de l'église, et démolit, dans la même crainte une grande partie des bâtimens du couvent de St.-Michel. La tour de St.-Thomas n'a jamais été rebâtie, on aima mieux en reconstruire une parallèle (1).

Les Anglais restèrent maîtres de Crépy pendant deux ans, ils y étaient en pleine sécurité, lorsque, dans les premiers mois de 1433, le roi Charles VII, qui avait pris avec le plus grand secret ses mesures pour les en chasser, tenta un coup de main et s'en rendit maître pendant la nuit ; toute la garnison anglaise périt dans cette entreprise qui n'augmenta pas les désastres particuliers de cette ville.

(1) Note N° 7.

En 1431, tous les esprits semblaient se disposer à la paix ; le cardinal de Ste.-Croix, légat du nouveau pape Eugène IV, s'était rendu à Chinon près de Charles VII, à Rouen près du jeune roi Henri VI, et enfin à Arras, chez le duc de Bourgogne, à qui il avait remis une lettre du pape.

Le roi avait envoyé à son cousin de Bourgogne les archevêques de Rheims, d'Alby et maître Adam de Courtray, président au parlement, avec un pouvoir de rendre générale la trève de Chinon, ou de traiter de la paix ; ces pour-parlers déterminèrent le conseil du jeune roi Henri, à le faire couronner roi de France, et à préparer son entrée solennelle à Paris, ce qu'il exécuta le 2 décembre 1431, aux harangues et acclamations officielles de cette époque ; son cortége composé de seigneurs anglais et de quelques français, comptait parmi les assistans qui appartiennent à cette histoire, le malheureux Louis de Pacy ; à la suite de ce cortége, on traînait le pauvre fou de Guillaume-le-Pastourel, petit berger pris devant Beauvais, comme il voulait faire l'inspiré et venger la pucelle.

Henri suivit la rue St.-Denis, vint baiser les reliques à la Ste.-Chapelle, et comme il passait sous les fenêtres de l'hôtel St.-Paul, il s'arrêta pour saluer la reine Isabelle, sa grand'mère, la veuve de Charles VI qui avait donné à ce roi anglais le couronne de France, et qui vivait à Paris oubliée de tous et menant un tout petit train. Elle salua respectueusement le petit roi et se détourna pour pleurer.

Le 16 décembre suivant, il fut sacré à Notre-Dame, par le cardinal de Winchester, ce qui offensa l'évêque de Paris, puis il vint diner à la table de marbre. Le peuple fut très mécontent des fêtes données pour ce couronnement et ses mauvaises dispositions contre le joug étranger augmentèrent encore.

Pendant la même année, le château de Béthisy, situé dans la vallée d'automne et sur la chaussée Brunehaut, fut détruit par les Anglais, et la greneterie de Bethisy, celle de la recette générale du Valois, furent transférées à Verberie, par suite des événemens de Crépy. Le château de Béthisy était élevé sur le haut d'une montagne; au tiers environ de cette montagne, était un petit mur d'enceinte, un second mur défendait le château, et sa tour ovale construite par la reine Constance contre le roi Robert, assise sur une plate-forme dominait tous ces bâtimens qui restèrent jusqu'en 1560, sans recevoir de réparations. Un semblable sort vint atteindre en même temps les forteresses de Chavercy et d'Oulchy-le-Château. Cette dernière ville souffrit autant des Anglais que Crépy, ces ennemis non contens de piller et de brûler les maisons, démolirent les murailles de celles qui avaient quelque apparence, le château fut entièrement démantelé; on ne rebâtit ni la ville ni le château; ceux des habitans qui revinrent après les troubles, aimèrent mieux bâtir sur l'emplacement actuel de la principale rue, que d'habiter au milieu des ruines de l'ancienne ville; beaucoup de familles se retirèrent à Neuilly-St.-Front, dont l'accroissement commença dès cette époque; cette commune avait été établie en châtellenie en 1354, après la réunion d'Oulchy au comté de Valois.

Chavercy était située sur la chaussée Brunéhaut, à l'embranchement du chemin de Flandre ou de Bapaume qui conduisait de la Brie et de la Champagne à Crépy, on l'appelait aussi chemin de Nanteuil; le château était bâti sur une éminence, il avait été construit par Oger-le-Danois, ou Oger-de-Chavercy, sous le règne de Charlemagne, lorsque cet empereur résidait à Verberie. Cette éminence avait une plate-forme en forme de fer à cheval, il disposa son château sur cette figure au centre de laquelle il plaça une grosse tour, deux autres terminaient en demi-cercle, et entre le centre et l'une des extrémités, il y en avait encore une; cette disposition de cinq tours en hemicycles, rendait cette localité très forte. Ce qui ne l'empêcha pas d'être ruinée par les Anglais pendant qu'ils occupaient Crépy.

Il n'entre pas dans le plan de ces études d'expliquer les raisons de politique religieuse qui amenèrent la réunion du concile de Bâle en 1431; il me suffira sans doute pour l'ordre chronologique que j'ai cherché à établir, afin d'éviter la confusion reprochée au travail de l'abbé Carlier, de rappeler le besoin de réforme ecclésiastique qui se faisait sentir si vivement à cette époque, et qui devait plus tard faire surgir ces novateurs hardis qui attaquèrent la chaire de St.-Pierre et précipitèrent la France et toute l'Europe dans de nouvelles calamités, en remplaçant les guerres civiles par des guerres non moins sanglantes et non moins funestes de religion.

Le pape Eugène IV avait voulu d'abord s'opposer au concile établi sans sa participation et qui devait modérer son pouvoir. Forcé de céder une première fois à l'impérieuse nécessité, puisque sa déposition avait été proposée, il tenta plus tard mais sans plus de succès, de le dissoudre, et le concile continua ses travaux au milieu des obstacles de toute espèce, provoqués par les doubles prétentions au titre de roi, de Charles de France et de Henri d'Angleterre, dont les partisans étaient en présence. Les prérogatives du duc de Bourgogne attaquées par les ambassadeurs de Savoie, par les électeurs allemands surtout, fournirent à l'empereur Sigismond l'occasion de se prononcer contre le duc en faveur du roi Charles VII, et à Philippe-le-Bon, celle de reproduire les pièces du meurtre de son père à Montereau.

Plus d'une fois les opérations du concile furent interrompues par des désordres provoqués par tant d'élémens de haine et de discorde, au milieu desquels les Bourguignons recevaient des Français l'épithète de traîtres.

Malgré cet état de choses si propre à irriter les esprits, la fatigue, l'absence d'argent, d'hommes, de vivres, devaient amener un rapprochement que les efforts des soldats déjà épuisés, et que la misère des peuples surtout, rendaient si nécessaire (1). Le duc de Bourgogne avait été défié par l'empereur ; ces menaces ne devaient être suivies d'aucunes démonstrations, mais elles ranimaient l'espérance des capitaines français qui, manquant de tous les moyens réguliers de conquérir le royaume de leur maître, faisaient la guerre par compagnies. Dans ces circonstances, attaqué dans l'Auxerrois, le duc Philippe envoya de nou-

(1) Note N° 8.

veaux ambassadeurs au roi Henri pour l'amener à traiter de la paix ou du moins à soutenir la guerre.

Le conseil du roi Henri VI répondit par des éloges sur la vaillance du duc et par des promesses de le seconder; la guerre était transportée sur l'autre rive de la Loire, en même temps que les marches de Valois et de Picardie étaient désolées par les Anglais, le connétable de Richemont qui s'était réconcilié avec Charles VII, à Vienne en Dauphiné, vint s'opposer dans nos contrées aux succès des Bourguignons et des Anglais qui combattaient avec des chances bien diverses contre Lahire, Saintrailles, Antoine de Chabannes, les sires de Longueval, de Blanchefort, prenant et perdant des forteresses; courant le pays avec des compagnies et des garnisons qui désolaient les habitans.

Creil avait été pris, Amadoc, frère de Lahire, qui défendait la ville avait été tué, Talbot était revenu d'Angleterre avec une armée et attaquait le Beauvaisis, lorsque Richemont et le bâtard d'Orléans arrivèrent avec quatre cents lances à Compiègne, après avoir traversé Orléans, Blois, Melun, Lagny et Senlis. Le sire de St.-Simon partit de suite avec une partie de cette troupe, aider à Laon Saintrailles que le comte de Ligny serrait de près; le connétable se porta sur Beauvais au secours de

Lahire attaqué par Talbot ; et Dunois resta avec le maréchal de Rieux, les Anglais étant maîtres du pays de Verberie et de Bethisy.

Le connétable chercha à remettre un peu d'ordre parmi ces compagnies françaises dont les chefs ne suivaient aucune loi, et traversant de suite toute cette partie de la France, il arriva à Dijon et de là à Nevers, malgré les neiges et les glaces d'un hiver des plus rudes; le chancelier de France l'accompagnait, le duc de Bourbon, messire Christophe de Harcourt, le maréchal de Lafayette, étaient déjà près de Philippe-le-Bon et l'avaient fait mander de Picardie pour cultiver les bonnes disposions du duc de Bourgogne.

Cette entrevue de Nevers prépara le traité d'Arras, qui fut conclu au mois de septembre 1435.

CHAPITRE VI.

Ce traité d'Arras était facilité par la mort du duc de Bethford, qui avait été beau-frère de Philippe-le-Bon, et qui avait vécu dans son intimité pendant qu'il était régent de France.

Dans ce pacte avec le duc de Bourgogne, Charles VII déclarait criminel et inique le meurtre de Jean-sans-Peur à Montereau, il abandonnait les coupables pour être punis, il bannissait du royaume quiconque les recevrait ou les assisterait, des messes, des services expiatoires, une chapelle à Montereau devaient être établis aux frais du Roi, cinquante mille écus d'or allaient être payés au duc de Bourgogne, en compensation des joyaux qu'avait le feu duc Jean au moment de son décès.

Le duc Philippe gagnait les comtés de Mâcon et d'Auxerre, leurs dépendances ; il recevait en même temps les villes et châtellenies de Péronne, de Roye et Montdidier en Picardie : il obtenait d'être déclaré, pour lui seulement, exempt de toute subjection, hommage envers le roi de France, ses sujets ne devaient s'armer qu'à son seul commandement et le roi ne pouvait leur défendre de prendre parti même contre lui, le roi au contraire devait le secourir contre tous ses ennemis, les Anglais ou leurs alliés qui lui feraient la guerre pour le présent traité.

Beaucoup d'autres conditions toutes favorables au duché de Bourgogne étaient stipulées, c'est à dessein que je les omets comme étrangères à ces études et bien que dures pour le roi de France, elles parurent le satisfaire dans la détresse où il se trouvait.

Il était urgent de mettre un peu d'ordre dans le royaume que les compagnies désolaient, après que quinze années d'une guerre si désastreuse lui avaient prouvé qu'il ne serait jamais assez fort pour le conquérir en entier tant que l'alliance des Anglais et des Bourguignons durerait. Il était sans argent, presque sans autorité, il n'était si mince capitaine qui ne prétendît entrer librement chez lui, tous lui désobéissaient : et Lahire peu de mois avant, avait malgré ses défenses, mis à rançon le seigneur d'Offemont, un de ses partisans.

L'alliance fut donc jurée par le roi, Henri d'Angleterre apprenant cette nouvelle accusa Philippe, son oncle, de déloyauté et regarda comme en péril ses possessions de France.

Il avait alors quatorze ans, son conseil fut tout troublé par ce traité contre lequel le peuple d'Angleterre s'emporta au point que des partisans du duc, Hollandais, Flamands et Picards furent massacrés dans la cité de Londres où ils tenaient leur commerce.

Trois jours après cette paix d'Arras, la reine Isabelle mourut à Paris, pauvre et ignorée malgré les belles promesses que les Anglais lui avaient faites dans le traité de Troyes, elle fut enterrée sans pompe et sans aucune suite à Saint-Denis que les Français venaient de perdre, malgré la bravoûre des habitans de la ville et des laboureurs des villages voisins. Le roi fut consolé de cette perte par la prise de Pontoise, de Meulan et enfin de la ville et du port de Dieppe, ce dernier servait surtout à la communication des Anglais avec la Normandie, malgré ses succès, les compagnies le désolaient par le tort qu'elles causaient au royaume, on les appelaient *Armagnacs* pendant la guerre, après le traité d'Arras elles reçurent le nom caractéristique d'*Écorcheurs*, et enfin celui de *Retondeurs* en 1436. L'alliance du roi et du duc s'affermissait de jour en jour, ce dernier déclara la guerre à l'Angleterre, il se disposait au siége de Calais, dans le même temps que le connétable de Richemont et le maréchal de l'Ile-Adam cherchaient à remettre Paris sous l'autorité royale, l'occasion était favorable, le duc d'York, nouveau régent, ne se pressait pas d'arriver en France, les garnisons Anglaises étaient pauvres d'hommes et de chefs, chaque jour des succès aux environs de Paris ruinaient le parti des Anglais, et leur autorité dans cette ville devenait de plus en plus insupportable, des intelligences entre les principaux bourgeois, et les troupes royales s'établissaient, et tout se préparait pour cette soumission importante qui fut effectuée à la grande satisfaction de tous, les

Anglais se retirèrent à la Bastille et le connétable assura les Parisiens de la bonne volonté du roi Charles pour soulager leur misère en oubliant les fautes de tous ceux qui avaient combattu contre lui. Quelques jours après, la Bastille Saint-Antoine capitula et les Anglais avec quelques-uns de leurs partisans, s'embarquèrent derrière le Louvre et se retirèrent dans les villes qu'ils possédaient encore dans l'Isle-de-France et la Picardie.

Un mois après le connétable vint avec le maréchal de l'Isle-Adam attaquer la forteresse de Creil, mais les ducs d'York et de Glocester étaient arrivés en France avec des renforts, les Anglais avaient repris quelques avantages. Les compagnies désolaient toujours le royaume et Charles VII ne pouvait tirer d'argent que des provinces du midi, toutes les provinces du nord étaient complétement dévastées, nulle autorité ne s'y faisait appercevoir, les terres restaient sans culture, et le nom du roi était toujours sans force et sans puissance. Il était urgent de relever le courage des partisans de Charles VII, son conseil résolut le siége de Montereau qui donnait aux Anglais le moyen d'arrêter le commerce de Bourgogne et amenait la disette à Paris, le roi avait voulu y venir en personne, le dauphin depuis Louis XI, âgé de 14 ans, l'accompagnait, le siége fut conduit avec avantage et la ville prise d'assaut, les anglais se rendirent à Mantes et quelques jours après Charles VII fit son entrée dans Paris.

C'était le 12 novembre 1437, il avait couché à Saint-Denis, toute la ville était venue au-devant de lui jusqu'à la chapelle, le roi était à cheval, sa suite était éclatante, tous les capitaines enrichis par tant de pillages, resplendissaient d'or et d'argent, Lahire et Chabannes l'emportaient sur tous et ce cortége émerveillait les Parisiens par l'ordre qu'il conserva et sa belle tenue jusqu'à l'église Notre-Dame, où le roi jura de tenir tout ce qu'un bon roi devait à son peuple.

Les mystères, les allégories, les danses, les festins durèrent toute la nuit qui était illuminée de feux de joies et le peuple de Paris était heureux de revoir son vrai et naturel seigneur avec le jeune dauphin son fils qui rentraient après de si cruelles guerres.

Charles VII ne resta que trois semaines à Paris, l'épidémie, la famine, les courses des compagnies, les loups qui parcouraient, même en plein jour, les rues de cette ville, le déterminèrent à chercher dans des provinces moins accablées un abri plus tranquille, il se retira vers Orléans et Tours.

Le connétable avait chassé de Compiègne, Guillaume-de-Flavy. Ce chef jadis soupçonné d'avoir trahi la pucelle, et qui profitait du désordre du royaume pour désoler la province du Valois qu'il épouvantait de ses crimes et de son avarice, avait été rançonné de quatre mille écus.

Il put s'emparer de nouveau de la ville de Compiègne et s'y fortifier pour continuer ses pillages, il fit arrêter d'abord le maréchal de Rieux, qu'il fit mettre dans un cachot, il refusa sa liberté au connétable, voulant se venger sur le maréchal et se faire rembourser ses quatre mille écus, Rieux mourut en prison. Le connétable parvint à saisir Robert Lhermite, partisan de Flavy et le fit décapiter.

L'Isle de France, la Picardie, la Champagne étaient surtout le théâtre de ces sanglans combats de bandes sans frein, formées de Gascons, d'Écossais et d'Écorcheurs, qui, commandées par des chefs puissans, se déchiraient entr'elles ou se ruaient sur les habitans de ces malheureuses contrées pour les ravager en communauté.

C'était Lahire à Beauvais, contre les gens du comte de Ligny, c'était Boussac, Antoine-de-Chabannes et Robert-de-Sarrebruche, La Marck, etc. ces derniers arrivèrent jusqu'en Allemagne, et en Suisse où leurs compagnies périrent devant Bâle.

Le duc d'Orléans était toujours prisonnier des Anglais ; des conférences furent entamées pour la paix et sa mise en liberté, ces conférences eurent lieu près de Calais, et pendant leur durée, ce prince put revoir son frère le bâtard d'Orléans, qui désirait vivement la fin de sa captivité; il lui donna son comté de Dunois pour lui témoigner sa reconnaissance, c'est à cette occasion que le bâtard d'Orléans prit le nom de *Dunois,* qu'il a rendu si justement célèbre.

Les exigeances des Anglais rendaient les négociations très difficiles, le roi de France de son côté ne voulait pas céder plus de la moitié de ses conquêtes; il restait peu d'espoir de conclure même une trêve, lorsque les ambassadeurs apprirent que Meaux était occupé par les troupes françaises.

Meaux était une position importante sur les marches de Brie, dans un pays fertile, cette ville avait coûté neuf mois de siége aux Anglais en 1421; le connétable n'aurait pas osé tenter cette conquête, si un chartreux n'était venu relever son courage ébranlé, en l'assurant d'un succès qu'il était loin d'espérer, il commença le siége le 20 juillet 1439, et un mois après il était maître de la ville.

Cette nouvelle qui vint, au milieu des conférences de Gravelines, les fit renvoyer au mois de mai suivant; le comte de Ligny, frère de l'évêque de Thérouanne, avait de secrètes communications avec les Anglais, il possédait les principales forteresses du Valois, et ses gens communiquaient sans cesse avec les Anglais de Creil, il tenait garnison à Coucy, à Ham, à Nesle, à La Ferté, à St.-Gobain, et dans d'autres lieux fortifiés; dans de fréquentes occasions, il était hostile aux intérêts de France et de Bourgogne bien qu'il fut vassal du duc.

Le roi fit assembler des états à Orléans, pour chercher les moyens de soulager ce malheureux royaume et remédier aux excès des gens de guerre qui vivaient sur le peuple sans droit ni justice; il rendit sur le conseil des trois états, un édit destiné à ranger les gens de guerre sous une discipline sévère, les chefs de tous ces routiers, de ces écorcheurs devaient être désignés par le roi et responsables des hommes qu'ils recevaient dans leurs compagnies; tous les vols, pillages et autres exactions étaient punis de mort et regardés comme crimes de lèze-majesté; le roi s'enlevait le droit de grâce pour toutes les infractions à cette ordonnance disciplinaire, qui fut publiée dans toutes les villes du royaume. La nécessité ne tarda pas à s'en faire sentir, puisque, devant Avranches, le connétable se vit abandonné par tous ces hommes d'armes qui ne voulaient suivre aucune règle et vivre comme par le passé.

Tous les mécontens que cette ordonnance avait

faits même parmi les seigneurs les plus puissants, se jetèrent dans la première fourberie du dauphin Louis qui encouragea la *praguerie* et ralluma pour un instant la guerre civile, en réunissant autour de lui la noblesse, en l'excitant contre le roi son père, et contre le connétable de Richemont.

La fermeté de Charles VII le fit triompher de cette fatale entreprise qui livrait l'Isle-de-France aux Anglais, le dauphin et le duc de Bourbon, premiers chefs de cette conspiration, furent pardonnés, les ordonnances contre les routiers purent recevoir une plus facile exécution.

La praguerie, qui avait commencé au mois d'avril et s'était terminée en août, avait empêché les conférences qui devaient reprendre au mois de mai, les Anglais avaient profité du séjour du roi dans les provinces méridionales, pour se rapprocher de Paris; plusieurs villes avaient été reprises par leurs troupes, cependant des négociations furent entamées pour obtenir séparément la délivrance de Charles de Valois, duc d'Orléans.

Les conférences pour la paix et pour la délivrance du duc avaient lieu tout près de Calais, car les Anglais ne voulaient pas que leur prisonnier sortit des pays de leur domination.

La duchesse de Bourgogne vint le voir et lui témoigna la plus gracieuse courtoisie, elle obtint du cardinal de Winchester qu'il se chargerait de cette négociation; dans un entretien qu'elle avait eu avec le duc, il s'était engagé à épouser Marie de Clèves, nièce de Philippe-le-Bon, et qui était élevée dans sa maison.

Il y eut grande opposition dans le conseil d'Angleterre; le roi Henri V avait recommandé de ne jamais le laisser retourner en France, si les affaires de son fils étaient malheureuses : des seigneurs Anglais espéraient de leur côté que sa présence à la cour de Charles VII augmenterait les discordes à cause des anciennes inimitiés des maisons d'Orléans et de Bourgogne.

D'autres craignaient au contraire, au milieu des divisions du roi et du dauphin, l'esprit sage, l'habileté de ce prince qui, vingt-cinq ans en Angleterre, avait eu connaissance exacte des ressources et des besoins des ennemis de la France; « un ser-
« ment, disaient-ils, n'enchaînera que son bras,
« mais son conseil sera tout-puissant et fatal aux
« armées anglaises. »

Le duc de Glocester surtout exigea que sa protestation contre cette délivrance fut enregistrée, il fut un des plus rudes adversaires du duc d'Orléans qui obtint enfin d'Henri VI, ses lettres de retour, moyennant cent vingt mille écus d'or pour sa rançon.

Cette somme excessive était environ les deux tiers de ce que le roi d'Angleterre avait pu recevoir du parlement depuis sept ans ; le besoin d'argent pour continuer une guerre ruineuse pour les deux peuples, hâta la fin de la captivité du duc de Valois.

Charles d'Orléans avait eu pour gardien de sa personne en Angleterre, Jean Cornwallis qui le conduisit de Londres à Calais et enfin le remit à Gravelines, où les seigneurs de la noblesse française étaient venus à sa rencontre, à la duchesse de Bourgogne, madame Catherine qui, ayant travaillé activement à son retour, était venu l'attendre dans cette ville.

Tous les princes de France, le roi, le Dauphin, s'étaient rendus caution pour lui fournir sa rançon, le duc de Bourgogne s'était engagé pour trente mille écus d'or, aussi quand les deux ducs se virent, ils s'embrassèrent à plusieurs reprises avec émotion, ne pouvant parler tant ils pleuraient, et Charles de Valois fut le premier qui rompit le silence, disant à Philippe-le-Bon : « Par ma foi, « beau-frère et beau-cousin, je vous dois aimer par- « dessus tout et ma belle cousine votre femme ; « car si vous et elle ne fussiez, je fusse demeuré à « toujours, au danger de mes adversaires, et n'ai « trouvé meilleur ami que vous.....» (1)

(1) Barante.

Avant de le quitter, les envoyés anglais exigèrent du duc d'Orléans, un acte dans lequel il s'obligeait, pour sa rançon, envers le roi Henri VI, il jura dans l'église de Willibrod, sur les saints évangiles, de remplir les obligations qu'il avait contractées.

Charles de Valois avait épousé en premières noces, Isabelle de France, fille de Charles VI, veuve de Richard II roi d'Angleterre; il avait eu de ce premier mariage *Jeanne* d'Orléans; en 1410, il contracta une nouvelle alliance avec Bonne d'Armagnac, fille aînée de Bernard VII, qui donna le nom de son comté au parti que le duc d'Orléans avait dirigé. Bonne était morte en 1415, l'année de la bataille d'Azincourt. Le duc de Bourgogne, pour resserrer les liens de réconciliation et d'amitié qui l'unissaient à Charles de Valois, lui avait offert la main de sa nièce, la princesse de Clèves, que le duc d'Orléans accepta avec reconnaissance. Le mariage fut conclu avant son retour dans ses possessions.

De Gravelines, il vint à l'abbaye de St.-Bertin, pour y faire quelque séjour; il reçut là les députés du Valois qui vinrent les premiers le complimenter sur son heureux retour et lui offrir de contribuer aux frais de ses noces, il accepta cette offre, désigna ce qu'il désirait obtenir; il ne voulut pas faire contribuer les habitans de son duché à sa rançon, car il jugea que leurs pertes excessives, leurs malheurs inouis réclamaient des réparations urgentes et pour ne pas les accabler, il vendit, en décembre 1440, la seigneurie du donjon de Levignen (1) avec les droits de travers du lieu, il exempta les habitans de Crépy, des droits de scel et contre-scel qui entravaient la marche des affaires judiciaires et s'occupa de ramener l'ordre et la tranquillité si nécessaires à cette province.

Il disposa tout pour son mariage avec Marie de Clèves, les fêtes furent brillantes, car l'espoir que faisait naître son retour avait attiré une grande foule et excité une joie publique dans tout le royaume.

Le 6 novembre, ses fiançailles furent célébrées à l'abbaye et huit jours après, le mariage se fit avec grande pompe, les seigneurs anglais assistaient aux fêtes, aux belles joûtes qui avaient lieu et dont les dames donnaient les prix, puis il reçut le collier de la toison d'or des mains de son oncle de Bourgogne et à son tour lui passa au col le collier de porc-épic; tous les seigneurs et bourgeois étaient heureux de voir cette grande fraternité.

Il y eut aussi de belles fêtes à Bruges, qui vint

(1) Note N° 9.

demander pardon de sa rébellion au duc Philippe ; celui-ci l'octroya à la demande de son cousin d'Orléans. Le cortége entra dans la ville disposée pour le recevoir dignement. Un bourgeois avait couvert les murs de sa maison de feuilles d'or et le toit de feuilles d'argent ; il y eut aussi de belles joûtes, un bal et un grand dîner. Le comte de Ligny se réconcilia avec le duc de Bourgogne, il se montra aussi, fort empressé pour le duc d'Orléans.

Les deux princes se séparèrent à Gand ; pour compléter cette union, le duc de Bourgogne fournit l'argent nécessaire pour former la maison de son neveu, avec l'éclat dû à son rang, ainsi le duc d'Orléans traversa la France avec une suite nombreuse ; il fut partout reçu et fêté même à Paris, qui s'imposa pour sa rançon ; le peuple l'aimait, plaçait en lui toute sa confiance ; sa longue captivité l'avaient rendu étranger à tous les maux que les grands lui avaient fait souffrir, aussi le duc recevait-il partout un grand accueil.

Le roi fut inquiet de cette grande intimité des deux vassaux les plus puissants du royaume, il en prit de l'ombrage ; il fit dire au duc d'Orléans qu'il le recevrait seul, mais non pas avec un si grand cortége. Le duc se retira à Orléans et chercha à rétablir l'ordre dans ses domaines dévastés par tant de guerres et par une absence si longue. Il vint ensuite dans le Valois et fut témoin des ravages que ce pays avait éprouvés. Il continua le gouvernement de Crépy à Renaud des Fontaines, se fit donner un état des capitaines qui commandaient dans les places fortes du duché et rendit justice aux mérites de chacun d'eux.

Le mauvais état de ses finances ne lui permit pas de reconstruire le château de Crépy, il fit réparer quelques corps de logis, rétablit le grand donjon et fit bâtir quelques appartemens ; les murs d'enceinte furent relevés, il accorda aux bourgeois la permission de construire dans cette enceinte avec les matériaux provenant des débris du château.

L'ancienne ville fut abandonnée, on ne conserva que quelques hôtels à Duvy et plusieurs maisons près Ste.-Agathe. Les constructions de cette époque se distinguent par les faux pleins ceintres et par un pilier de pierre qui sert d'impôt aux deux battans des fenêtres.

Les mêmes soins furent employés pour remettre en état les autres forteresses telles que Pierrefonds, La Ferté-Milon, Verberie et Oulchy qui avait autant souffert des Anglais que Crépy.

CHAPITRE VII.

Pendant sa captivité, le duc de Valois avait eu pour fidèles compagnons deux de ses officiers, tous les deux de Crépy; ils se nommaient Etienne et Jean Fusiller. Le duc avait en eux une extrême confiance et chargea en 1440, Etienne de passer en France pour négocier un emprunt qui devait acquitter une partie de sa rançon. Peu de temps après, il obtint la permission de faire passer la mer à Jean Fusiller pour la même opération, ce dernier était chanoine et chantre de l'église collégiale de Crépy, il était de plus conseiller du duc et à son retour en France il s'occupa de rétablir les archives du Valois, dont la plus grande partie avait été perdue ou incendiée. Il était président de la chambre des comptes du duc d'Orléans ; par ses soins, la maîtrise de la forêt de Retz fut rétablie en 1445, sur le même pied qu'on l'avait créée. Cette forêt avait besoin de toute la vigilance de ses officiers, on avait commis des dégâts inouis pendant ces malheureuses guerres, les droits des usagers avaient besoin d'être revisés et cette collection d'archives occupa toute la vie de Jean Fusiller.

Pendant la même époque de paix et de tranquillité, l'attention du duc de Valois se porta sur les moyens de rendre à la justice interrompue un cours plus favorable aux intérêts des habitans. Il est peut-être important de rappeler qu'elles étaient à la fin du 14e siècle, les coutumes du Valois.

Cette province était dès cette époque et même antérieurement divisée en six chatellenies qui avaient commencé par l'établissement d'un siége de judicature dans un fort château, c'est-à-dire sous l'influence du seigneur au nom duquel la justice était rendue. Jusqu'à la fin du 14ᵉ siècle, il y avait eu à Crépy, un bailli et deux prévots, à La Ferté-Milon, un prévôt et un autre officier choisi parmi ceux qui présidaient à la garde du château.

A Pierrefonds, il existait un bailli et un prévôt châtelain.

A Béthizy, le châtelain prenait part aux jugemens civils, bien qu'il fut officier militaire. Le bailli était à Verberie.

Il n'y avait pas de prévôt particulier à Neuilly-St.-Front, qui relevait immédiatement d'Oulchy, et cette circonstance peut nous expliquer comment les siéges de La Ferté-Milon, Béthizy et Neuilly-St.-Front, n'avaient pas eu de baillis particuliers.

La seigneurie de La Ferté-Milon fut long-temps réunie à celle de Crépy, résidence des hauts seigneurs qui conservaient près d'eux leurs principaux officiers judiciaires. Crépy devint donc le siége du baillage de toute la partie qui appartenait en toute propriété aux comtes de Valois, tandis que Béthizy et Verberie avaient leurs prévôtés soumises à l'autorité royale; de toutes ces combinaisons dont l'étude n'appartient pas à l'époque qui nous occupe en ce moment, naissaient une confusion et des disputes éternelles entre les différens officiers des différentes justices, disputes toujours fatales aux malheureux que la justice devait protéger ; pour remédier à tant de maux, le conseil du duc d'Orléans, comte de Valois, détermina au commencement du 15e siècle, sur l'administration du Valois, des arrangemens qui durèrent jusque sous François Ier.

C'est en 1406, époque de la transformation du comté en duché, qu'eût lieu cette réforme à laquelle Jean Plumé I a mis son nom ; elle établissait pour tout le Valois, un baillage général dont le siége était à Crépy et duquel ressortissaient tous les autres siéges. Un lieutenant, dans chacune des six châtellenies, devait représenter le bailli général pour les causes d'appel et les matières féodales; cependant ce même bailli devait tenir les assises dans chaque chef-lieu et c'était devant ce tribunal que les parties pouvaient porter des plaintes contre les lieutenans particuliers.

Le duché et le baillage général avaient originairement la même étendue, en 1411, par le crédit des Bourguignons, le grand baillage avait été supprimé pendant un an que la confiscation des biens du duc d'Orléans avait été ordonnée. Les baillis étaient à la fois gouverneurs et capitaines, et pendant les guerres de Charles VII, Renaud-des-Fontaines, dont nous avons déjà rencontré le nom, remplissaient ces trois charges à Crépy, les six châtellenies dont se composait le duché, sont indiquées dans le coutumier de Jean Plumé, dans l'ordre suivant : Crespy, La Ferté-Milon, Pierrefonds, Béthizy-Verberie, Oulchy-le-Château et Neuilly-St.-Front.

Les assises générales furent donc réorganisées et les grands jours du Valois établis en 1393, ou vers le commencement de 1394, reparurent (1).

Les greniers de la recette générale du Valois, qui étaient établis à Crépy et celui de la recette particulière de Béthizy, avaient été transférés après la destruction de ces deux villes en 1431, à Verberie, où ils restèrent encore fort long-temps, les traces nombreuses de la dévastation anglaise ne pouvant être aussi promptement effacées, malgré la protection et le zèle du duc d'Orléans qui cherchait à rendre à Crépy ses familles dispersées. Béthizy, par sa position écartée et beaucoup moins importante ne fut pas rétabli, le duc d'Orléans accorda le prieuré en commande à l'évêque de Senlis.

En 1446, on commença à cultiver les terres aux environs de Nanteuil-le-Haudoin, depuis trente ans elles étaient abandonnées jusqu'à Chevreville et au-delà, le prix de la location n'était

(1) Les grands jours du Valois différaient des grands jours de Champagne et de Vertus en ce que ces derniers n'étaient pas soumis à l'appel des parlemens.

pas fort élevé; une ferme de cent trente arpens se loua à cette époque, moyennant vingt-cinq sols tournois de cens, quarante-sept sols six deniers de rente, deux livres de cire et vingt francs une fois payés, pour servir aux réparations de l'église des Bénédictins de Nanteuil, propriétaires de cette ferme.

Les monastères se formèrent de nouveau sous la protection du duc d'Orléans, leurs droits nombreux dans la forêt de Retz furent rétablis pour aider à leur réorganisation, les cruelles persécutions qu'ils avaient éprouvées, avaient diminué le revenu de ces abbayes, dont la plupart des membres étaient dispersés.

Les compagnies étaient réformées chaque jour, le roi donnait tous ses soins à cette œuvre si nécessaire à la prospérité publique; malgré les difficultés de l'entreprise, les rivalités des capitaines, la longue indiscipline de ces hommes d'armes habitués au pillage, il fut réglé que le roi conserverait quinze capitaines ayant chacun une compagnie de cent lances, chaque lance comportait six hommes; l'homme d'armes, les trois archers, un coutelier et un page. On assigna des garnisons pour chaque compagnie, puis des ordres sévères furent donnés et exécutés pour la répression des crimes que les tribunaux civils mêmes pouvaient juger, ainsi les priviléges de ces hommes d'armes disparaissaient et la loi commune leur était appliquée.

Au nombre des hommes d'armes qui méritèrent par leurs infractions aux sages arrêtés de Charles VII, de servir d'exemple ; se trouve le Bâtard des Vertus, Philippe de Valois, fils naturel de Philippe, Comte des Vertus second fils de Louis Ier duc d'Orléans, frère de Charles VI et qui était mort sans postérité légitime en 1440. La vie de son bâtard est fort obscure ; il fut cependant, malgré son lien de famille avec Charles d'Orléans, condamné à mort pour ses démérites, et exécuté en *la comté de Valois* (1), ses biens confisqués au profit du roi, furent vendus le 18 août 1445 et délivrés à Colin Diquet, marchand fripier à Paris.

L'état de misère profonde dans laquelle se trouvaient réduites les possessions du duc d'Orléans, sa longue captivité suivie d'une rançon qui obérait encore ses finances, toutes ces causes, dis-je, vinrent paralyser les efforts qu'il tenta, pour s'emparer de l'héritage du duc de Milan, qui mourut en 1447. Charles de Valois élevait des prétentions comme héritier de sa mère Valentine, l'empereur réclamait aussi, Alphonse roi d'Aragon avait un

(1) Note N° 10.

testament en sa faveur, et Louis duc de Savoie, un fort parti dans le duché de Milan, enfin les Vénitiens cherchaient à s'en emparer par la force des armes.

Le duc de Valois demanda des secours à Philippe-le-Bon ; une armée se forma en Bourgogne, elle fut commandée par Jean de Châlons, seigneur d'Arguel, qui avait épousé Catherine de Bretagne, nièce du duc Charles ; cette expédition ne fut pas heureuse, les fonds manquaient, les hommes d'armes revinrent sans qu'on ait pu entreprendre quelque chose de considérable, le duc de Valois se borna à prendre possession du comté d'Ast, qui lui appartenait au même titre, et le duché de Milan, après quelques années resta au capitaine François Sforze qui avait épousé une fille naturelle reconnue du duc Philippe Visconti.

La ville de Crépy sortait de ses ruines ; les habitans s'étaient tous réfugiés dans l'enceinte de l'ancien château ; aidés par le prince, ils commencèrent à réparer l'église de St.-Denis. Cette église qui faisait partie de l'enceinte du château, était placée dans un des angles ; sur la gauche s'élevait jadis un donjon accompagné de tours énormes, ce donjon comprenait trois corps-de-logis et deux jardins séparés par des murs de clôture. Un vaste bâtiment se continuait du donjon à la porte dite des *Oinctiers*, tout le terrain de Crépy qu'on nomme la *Couture*, était en jardin ; telle fut l'enceinte du château depuis le commencement du 11e siècle, sous Gautier, jusqu'aux siéges qui ruinérent la ville.

Sous le règne de Louis VII, l'église St.-Thomas et son collége avaient été fondés par Philippe d'Alsace en mémoire de l'archevêque Thomas de Cantorbery ; cette église ne fut jamais achevée et nous avons vu combien sa tour devint fatale aux assiégés.

L'église de Ste.-Agathe avait été fortement endommagée aussi par le siége, les habitans l'augmentèrent après la paix, de quelques chapelles du côté droit, la tour fut réparée et on éleva une flèche en pierre sculptée en écaille, et à jour depuis sa naissance jusqu'à la croix (1).

L'église de St.-Denis se releva à son tour ; le chœur, tel qu'il existe encore, fut construit à cette époque., il est un témoignage que malgré nos discordes sanglantes, les arts n'étaient pas perdus en France ; le chœur est élevé, simple et noble tout à la fois, il reste seule preuve de l'ancienne puissance de Crépy, cette ville conserve encore un caractère de tristesse et de désolation qui rappelle involontairement son siége.

(1) Note N° 5.

Pendant cette période de dix ans de 1446 à 1457, on s'occupa aussi de reconstruire St.-Thomas; on avait eu le projet de rétablir la grande tour, mais cette opération aurait entraîné à des dépenses considérables, Jean-le-Fusiller avait fait établir les devis à son retour d'Angleterre; les Anglais avaient fait une brèche aux murs de l'église qui regardent le Nord, c'est par là qu'ils l'avaient attaquée; il fit d'abord relever le mur de clôture et commença, à ses frais, les travaux les plus urgens. Plus tard il se concerta avec Simon Bonnet, qui avait consacré St.-Denis, il fut convenu que, pour subvenir à ces frais de rétablissement, un appel serait fait aux fidèles du diocèse. Les reliques de St.-Thomas furent donc portées processionnellement dans les églises du diocèse et le produit de la quête fut employé tant à la construction d'une partie des voûtes, qu'au ravalement de quelques gros murs qui menaçaient ruine. On abandonna tout-à-fait le projet de rétablir la grosse tour et on éleva près d'elle, la flèche de pierre que nous voyons encore.

Cette collégiale, construite avant celle de St.-Thomas du Louvre, à la fin du 12e siècle, est menacée d'une ruine prochaine et mériterait peut-être l'attention sérieuse des inspecteurs de nos monumens historiques, les grands arcs des fenêtres sont en plein ceintre, l'ogive commençait à naître, des ornemens de bon goût décorent les restes de cet édifice et la base de la grande tour est une preuve de la magnificence qui présida à sa création.

Comme il n'y avait presqu'aucune place de l'église dans laquelle on n'eût travaillé, on la consacra de nouveau.

L'origine de Crépy, son état actuel est donc de cette époque et les maisons qui furent construites sont reconnaissables, comme je l'ai dit plus haut, par les faux-pleins ceintres et par un pilier de pierre qui sert aux battans de ses fenêtres ; en 1456, il n'y avait encore que la moitié de la population actuelle, malgré tout ce que le prince avait pu faire pour ramener les familles dispersées.

Villers-Cotterêts était dans un état plus déplorable encore, s'il était possible ; le château de la Malemaison, qui précédait celui que nous voyons subsister, avait été dégradé et pillé par les Anglais, les bosquets, les arbres avaient été abattus et tout le lieu de Villers-Cotterêts était dans le même désordre que Béthizy et Crépy. Il fut plus heureux que ces deux villes ; la proximité de la forêt, le plaisir de la chasse qu'elle offrait aux princes et l'émigration des habitans de Crépy, concoururent à la fois à l'augmentation de la population, qui reçut un accroissement considérable, dès que François Ier eût fait construire le château qui sert de dépôt de mendicité.

La Malemaison était primitivement une epèce de métairie et plus tard une maison de plaisance dans laquelle les comtes de Valois et les rois eux-mêmes, venaient lorsque la récréation de la chasse les attirait dans la forêt de Retz, une des plus belles et la plus considérable du royaume après la forêt d'Orléans ; sa forme de fer à cheval au centre duquel se trouve Villers-Cotterêts, devait en effet, faire préférer ce lieu à tout autre, puisqu'il était protégé par deux forteresses, la tour si remarquable de Vivières et le château-fort de La Ferté-Milon.

Toute la partie occupée par Villers-Cotterêts, appartenait aux comtes de Nanteuil et au prieuré de St.-Georges (aujourd'hui St.-Remy) la chapelle avait été construite près du château de la Malemaison, par Philippe-Auguste, qui trouva que le château était trop éloigné de la chapelle de St.-Georges.

Le château était tenu par un concierge qui prenait le nom de capitaine, bien qu'il n'eût aucune fortification, et ce n'était qu'un rendez-vous de chasse dont les Anglais s'emparèrent en détruisant tous les équipages comme nous l'avons déjà vu, il n'était pas situé au même lieu que le château actuel, sur cet emplacement existait au contraire une hostise, espèce de ferme qui appartenait aux comtes de Nanteuil (1).

La forêt de Retz est une portion de l'ancienne forêt de Brie, qui parcourait les terrains de Retz, près de Meaux, Borret près Senlis et Villers-St.-Georges, nommé Col-de-Retz, dont on a fait Villers-Cotterêts. Il semblerait que les maisons étaient plutôt groupées dans la plaine de St.-Remy, que dans l'enceinte actuelle de cette ville qui paraît en effet toute moderne.

Le château de la Malemaison fut abandonné jusque sous François Ier, lorsque ce prince prit possession du duché de Valois. Le duc d'Orléans étant plutôt occupé de Crépy et de l'administration de son duché, que de délassemens que son âge ne lui permettait plus guère.

Dans le même temps que Villers-Cotterêts s'accroissait des familles dispersées de Crépy, Neuilly-St.-Front recueillait celles d'Oulchy, dont j'ai décrit l'état de dévastation et les deux chapelles fondées dans les siècles précédens, ne suffisaient plus aux habitans; cette ville avait été pendant le années 1437 et 1438 en proie, comme le reste de

---

(1) Note N° 14.

la province, à la famine qui avait éloigné le roi Charles VII de Paris, et de plus, son voisinage de la forêt l'avait particulièrement exposée aux ravages causés par les loups qui pénétraient dans les villages et dévoraient non-seulement les animaux, mais encore les enfans; une taxe de deux deniers parisis par ménage, pour assurer leur destruction, subsista à Neuilly-St.-Front jusqu'en 1470, elle fut même renouvelée dans cette année.

Neuilly-St.-Front doit son origine aux comtes de Champagne; Thibaut IV est le premier qui lui ait donné une forme de bourgade, il y fit bâtir un château dans le 12e siècle, c'était un massif carré, élevé en pleine campagne, ce bâtiment flanqué de tours aux quatre angles, était entouré d'eau, la chapelle était dédiée à St.-Sébastien; ce château passa ensuite en partie au comte de Nevers, le bourg commença à s'accroître sous Philippe de Valois, grâces à la protection de la reine Jeanne d'Evreux, qui fonda le culte de St.-Front. Elle était veuve de Charles-le-Bel et dame de Neuilly, elle y mourut en 1370.

St.-Front avait été évêque de Périgueux, au 3e siècle de l'ère chrétienne, il avait célébré la messe à Neuilly, sur un grès dans des bruyères, et comme il lui manquait une hostie pour cette cérémonie, une colombe la lui avait apportée. La

reine bâtit une chapelle sur l'emplacement du grès qui fut conservé et obtint du pape Clément VI une bulle qu'il accorda en 1344; en transcrivant les détails du miracle il ajouta ces mots *sicut asseritur*, (comme on l'assure). Le pélerinage des Bruyères attira beaucoup de monde et beaucoup de maisons furent construites pour loger les visiteurs, je dirai plus loin les circonstances qui accompagnèrent la translation des reliques du Saint, dans l'église qui lui fut construite sous le règne de Louis XII; à l'époque qui nous occupe, la seigneurie de Neuilly-St.-Front était tenue par engagement, l'engagiste ou châtelain paraît être désigné par le texte qui suit : « La châtellenie, prévôté et
« seigneurie de Neuilly-St.-Front, de nouvel re-
« mise en la main de monseigneur le duc, pour ce
« que feu *Orléans* le Hérault, auquel elle avait été
« donnée sa vie durant, l'a tenue long-temps,
« desquelles châtellenies, siége de prévôté, res-
« sort sceau, tabellionage, prévôté, baillage et
« châtellenie, tant en domaine, comme des fiefs
« et arrière-fiefs, ville, baillage et justice ressor-
« tissant en icelle (1) ».

Nanteuil-le-Haudoin passa dans de nouvelles mains, Louis de Pacy, près Damars, dont les restes du château, actuellement une ferme, offrent de belles traces d'architecture du 15ᵉ siècle, en était

(1) Carlier.

seigneur; après avoir été capitaine de Villers-Cotterêts. Il avait quitté le service de l'Angleterre, aussitôt que Charles VII eut repris Paris, et que les nuages qui couvraient l'autorité royale eurent été dissipés. Il mourut sans postérité en 1456, il avait cédé ses droits sur Villers-Cotterêts à son oncle Pierre de Pacy, pour obtenir le comté de Nanteuil.

La famille de sa mère, Jeanne Paillard, rentra dans la terre de Pacy, le Comté de Nanteuil passa à Nicolas ou Colinet de Broyes, qui avait épousé Marie de Boulainvilliers, dame d'honneur de Marie de Clèves, duchesse d'Orléans et de Valois. Le duc qui favorisait ce seigneur, ne lui fit payer aucun des droits de mutation et lui donna la charge de capitaine de Pierrefonds.

Le mot Nanteuil est commun en France, les Gaulois Celtiques le donnaient à la plupart des lieux où se trouvaient des sources, des étangs ou des fontaines; on appela long-temps ce bourg Nanteuil en Brie, il existait à Nanteuil un pélerinage en l'honneur de St.-Valbert; on venait prier ce saint autour d'une fontaine (1), et pendant plus de huit siècles, la justice se rendit auprès de la grande fontaine, ce n'était pas au

(1) Note N° 12.

reste le seul lieu du Valois dans lequel la justice se rendît en plein air, et Carlier fait le dénombrement suivant de ces localités : « l'arbre Jacquemart à Attichy, le chêne Herbelot près de Pierrefonds, le chêne près Neuilly-St.-Front, l'orme de Heurte-Bise près Chevreville, l'ormeau de Verberie, l'épinette de Rhuys, l'orme de Fresnoy, ceux de Clameville près Tresmes, du Perche à Meremont près Crépy, du Perche à St.-Germain de Bouillant, et celui de Duvy, la Place Boissière à Crépy, de l'ormel à Rouvres, le chêne de l'assemblée à Ormoy-le-Davien, servaient au même usage. »

Nanteuil était près de cette forêt de Brie qui nous est peu connue et dont il est difficile de déterminer l'étendue ; on conçoit seulement qu'elle renfermait la plus grande partie du Multien, de l'Orceois, et qu'elle faisait pointe sur le pays du Valois *pagus Vadensis*, de Vez *Vadum*, sa première capitale, où elle venait se joindre à la partie que nous appelons forêt de Retz, du village de ce nom, situé dans le Multien, près du Plessis-Bouillancy.

Vez et Vivières étant, au milieu du 15e siècle, deux places importantes du Valois, je crois intéressant d'entrer dans quelques détails sur ces localités. Vez, situé sur la gauche de la route de

Paris à Soissons, fut la première résidence des comtes et gouverneurs du pays de Valois qui lui doit son nom, suivant les étymologistes qui me semblent les plus raisonnables, de *Vadum*, on aurait fait *Vadensis* ou *Vadiscus*. Le premier château ayant été démoli et son origine étant fort incertaine, bien qu'on puisse encore en retrouver quelques traces, si depuis deux mois elles ne sont pas entièrement démolies(1), on s'occupa de faire construire une nouvelle enceinte dans le milieu du 14e siècle, on creusa de larges fossés avec des ponts-levis, on bâtit la grosse tour qui subsiste encore, et dont les dimensions sont remarquables, c'est un solide édifice élevé dans le goût de l'ancienne bastille de Paris et à peu près dans le même temps ; les murs ont dix-huit à vingt pieds d'épaisseur, c'est un massif composé de moëllons et de bonne chaux, revêtu, comme les châteaux de Coucy, de La Ferté-Milon intérieurement et extérieurement de larges pierres de taille, si communes dans la vallée d'Autonne, que cet ouvrage domine. Cette vallée si belle, si négligée, malgré les vues les plus variées, prend sa naissance à Pisseleux près Villers-Cotterêts, et vient, après avoir offert aux curieux les sites les plus pittoresques, les souvenirs historiques les plus nombreux et les plus authentiques, se confondre au-delà de Béthizy, avec

(1) Avril 1834.

une autre que sa richesse a fait appeler Vallée-Dorée et qui, suivant Cambry dans la statistique du département de l'Oise en 1800, ne le cède en rien à la beauté, aux trésors de tous les genres, répandus dans l'Allemagne, la Suisse et l'Italie.

Peu de temps après le retour du duc d'Orléans, les garnisons de Vez, de Chavercy et même du donjon de Crépy, manquèrent de subsistances; comme elles ne pouvaient en trouver dans le pays qu'elles occupaient, les trois capitaines décidèrent d'envoyer un corps de cent hommes tirés des trois châteaux; ils en donnèrent le commandement à Gilbert de La Roche, ce commandant apprit que parmi les domaines situés de l'autre côté de l'Oise, le seul qui pouvait être exploité avec avantage, appartenait à Jean de Luxembourg, ce fameux comte de Ligny, dont la conduite fut si douteuse et qui était souvent également disposé à attaquer à la fois les Anglais, les Bourguignons, et les partisans du roi Charles VII. Nécessité n'a pas de loi: malgré la fraternité d'armes qui unissait Gilbert de La Roche et le comte de Ligny, le premier attaqua les possessions de son ami et fit un riche butin; il emmena tout ce qu'il pût saisir en bœufs, moutons, grains et fourrages, il força les fermiers de conduire toutes ses provisions et il opéra son retour du Pont-Ste.-Maxence, dans les environs duquel il avait opéré ce coup de main, par le bac de Royal-Lieu pour revenir à Chavercy, Crépy et Vez, en prenant le grand chemin de Verberie.

Le comte de Ligny était à Nesle ; informé du nombre des fourrageurs, il rassembla des forces plus considérables, en confia le commandement à David de Foix, et le fit accompagner par Guyot de Béthune, Antoine de la Bannière, gouverneur de Ham et Antoine de Belloy. Ces officiers atteignirent la troupe de Gilbert de La Roche, au moment où une partie du butin avait traversé l'Oise. Gilbert rappela les hommes d'armes qui avaient déjà passé la rivière et fit bonne contenance ; une partie de sa troupe l'abandonna, se jeta sur les barques qui revenaient trop chargées, elles coulèrent. Gilbert fut tué dans l'action qui fut très vive, malgré la réduction de sa troupe, son lieutenant Rassilié fit des efforts pour soutenir le choc des ennemis et rallier les hommes d'armes ; dix seulement soutinrent la retraite, il put échapper à la mort, les gens du comte de Ligny avaient fait cinq prisonniers qu'ils conduisirent à Nesle où ils furent pendus, David de Foix reprit le butin que Gilbert avait réuni et le ramena à l'aide des mêmes voitures qui l'avaient emmené.

Vivières est un bourg dont le château a servi de

demeure aux comtes de Valois et aux rois de France, à la même époque qu'ils habitaient Vez et Crépy. La tour de Vivières servit de réfuge aux habitans de cette partie du Valois, pendant les excursions des Normands, des Navarrois et des Anglais. Au commencement du 13e siècle, une communauté nombreuse de templiers existait à Vivières; ce bourg était considérable alors, trois causes amenèrent successivement sa décadence; d'abord l'établissement d'un marché à Villers-Cotterêts, puis le crédit du concierge de la Malemaison, enfin la translation des reliques de Ste.-Clothilde à l'abbaye de Valsery, cette translation eut lieu sous le règne de St.-Louis.

Les reliques de la sainte avaient été transférées de Paris à Vivières, en même temps que celles de Ste.-Geneviève l'avaient été à Marisy, lorsque cette ville avait été menacée par les Normands dans le 9e siècle; lorsqu'on voulut reprendre St.-Clotilde, le Chapitre de la chapelle et le seigneur du lieu s'y opposèrent également, la seule composition admise fut le partage du dépôt, Vivières conserva le chef et un bras de la sainte, jusqu'au moment où l'abbaye de Valsery reçut ces reliques qui avaient enrichi l'église de la commune.

La défense du château de Vivières fut presque toujours confiée aux capitaines de Pierrefonds, qui surveillaient en même temps les tours d'Ambleny et de Courtieux.

Ambleny est situé sur la chaussée Brunehaut. Sous Philippe-Auguste, dans le dénombrement qu'il fit exécuter des places-fortes du Valois, Ambleny fut cité immédiatement après le château de Pierrefonds, les premiers seigneurs de cette forteresse avaient eux-mêmes fait élever la tour d'Ambleny, pour la conservation de leurs domaines dans le canton et la garde des abbayes qu'ils protégeaient.

Courtieux était encore une tour qui, comme celle de Vivières et d'Ambleny, était placée sous la surveillance de capitaines de Pierrefonds. Elle ne subsiste plus et offrait beaucoup de rapprochement avec ces dernières, elle dépendait plus particulièrement de la forteresse du Crotoy, bâtie sur l'emplacement de Martimont (1).

(1) Note N° 13.

CHAPITRE VIII.

LOUIS XI.

Louis d'Orléans, premier duc de Valois, avait laissé trois fils et une fille qui fut mariée à Richard, duc de Bretagne ; après la mort sans postérité légitime du comte des Vertus, les villes de La Ferté-Milon, de Vertus et la seigneurie de Gandelus fut le partage de Marguerite d'Orléans, duchesse de Bretagne ; de cette maison, La Ferté-Milon passa, après la mort de Marguerite, dans celle de Châlons, qui la conserva comme engagiste jusqu'au 16ᵉ siècle. Le fort-château recevait cependant la garnison du duc de Valois et en 1442, le maréchal de Villiers-l'Isle-Adam en était gouverneur.

Ce fut à la faveur des secours donnés par Messieurs de Châlons, que l'église St.-Nicolas de la Chaussée fut commencée en 1460.

La Ferté-Milon est encore divisée en trois parties bien distinctes qui sont le château, la ville et la chaussée; la haute-ville est séparée de la chaussée par la rivière d'Ourcq, elle porta ce dernier nom jusqu'au 10ᵉ siècle environ. A cette époque elle quitta le nom de Ferté-sur-Ourcq qu'elle avait à cause de sa position, pour recevoir celui de La Ferté-en-Orceois et enfin celui de son seigneur, Milon-le-Grand.

Au 11ᵉ siècle, l'église St-Wâast, village situé près l'ancienne Ferté fut, par l'évêque de Soissons, ancien chanoine de Ste-Geneviève de Paris dont les reliques ont été long-temps déposées à Marisy, réuni au chapitre de Ste-Geneviève qui fit quelques réparations à cette chapelle si remarquable par son antiquité et qui subsiste encore habitée par un jardinier; toutes les maisons dont elle était le centre, ont été successivement démolies, elle fait maintenant l'extrémité du faubourg St.-Wâast de La Ferté-Milon sur la route de Meaux à Château-Thierry. C'était originairement la principale église de La Ferté-sur-Ourcq.

Les maisons construites de l'autre côté de la rivière, dépendaient de l'église paroissiale de St.-Pierre de Charcy, monastère situé à une distance à peu près égale à celle de St.-Waast à La Ferté-Milon. Ce monastère faisait partie d'un domaine d'une très grande étendue, puisqu'il se prolongeait jusqu'à Bourg-Fontaine, une de ses dépendances au 12e siècle.

L'église de St.-Pierre de Charcy se dégradait, son éloignement du château de la Chaussée et des maisons déterminèrent en 1460, l'établissement d'une nouvelle église; le terrain fut acheté par les habitans, et le bâtiment fut conduit à sa fin en 1490, les vitraux remarquables qui décorent cette église, ont été placés en 1549, j'en parlerai plus loin; c'est dans le même temps à peu près que l'église de St.-Jean-les-Vignes de Soissons se terminait (1).

(1) Elle fut dédiée sous Jean Prévôt, 25e abbé, par Jean Millet, 76e évêque de Soissons, les deux tours furent commencées par Pierre de Fontaine, qui acheva la plus petite et l'autre fut achevée par Nicolas Prudhomme, 29e abbé, qui plaça lui-même la croix au sommet de la flèche en 1520.

Charles VII mourut le 22 juillet 1461, au milieu de ses craintes d'être empoisonné par les ordres du dauphin Louis. Les regrets les plus vifs se firent sentir à cette perte pour le royaume, l'abondance commençait à renaître sous l'influence de la paix et de la répression des désordres des compagnies; aussi lorsque, dans la cérémonie funèbre dans laquelle le duc d'Orléans et les comtes d'Angoulême, d'Eu et de Dunois conduisaient le deuil, le hérault eut crié : « Dieu veuille avoir l'âme de Charles Septième, roi très victorieux », l'église retentit de gémissemens qui cessèrent à peine lorsqu'un autre reprit en disant : « Vive le roi de France, Louis onzième ! C'est dans le même temps que mourut Pothon de Saintrailles qui s'était retiré à Bordeaux depuis la paix.

Le règne de Louis XI fut moins agité que celui de Charles VII ; les villes, les métairies, les églises continuèrent à se relever et les impôts établis par ce dernier, à se percevoir d'une manière régulière et surtout plus exigeante. En 1465, les habitans de Boneuil payaient au roi sept livres seize sols de taille. L'augmentation des impôts, sans respect pour les priviléges des communes, la division que la politique astucieuse de Louis XI semait entre les princes, tant de cabales excitées contre le duc de Bourgogne, contre le duc de Bretagne, et surtout cette guerre du *bien public* qui se préparait, avait amené dans l'esprit du peuple un vif mécontentement contre le roi, qui jugea convenable d'assembler à Tours, les princes du royaume.

Le vieux duc d'Orléans vint à cette réunion dans laquelle le duc de Bretagne était attaqué par Louis XI. Il voulut défendre son neveu ou l'excuser au moins, mais le roi qui jusqu'alors s'était contenu, s'emporta vivement et traita avec tant de dureté ce vieux et vénérable prince, qu'il rentra chez lui et mourut trois jours après à Amboise à l'âge de soixante-dix ans ; laissant trois enfans de son dernier mariage avec Marie de Clèves, un fils, Louis d'Orléans, âgé de trois ans seulement, qui fut plus tard appelé à régner et deux filles, Anne d'Orléans, abbesse de Fontevrault en 1478, et de Ste-Croix de Poitiers en 1485, elle mourut en 1491 ; et une autre, Marie d'Orléans, qui épousa le vicomte de Narbonne.

Le duc Charles fut universellement regretté, le Valois lui devait les plus grandes améliorations, il avait relevé de ses ruines la ville de Crépy et tous les lieux les plus importans de son duché, qu'il avait en tous les temps épargné, n'exigeant de lui que des revenus médiocres dans un temps ou sa captivité et sa rançon avaient autant diminué sa fortune. Il avait un si grand fond de piété et d'humanité, que tous les vendredis il servait 12 pauvres à table, mangeait avec eux et leur lavait les pieds; il fit beaucoup de bonnes œuvres dans lesquelles l'ostentation n'eut point de part.

Il cultivait les lettres avec succès, il les aimait, et pendant ses vingt-cinq années de captivité il leur avait dû un peu de soulagement à ses peines, je donne à la fin de ce volume quelques-unes de ses poésies.

Les monastères du Valois que tant de guerres avaient accablés et contribués à détruire, durent à sa protection de sortir de leur état de misère, il régla tous leurs droits dans les forêts du Valois et leur en accorda de nouveaux; c'est vers cette époque que le droit des tréfonciers s'établit dans la forêt de Retz, ce droit donnait pouvoir aux abbayes et à quelques seigneurs de toucher le tiers denier du produit des ventes des bois dans certaines localités de la forêt de Retz et les tréfonciers prirent un accroissement tel qu'en 1672 ils avaient à exercer cette prise sur le quart de son étendue.

Pour donner une idée des croyances de cette époque, je crois utile de parler de la visite que l'abbé des Prémontés de Cuissy au diocèse de Laon, vint rendre aux reliques que la piété des comtes de Valois avait recueillies dans la chapelle basse de St.-Aubin de Crépy, il dressa l'inventaire suivant, sépara chacune des reliques, et les enferma dans trois bourses ; il cherchait à rendre hommage à son patron St.-Tugduald, il en trouva le corps et en même temps « ceux de St.-Papuce, de St.-Brieux, des reliques de sept saints de Bretagne, de Marie-Madelaine, de St.-Sevestre, des onze mille vierges, de St.-Victor moine, de St.-Pierre, de la côte Ste-Agnès, de St.-Adrien, de St.-Gervais et St.-Protais ; de St.-Sauveur, de la pierre qui fondit par le sang de Notre-Seigneur, des Innocens, de St.-Thibaud, de St.-Tiburce, de St.-Laurent, de Ste-Barbe, de St.-Eustache, de St.-Mathias, de la Croix St.-Adrien, de la vraie croix de Notre-Seigneur, de St.-Babilas, de St.-Georges, de St.-Grégoire, de Ste-Catherine, de St.-Lucien de Beauvais, de la Crèche de Notre-Seigneur, de Ste-Scariberge, du St.-Suaire, des cinq pains et des deux poissons, de la chasuble St.-Hilaire, du menton de St.-Oyen.

Carlier croit nécessaire de faire observer que les reliques apportées de Bretagne paraissent beaucoup plus sûres que celles que Philippe II, seigneur de Nanteuil et de Lévignen, avait ramenées de la Terre-Sainte.

Philippe-le-Bon, duc de Bourgogne, mourut en 1467, deux ans après le duc Charles d'Orléans ; il laissa ses puissans états, sa fortune immense au comte de Charolais, son fils, connu dans l'histoire par son orgueil implacable, sa fatale présomption et sa longue suite de revers, Charles-le-Téméraire posséda dix ans, le duché de Bourgogne et les comtés de Flandre : à sa mort, arrivée devant Nancy, il avait perdu presque toute cette belle puissance, que les cinquante années de soins, de succès nobles et glorieux de Philippe-le-Bon, avaient accumulée. L'Angleterre, notre ancienne ennemie, était travaillée par des guerres intestines dans lesquelles la fourberie de Louis XI agissait sans cesse, car il avait des espions payés dans toutes les cours, chez tous les princes et les grands seigneurs ; sa maxime est bien connue : *diviser pour régner*. Le Valois n'eut pas à souffrir des longues querelles du roi et de Charles-le-Téméraire, depuis 1465, époque à laquelle un corps de Bourguignons, échappés à la bataille douteuse de Monthlery, avait pillé les environs de Pont-Ste.-Maxence, et avaient immédiatement été arrêtés par le sieur de Moui, gouverneur de Compiègne, jusqu'à la fin du siècle, aucune espèce de guerre ou de désordre ne vint troubler la paix dont cette province avait besoin.

Marie de Clèves se fit confirmer, à Blois, en 1467, dans la garde noble de ses enfans. Elle amena le jeune duc au château de Crépy, en plusieurs circonstances, mais il ne prit possession de son duché avant 1484. Jusqu'à cette date, il fut gouverné par sa mère qui, cependant, avait épousé en secondes nôces, le capitaine de Gravelines, Jean, sire de Rabondanges. Elle mourut à Chauny en 1487, son corps fut transporté à Blois où se trouvait celui du feu duc d'Orléans et ils y restèrent jusqu'en 1504 que le comte de Dunois les fit transporter en grande pompe aux Célestins de Paris.

Lorsque la duchesse douairière d'Orléans venait avec son fils à Crépy et y faisait résidence, ils habitaient le donjon, espèce de citadelle flanquée de grosses tours d'un aspect assez triste : c'était la seule des maisons seigneuriales qui eut été préservée et qui fut habitable, toute la vallée qui entoure Crépy avait été mise dans l'état de désolation que j'ai dit exister à Béthisy et à Villers-Cotterêts. Une preuve certaine existe, c'est Glagnes ou Glaignes, dans cette même vallée ; une partie de ce domaine relevait de Crépy, l'autre, l'église et le château dépendaient de Béthisy-Verberie. Avant les guerres de Charles VI et Charles VII, ce village était très peuplé, après les hostilités, il était réduit à douze maisons seulement, l'église avait été épargnée, on lui donnait le nom de *Moutier*, comme à celle de St.-Denis de Crépy.

Les habitations étaient connues sous deux dénominations; les *masures* étaient de petites fermes, manses ou hostises, dont les terres étaient propres à rapporter des grains, comme bled, avoine ou seigle. Les *coutures* étaient des maisons accompagnées de jardins ou de marais à légumes, à chanvre, des vergers, des vignes, etc., etc. L'étymologie de la *place* de la *Couture* à Crépy, devient donc facile à trouver et prouve que la ville fut réellement bâtie sur l'emplacement de l'ancien château.

Tous ces établissemens de production, avaient été tellement dégradés qu'en 1457, les prés ne se louaient plus que deux sols l'arpent et que le château, depuis qu'il avait été *racoustré*, ne valait que deux francs de loyer par an, à cause de l'extrême misère des habitans. Deux dames qui en étaient propriétaires, réduisirent considérablement leurs droits sur leurs censitaires et transformèrent en une paye annuelle de douze sols par ménage; une redevance en nature de deux chapons, un septier de vin, un septier d'avoine mesure du pays, deux pains, un bichet de blé et une corvée d'hommes à la mi-mars.

La communauté des habitans payait en outre au seigneur soixante-quatorze sols parisis de taille, et les cultivateurs deux deniers parisis pour chaque voiture de fumier qu'ils transportaient hors du territoire de Glagnes.

Les fermiers qui manquaient à s'acquitter de leurs redevances, étaient soumis à la peine qui suit : le maire ou le garde-justice, assisté de son sergent, se transportait chez les débiteurs et faisait dépendre la principale porte du logis ; le maître de la masure ne pouvait s'éviter cette singulière peine, en enlevant lui-même sa porte, sans être passible d'une amende de soixante sols parisis. La justice du bourg se rendait en plein champ, sur une pièce de trois quartiers de terre, joignant le chemin de Glagnes à Béthisy.

Glagnes ressortissait antérieurement du fief de Roquemont près Crépy.

En l'année 1473, le comte d'Armagnac, petit-fils du connétable, qui, cinquante-cinq ans avant, avait péri si malheureusement, fut, par ordre de Louis XI, massacré par un franc-archer, sous la surveillance des sires de Balsac et de Montfaucon ; cette exécution eut lieu en présence de la Comtesse, enceinte de sept à huit mois. Elle-même, quelques jours après, fut obligée, au château de Buzet, près Toulouse où elle s'était retirée, par Olivier-le-Roux, secrétaire du Roi et d'autres, de prendre un breuvage qui la fit avorter et périr deux jours après. Les déloyautés du comte d'Armagnac, ses crimes mêmes, n'ont pu justifier le roi de cet acte atroce, qui mit fin à la guerre que le comte avait suscitée contre lui, en même temps qu'il se défaisait ainsi d'un ennemi redoutable, et assurait, à force de ruses et de cruautés, une paix qui ne lui était pas moins nécessaire qu'au malheureux peuple, il résolut de resserrer son alliance avec les deux puissantes maisons de Bourbon et d'Orléans, par les liens de la parenté; il donna sa fille, madame Anne de France, née en 1461, à Pierre de Bourbon, sire de Baujeu, après l'avoir promise à Nicolas, duc de Calabre et de Lorraine, et avoir parlé de la marier à son redoutable rival, Charles-le-Téméraire; dans cette même année 1473, il fit épouser sa seconde fille, Jeanne de France, qui n'avait que neuf ans, par notre Louis d'Orléans, duc de Valois, qui n'en avait que onze, il était alors en pourparlers de trêve avec le duc de Bourgogne, occupé en Allemagne, et les réunions avaient lieu soit à Senlis, soit à Compiègne.

Malgré cette union, la duchesse Marie de Clèves continua à gouverner le duché de Valois; en 1474 et 1475, elle passa quelques mois au donjon de Crépy et elle continua cette administration jusqu'en 1483, année de la mort de Louis XI. Elle n'alla pas habiter Villers-Cotterêts dont le château était tout démoli et rendu inhabitable par les dévastations dont j'ai parlé.

Les lettres furent cultivées pendant cette période de tranquillité, dont le Valois put jouir comme toutes le provinces du royaume, le jeune âge du duc ne pouvant l'exposer à aucune des dissentions que fomentait le caractère soupçonneux de Louis XI. Parmi les hommes qui méritent notre reconnaissance, paraît en première ligne Enguerrand de Monstrelet, dont les chroniques ont conservé tous les traits les plus importans des guerres qui désolèrent le Valois.

Enguerrand de Monstrelet appartenait à une famille noble, originaire du duché dans lequel ses rejetons possédaient des biens nombreux des deux côtés de l'Oise, entre Clermont, Crépy et Verberie; une autre branche se retira dans le Cambresis où naquit Enguerrand, mais il passa probablement une partie de sa vie vers le bois d'Ajeux, où sa famille vivait. Il décrit fort bien la topographie du pays qui fut le théâtre de la guerre civile des deux maisons d'Orléans et de Bourgogne; ses chroniques sont une histoire des pays situés entre Creil et Clermont, Compiègne, Senlis et Crépy. Il était attaché au parti bourguignon, et était présent, lorsque la Pucelle fut amenée devant le duc de Bethfort. Sa chronique se commence en 1400, où finit celle de Jean Froissard, elle a pour titre : « Les chroniques d'Enguerrand de Monstrelet, « gentilhomme, jadis demeurant à Cambrai en

« Cambresis, contenant les cruelles guerres civiles « entre les maisons d'Orléans et de Bourgogne, « l'occupation de Paris et de Normandie par les « Anglais, l'expulsion d'iceux et autres choses mé- « morables advenues de son temps, en ce royaume « et en pays étrangers; » elle se termine en 1467 et forme, dans l'édition de 1596, trois volumes pour les trois divisions que l'auteur a établies lui-même.

Un des personnages les plus habiles employés par Louis XI, dans ses négociations diplomatiques, était Robert Gaguin, ministre des trinitaires de St.-Nicolas de Verberie. Le roi l'avait envoyé à Cologne, avec des lettres secrètes pour plusieurs princes de l'empire, dans le but d'entraver le mariage de Marie de Bourgogne, fille et héritière de Charles-le-Téméraire, qui se préparait au grand déplaisir de Louis, ce Roi d'abord, avait tâché de la dépouiller de ce riche patrimoine, et cherchait dans ce moment à lui faire préférer son fils, le dauphin Charles, malgré le jeune âge de ce dernier; Robert Gaguin avait en même temps une mission toute apparente, il avait des lettres de créance comme ambassadeur et devait, devant les électeurs de Francfort, démontrer quelle serait pour l'Allemagne, l'influence d'un mariage contracté par une héritière d'un sang français, sans le consentement du roi, son souverain seigneur; cette dernière mission fut inutile; il n'y eut pas d'assemblée à Francfort et le pouvoir de Louis était tellement abhorré, que ses envoyés à Cologne n'osèrent pas même se faire connaître.

Le dépit que Louis XI conçut de l'insuccès de ses démarches, le rendit injuste envers le général des Mathurins, et malgré les services que Robert lui avait rendus en Italie et en Angleterre, il lui fit éprouver le sort que les grands réservent souvent à ceux qui les servent, même avec zèle.

Robert Gaguin disgrâcié, se retira dans le monastère de Cerfroid, et s'appliqua dès lors aux lettres et aux sciences qu'il avait cultivées avec tant de succès; dans ses missions en Italie, il avait trouvé des admirateurs, mais aussi des maîtres, et il avait profité de son séjour dans cette contrée, pour établir des relations qui furent utiles à son pays, puisque le poète Fauste Andrelin se détermina à venir en France, par la considération qu'il portait à Robert Gaguin. Ses discours en Italie avaient eu un tel succès, qu'un écrivain contemporain dit que les Italiens avaient admiré son éloquence, jusqu'à en être stupéfaits (1).

Il composa un traité de faire des vers, intitulé :

---

(1) *Qui Italos sœpe stupidos suá eloquentia* effecit.

de arte metrificandi ; il composa un poème sur la conception de la vierge, une collection de ces discours, beaux en ce temps-là, mais bien difficiles à lire dans notre siècle. Il donna une histoire de France qu'il commença avec la monarchie, et qu'il continua jusqu'en 1499; il fit aussi un recueil d'épigrammes. L'imprimerie qui venait d'être découverte, son séjour en Italie, en Allemagne, en Angleterre, tout contribua en même temps que la retraite si nécessaire aux études sérieuses, à le rendre un des préparateurs de la résurrection des lettres, qui commença sous les règnes suivants.

Il mourut en 1501, à Paris, car il résida peu à Cerfroid et fut inhumé dans le cloître de la maison des Mathurins de cette ville.

Louis XI mourut en 1483, laissant le royaume à son fils Charles VIII, peu regretté du peuple qu'il avait chargé d'impôts, et des grands dont il avait diminué la puissance. Ses dernières années s'étaient passées dans la défiance et la crainte, il était aussi enfermé dans son château, que ceux qu'il faisait étroitement serrer dans les cachots. Il n'avait éprouvé aucune des sensations qui rendent heureux, mauvais fils lui-même, il n'avait pas conçu pour ses enfans une bien vive tendresse, et la pauvre Jeanne de France, duchesse d'Orléans et de Valois, lui avait toujours singulièrement déplu (1), elle était pieuse comme une sainte, mais petite, maigre, noire, voûtée et si laide, qu'il ne pouvait consentir à la voir et que lorsqu'elle avait à paraître devant lui, elle se tenait toute craintive derrière sa gouvernante. Sa fille aînée, Mme de Baujeu, lui était un peu moins pénible à voir, encore ne lui montrait-il jamais beaucoup de tendresse, bien qu'elle passât pour une femme remplie de sens et de vertu. Son fils avait toujours été élevé loin de lui et il ne vivait que pour craindre et se faire craindre à son tour par les actes les plus inhumains qui témoignaient de son existence, comme il le disait lui-même. Le dauphin avait toujours été élevé à Amboise, il était fort chétif; Louis redoutait son héritier, le nom du dauphin se trouvait mêlé dans tous les complots qu'on formait contre lui, et il se rappelait la Praguerie ; aucune éducation n'était donnée au jeune prince, tout exercice lui était défendu; lorsqu'il le savait malade, il s'en inquiétait cependant et l'entourait de soins vraiment paternels.

En 1482, comme il sentait sa mort venir (2), il consentit à se rapprocher de son fils ; il fit composer sous ses yeux, par des hommes

---

(1) M. de Barante.
(2) Il avait eu une attaque d'apoplexie en 1481.

doctes et nobles, par les meilleurs guerriers, un petit livre, recueil des plus pieuses et plus sages maximes sur l'art de goûverner selon *l'équité* et la *politique la plus loyale*, c'est la meilleure critique de son règne et de ses actions ; il fit préparer pour son fils, ces chroniques de France, vaste dépôt d'archives, et recueillit ce précieux trésor de St.-Denis, il en confia la continuation aux plus habiles et voulaient qu'elles servissent, quoiqu'un peu tard, à l'instruction de son fils ; il ne s'en tint pas là, il vint à Amboise, le 21 septembre 1482 et là, devant les plus grands personnages du royaume il fit à son fils un grand et beau discours sur ses obligations lorsqu'il serait roi de France, il rappela au jeune prince que lorsqu'il arriva au trône, il crut devoir changer les conseillers du royaume, qu'il avait, par cette mesure, amené la guerre du bien public, et comme ses favoris Olivier-le-Daim et Jean Goyat lui étaient toujours précieux, malgré la haine dont ils étaient entourés, il les lui recommanda. Puis il lui fit jurer de se souvenir de ses paternels avis et manda son notaire, Pierre Parent, et fit dresser un procès-verbal, qu'il envoya au Parlement et aux cours de justice.

Louis XI, dans cette démarche, était guidé par une prévision qui vint plus tard se réaliser ; le jeune duc d'Orléans, son gendre, l'inquiétait et il pensait qu'après sa mort, de nouveaux troubles éclateraient, fomentés par les prétentions du duc de Valois ; il l'avait conduit à cette visite d'Amboise. Louis d'Orléans avait alors vingt et un ans et il jura devant le roi, sur les saints évangiles, sur le canon de la messe, sur la damnation de son âme, sur son honneur, sous peine d'encourir un éternel reproche, de servir loyalement le dauphin, son beau-frère, lorsqu'il serait roi ; de ne prendre aucun parti contre lui ; de révéler tout ce qui se pourrait tramer contre son gouvernement. Il s'engageait à n'entrer dans aucune des vues du duc de Bretagne, si elles devaient troubler le royaume et jurait de se séparer, dans le même cas, du Vicomte de Narbonne qui avait épousé Marie d'Orléans, et dont le roi connaissait l'humeur difficile et les secrets desseins sur le royaume de Navarre.

La politique profonde et astucieuse de Louis XI lui avait découvert facilement tous les embarras qui attendaient Charles VIII et qu'il avait lui-même accumulés par des impôts excessifs, destinés à la solde de bandes dévouées par l'or, dont il gorgeait les chefs, pour les avoir à son entière disposition et en faire des seïdes obéissans, par le plus vil des mobiles ; il levait trois fois plus d'impositions que son père et dans des circonstances sans excuses aucunes ; encore le peuple n'était-il pas à l'abri des pillages des gens de guerre, comme il l'était vers la fin de Charles VII. Il y eut même des émigrations causées par la misère, une année de mauvaise récolte et un hiver rigoureux amenèrent de nouveau la famine et la peste sa sœur. Sa conscience troublée, ses défiances lui avaient fait chercher dans l'appui des ministres de la religion, un abri qui lui manquait souvent, malgré le sacrifice de la pragmatique qu'il avait fait, pour ne pas déplaire au pape et, malgré toutes ses neuvaines et ses prières à la vierge et aux saints, auxquels il se recommandait à chaque nouvelle cruauté; ce fut dans cet état d'inquiétude mentale qu'il put supporter les refus du Parlement d'enregistrer des édits qu'il avait voulu le contraindre de sanctionner et que les belles paroles du président La-Vacquerie, purent être écoutées (1) sans lui attirer les peines qu'il ne manquait pas de faire subir à tous ceux dont il croyait avoir à se plaindre.

Au déclin de sa vie, tout semblait lui sourire, il avait promis de marier le dauphin à la fille d'Édouard d'Angleterre; sa politique exigeait ce

(1) Sire, lui dit-il, nous remettons nos charges entre vos mains, et nous souffrirons tout ce qu'il vous plaira plutôt que d'offenser nos consciences en vérifiant des édits que nous croyons contre le bien du royaume.

mariage avec Marguerite d'Autriche, il renonça à l'alliance d'Édouard et celui-ci, courroucé, cherchait à s'en venger, lorsque la mort le surprit, les uns dirent empoisonné par le duc de Glocester, son frère, qui fit périr ses deux neveux dans la tour de Londres, d'autres ont prétendu qu'il était mort pour avoir trop bu du vin de Châlonnes, que le roi de France lui envoyait tous les ans. Le traité d'Arras en 1482, lui avait assuré tout l'héritage du duc de Bourgogne et le duc Maximilien, veuf de la princesse Marie, n'était plus qu'un prince sans puissance réelle. Sa méfiance augmentait encore, et ses pratiques de dévotion suivaient la même marche, il avait résolu de se faire sacrer de nouveau, et la sainte ampoule était déjà au Plessis-les-Tours ; car toutes les reliques lui était précieuses il en cherchait sans cesse de nouvelles, espérant par leur pouvoir, prolonger sa misérable vie ; il s'apprêtait donc à recevoir une seconde fois l'onction royale, lorsque, le 25 août 1483, il fut pris d'une nouvelle attaque d'apoplexie qui le laissa exister encore cinq jours, pendant lesquels il envoya chercher son fils et lui rappela ses sermens, il avait encore espoir de vivre. Et, bien qu'il s'occupât de son convoi funéraire, en demandant à être déposé à Notre-Dame de Cléry, en donnant des ordres pour la confection de sa statue, il espérait toujours que madame Notre-Dame d'Embrun lui serait en aide.

Enfin cinq jours après, il expira, le 30 août 1483, et il était à peine mort, que tous ses serviteurs l'abandonnèrent et coururent à Amboise, saluer le nouveau monarque, et il ne resta près du corps de Louis XI que les gardes absolument nécessaires pour constater le haut rang qu'il avait possédé. Le peuple se réjouissait, sa mémoire était maudite, l'existence de ses favoris, si indignement choisie, ne tarda pas à être compromise et les réactions, à se faire sentir ; le chapitre suivant, qui commence le règne de Charles VIII, prouvera que Louis XI avait bien jugé ses propres actions, et qu'en donnant le conseil à son fils, de ne pas s'embarquer dans une nouvelle guerre pour reprendre Calais aux Anglais, il avait bien compris la nouvelle position du duc de Valois, vis-à-vis du successeur au trône.

CHAPITRE IX.

CHARLES VIII.

Quelques mois après la mort de Louis XI, le duc d'Orléans vint prendre possession de son duché de Valois, et il fit son entrée solennelle au château de Crépy, avec les cérémonies dues à son rang. Il avait alors vingt et un ans.

Son chancelier s'était rendu sur les lieux, et avait tout disposé pour le jour fixé; tout le peuple l'attendait au dehors de la ville et les officiers lui présentèrent, à la principale porte, le *vin*, les *barreaux* et les *poissons*, qui étaient d'usage ; ils étaient assistés par les compagnies bourgeoises de la ville, des sergens rangés sur deux lignes ; ce cortége accompagna le prince et sa suite jusqu'au château, où il fut reçu avec toute la pompe que les circonstances avaient permise par les trois états de la province et le baillage rassemblés. On le conduisit à la salle du domaine, dans laquelle un trône entouré de siéges, avait été élevé pour lui et les grands seigneurs qui le suivaient. Il s'y assit après les complimens et les harangues officiels, il confirma dans leurs emplois les divers officiers civils et judiciaires de son duché, signa les actes de cette confirmation et les fit siéger suivant leur hiérarchie.

Cette opération terminée, il reçut la foi et hommage de Gorgias, pour la moitié du fief et seigneurie de Levignen, et signa l'acte en se qualifiant de prince, duc de Valois, comte de Beaumont, seigneur d'Ast et de Coucy.

Il ne resta pas long-temps à Crépy ; les intrigues de cour dans lesquelles il se trouva naturellement entraîné, le rappelèrent bien vite près de Charles VIII, dont il convoitait la tutelle. Il avait pour concurrent le duc de Bourbon et surtout,

Madame de Beaujeu, cette fille de Louis XI, à qui le dauphin avait été recommandé par le roi moribond, qui n'avait pas parlé de régence, Charles étant près d'atteindre sa quatorzième année.

Les deux princes du sang soutenaient au contraire que le roi devait, attendu sa faible complexion et la mauvaise éducation qu'il avait reçue, n'ayant été élevé à Amboise que parmi les valets, être considéré comme mineur, et les prétentions du duc de Valois étaient combattues par ses deux adversaires, qui lui rappelaient que lui-même, à 21 ans, n'était pas encore majeur. La prise en possession du duché de Valois, vînt donc à propos pour appuyer ses droits à la régence, il fut décidé qu'on attendrait les quatorze ans du monarque, pour convoquer les États généraux et décider la question ; on forma un conseil de quinze personnes, tous gens de la dernière cour, incapables de produire, par cette même raison, quelque chose d'utile au bien du pays, menacé de nouvelles guerres civiles.

Les états s'assemblèrent à Tours, au mois de Janvier 1484, ils décidèrent que le Roi serait réputé majeur, qu'il présiderait dans le conseil et serait, en cas d'absence, remplacé par le duc d'Orléans, et enfin le duc de Bourbon. La Dame de Baujeu devait avoir le gouvernement du jeune roi, assistée d'un conseil de douze des plus puissans seigneurs. Si la ligue du bien public, établie sous Louis XI, avait eu le but réel de soulager le peuple, de diminuer les impôts, de rendre aux communes les franchises enlevées, de réformer enfin des lois que les guerres de Charles VII et la tyrannie de Louis XI avaient fait naître, cette circonstance de la convocation des états était bien propre à faire paraître le zèle des anciens défenseurs des opprimés, mais les députés de Paris, les Pairs ecclésiastiques se laissèrent aller au vent de la cour, pour consoler le duc de Bourbon de ses prétentions anéanties, on lui donna l'épée de connétable, des pensions furent allouées au duc de Valois, et, par suite de la haine que les anciens favoris du roi Louis XI, Olivier-le-Daim et Doyat, avaient inspirée, on prit des mesures pour les punir de leurs exactions. Il s'opéra cependant une légère diminution des tailles et des gens de guerre.

Olivier-le-Daim, ou le Diable, comme on l'appelait, de barbier de Louis XI, était devenu comte de Meulan, Doyat était gouverneur d'Auvergne; le premier fut pendu, le second fustigé et se retira en Italie; ce n'était pas au reste les seuls mauvais conseillers de Louis XI à punir; le duc de Bretagne avait pour favori, un nommé Landais, ancien tailleur, qui ne valait guère mieux que les gens dont le feu roi aimait à s'entourer.

Le jeune duc de Valois ne se contentait pas de ses pensions ; il conspirait à Paris contre le gouvernement de Mme de Baujeu et celle-ci crut prudent de le faire arrêter. Elle posa des gens pour le saisir, il fut averti des intentions de son ennemie, pendant qu'il jouait à la paume. Il se retira donc entre deux parties, feignit d'aller à son hôtel et, dans la compagnie de Guyot-Pot et de Jean-de-Louhens, deux de ses gentilshommes, s'en vint coucher à Pontoise, de là à Verneuil et à Alançon. Dans cette ville, il fit une alliance contre le roi avec les comtes d'Angoulême, d'Albret, et les ducs de Bourbon, et de Bretagne. Le comte de Dunois, fils de Jean Bâtard-d'Orléans, était l'un des agens les plus actifs de son parti, dans lequel se trouvait aussi Jean de Châlons, prince d'Oranges, de la famille à laquelle était échu le château de la Chaussée de la Ferté-Milon. Son armée réunie, il voulut entrer à Orléans, mais, les habitans de cette ville, capitale de son duché, refusèrent de le recevoir, parce qu'il avait armé, contre le souverain légitime, un corps de quatre cents lances et beaucoup de gens de pied ; il s'enferma donc à Beaugency où les troupes royales vinrent l'attaquer et le presser de telle sorte, qu'il dût accepter une capitulation et se séparer du comte de Dunois, dont le caractère entreprenant et la vaillance étaient également dangereux pour le pouvoir de la dame de Baujeu, qui fit stipuler son exil ; le comte se retira à Ast, en Piémont; une des possessions de Louis de Valois. Le duc de Bourbon et le comte d'Angoulême s'étaient préparés, de leur côté, à se défendre et malgré son état de captivité ou tout au moins de surveillance étroite, au milieu des troupes royales, tinrent bon ;le duc de Valois fut forcé d'accompagner les forces destinées à réprimer ses partisans.

Toutefois, par les soins du Maréchal de Gié et du sire de Graville, un accord eut lieu entre le roi et les princes, et cette armée se retira en Bretagne, pour défendre le duc dont les vassaux mécontens du pouvoir de Landais, excités secrètement par la fille de Louis XI, méconnaissaient l'autorité, le duc d'Orléans fut contraint de se retirer à Amboise avec les troupes du roi et la surveillance de Madame de Baujeu continua à s'exercer sur sa personne et ses projets.

Le comte de Dunois avait rompu son ban, quitté le Piémont et s'était enfermé à Partenay, une de ses villes du Poitou, la fortifiait et faisait montre de mauvais desseins; la dame de Baujeu fit prévenir le duc de Valois et voulait que celui-ci donnât un désaveu aux menées de son cousin. Le duc était alors à Orléans, il cherchait à diminuer les ennuis de sa captivité en s'ébattant aux tournois, aux exercices de lance et aux plaisirs de la chasse, il ne fit aucune réponse aux deux premiers messages, et se rendit cependant à Blois, sur l'insistance de la dame de Baujeu. Le lendemain de son arrivée dans cette ville, la veille des rois 1486, de grand matin, il sortit à la campagne avec tous ses oiseaux, sous le prétexte de chasser au faucon, gagna Fontevrault, dont sa sœur était abbesse, y prit gîte, et arriva à Nantes chez le duc de Bretagne, dont le conseiller avait été pendu malgré ses défenses, quelques mois avant, par les seigneurs du conseil du duc, qui avaient excité le peuple contre le favori. Le duc d'Orléans reçut un accueil favorable de son allié, s'unit étroitement avec Guibé, neveu de Landais, qui avait succédé à cet homme dans la confiance du prince, et indisposa, par cette alliance, la plus forte partie des seigneurs bretons, qui furent alors plus disposés à favoriser les troupes que la Dame de Baujeu avait mises sur pied, contre le duc d'Orléans, et livrèrent ainsi leur contrée à la France qui, depuis long-temps, élevait des prétentions de suzeraineté sur ce duché. Le roi, d'après le traité, ne devait faire entrer que quatre cents lances et quatre cents hommes de pied, et retirer ses troupes dès que la prise du duc d'Orléans, but apparent de cette expédition, aurait été effectuée.

Le comte de Dunois avait intéressé de nouveau, dans le parti de son parent, le comte d'Angoulême, le duc de Lorraine et les sires d'Albret et de Ponts, en faisant également espérer à ces deux derniers, qu'il favoriserait leur projet d'union avec l'héritière du duché, Anne de Bretagne, aînée des filles du duc.

Leur entreprise ne se borna pas même à soulever tout le pays voisin de la Bretagne, et jusqu'à la Guyenne ; le duc d'Orléans et le comte de Dunois cherchèrent à s'emparer de la personne du roi, en assurant qu'il les en avait prié, étant fort ennuyé du gouvernement tyrannique de sa sœur. Un valet découvrit le complot et les évêques de Périgueux et de Montauban (1), Comines, le grave historien et quelques autres furent arrêtés ; Comines fut jugé le plus coupable ; il resta trois ans enfermé, passa huit mois en prison dans la cage de fer, établie par Louis XI, fut condamné à perdre le quart de ses biens, et à rester six ans dans une de ses maisons. Les évêques, au bout de deux ans, furent relâchés grâce à l'influence du légat et à leur caractère ecclésiastique.

Tout conspirait à assurer le triomphe de madame de Baujeu, les seigneurs français, las de

---

(1) Geffroy de Pompadour et George d'Amboise.

guerres civiles du commencement du siècle, instruits par les malheurs qu'elles avaient amenés dans leur pays et surtout la désolation des provinces du nord qui n'avaient pu se remettre encore de leurs pertes, ouvraient toutes leurs forteresses aux troupes du roi, lorsqu'elles se présentaient et les alliances qu'ils formaient quelquefois avec les princes, ne pouvaient être ni solides ni durables ; aussi le roi Charles VIII, si faible de corps et d'esprit, eut-il plus de succès que jamais aucun prince en avait eu dans le même temps. Cette conquête de la Bretagne fut donc rapidement faite et le comte de Dunois dût chercher des secours à l'étranger pour dégager la ville de Nantes où tous les chefs de la confédération étaient assiégés. Repoussé trois fois par la tempête, il ne put aborder en Angleterre et cet homme actif et courageux arma immédiatement six mille hommes des communes de la Basse-Bretagne ; cette multitude étonna les Français plus qu'elle n'était à craindre, et le siége fut levé.

En même temps qu'elle faisait presser le duc d'Orléans par des troupes, la dame de Baujeu le faisait citer au parlement, ainsi que le duc de Bretagne, il obtenait contre ces princes des sentences qu'elle fit exécuter, en ce qui concernait les biens du duc d'Orléans ; le duché de Valois fut saisi en 1489 et réuni au domaine de la couronne.

Les seigneurs bretons et le maréchal de Rieux protestèrent contre le grand nombre de troupes que, malgré les conditions du traité, Madame de Baujeu avait introduit en Bretagne, ils lui offrirent de faire sortir du duché, Louis d'Orléans et ses partisans qui, découragés, cherchaient à rentrer dans leurs maisons; mais elle refusa avec hauteur, et déclara que le roi irait jusques au bout. Cette réponse les détermina à se réconcilier avec leur duc, ils tinrent son parti et les affaires du duc de Valois parurent s'améliorer. La Trémouille, qui commandait pour le roi, se remit en campagne et les deux armées se rencontrèrent à St.-Aubin-du-Cormier, près du bourg d'Orange, le 28 Juillet 1488; elles étaient à peu près égales en nombre. Une trahison du sire d'Albret, qui était courroucé contre le duc d'Orléans, l'ayant vu préféré par la jeune duchesse Anne de Bretagne, mit le désordre dans l'armée des mécontens et les deux princes, Louis de Valois et le prince d'Orange, qui avaient mis pied à terre, pour donner plus d'assurance à leurs hommes d'armes, que le sire d'Albret avait travaillés, demeurèrent prisonniers et furent menés en bonne garde, à St.-Aubin. Le maréchal de Rieux put s'échapper, se retira près du duc de Bretagne, et le vainqueur vint assiéger Rennes et somma cette ville de se rendre. La duchesse de Bourbon, Madame de Baujeu, était à Poitiers avec la cour, et on délibéra, dans le conseil, si la guerre avec le duc de Bretagne serait continuée, le parti de ses alliés paraissant abattu par la capture du duc d'Orléans qui était enfermé à Lusignan, où il était fort mal traité. Le conseil opinait pour un accommodement; une trêve fut conclue à la grande satisfaction de François de Bretagne, ce prince était enfermé dans la ville de Nantes que la peste désolait, et n'aurait pu supporter un siége. Dans le conseil tenu pour décider si le siége de Rennes serait continué par le sire de La Trémouille, on proposa de résoudre la question du droit de suzeraineté de la France sur le duché de Bretagne,. en mariant la princesse Anne au roi Charles VIII. Le duc de Bretagne se retira, suivant le traité de trêve, à trois lieues de Nantes, et comme il s'y divertissait avec la noblesse des environs, il fit une chûte de cheval et mourut six semaines après la bataille de St.-Aubin, laissant la garde de ses filles, au maréchal de Rieux, et à son défaut, au sieur de Condom. Sa mort interrompit les conférences et changea momentanément la face des affaires. Les rigueurs de la captivité du duc d'Orléans inspiraient à ses partisans un intérêt puissant; le maréchal de Rieux était ennemi du gouvernement de Madame de Baujeu, qui avait fait raser la forteresse d'Ancenis, et il voulait faire contracter à la duchesse de Bretagne, une alliance capable de servir sa vengeance, quatre prétendans s'offraient; le roi d'abord, le duc d'Orléans dont il connaissait l'humeur douce, ne pouvait servir long-temps ses mauvaises passions, d'ailleurs, il était étroitement marié, et captif serré, la duchesse ne l'ayant pas trouvé assez en sûreté dans le château de Lusignan, l'avait fait transporter dans la grosse tour de Bourges. Puis venait le sire d'Albret, mais la princesse avait déclaré que son âge avancé déjà, sa laideur extrême, sa longue postérité, puisqu'il avait douze enfans, et son mince duché, étaient des obstacles suffisans pour l'empêcher d'être uni à l'héritière de Bretagne; la promesse écrite du duc François, son père, arrachée par les sollicitations de madame de Laval, ne pouvait être un titre suffisant. Restait enfin Maximilien d'Autriche, veuf, à la vérité, de Marie de Bourgogne, mais qui, jeune, bien fait, n'ayant qu'un fils très chétif et héritier présomptif, à trente ans, de l'empire, réunissait toutes les conditions que le maréchal de Rieux désirait rencontrer. Une autre considération déterminait le vieux maréchal; Frédéric III, père de Maximilien, était d'une avarice sordide et honteuse pour un monarque, tout le monde le supposait fort riche, et il y avait à croire que lorsque son fils devrait s'emparer du duché, il lui faciliterait les moyens d'y parvenir, en sacrifiant quelque chose de son épargne; il avait toutes chances, les seigneurs bretons l'attendaient avec impatience, mais Frédéric III lui ayant dit qu'il ne fallait pas payer trop cher une seconde femme (1), il fut donc obligé de renoncer, après avoir été marié par procureur, à cette alliance d'autant plus belle, qu'Isabelle de Bretagne, seconde fille du duc, venait de mourir.

Le comte de Dunois, qui avait échappé à la défaite de St.-Aubin, et qui conservait pour Louis d'Orléans, la plus sincère affection, vit bien qu'il devait renoncer à l'espoir de le rendre à la liberté, par la violence, il employa les négociations pour y parvenir; diplomate aussi habile que courageux guerrier, il commença par remontrer au maréchal de Rieux, combien il pourrait obtenir d'avantages pour la noblesse de Bretagne, en faisant épouser la duchesse par Charles VIII, que le bien-être des peuples de cette contrée exigeait même cette union qui évitait une guerre et, sous ce point de vue, sa politique était d'accord avec l'humanité; le secours de l'Autriche était illusoire, puisque ce royaume n'envoyait aucune troupe en Bretagne, malgré la

---

(1) Varillas.

cérémonie des fiançailles de l'archiduc ; d'ailleurs, la France n'avait-elle pas enlevé au prince Maximilien les deux provinces de Bourgogne et d'Artois? l'avarice de Frédéric ne paralyserait-elle pas le bon vouloir même du prince Autrichien, dans un pays éloigné, tandis que la France pouvait, dans tous les temps, secourir et protéger la Bretagne, si quelques ennemis venaient l'attaquer?

Ces raisons ébranlèrent le maréchal, l'intérêt personnel acheva même bientôt de le convaincre de la nécessité de s'assurer un réfuge contre le ressentiment des seigneurs bretons auxquels, lui, le maréchal, avait promis que Maximilien viendrait avec une armée, les protéger contre les Français. Cette armée ne pouvant venir, la Bretagne allait se trouver de nouveau exposée à une invasion qui deviendrait une conquête, or que de reproches ne lui adresserait-on pas? il fallait donc qu'un agent sûr et dévoué, fît avec la cour de France, ce traité d'alliance cimenté par un mariage entre les deux souverains, malgré celui de Maximilien, qui serait considéré comme nul. Il se fit prier de faire ces propositions, et s'en chargea avec joie ; il était toujours resté en correspondance avec Madame de Baujeu, il dut employer tout son esprit fin et subtil, pour arriver au but qu'il se proposait près de cette dame.

Il lui représenta donc qu'il serait honteux pour sa régence, d'avoir laissé échapper cette occasion de réunir à la France, une aussi belle province, et que c'était un aveuglement fatal de laisser tomber entre les mains du duc Maximilien, un aussi bel héritage; que tout ce malheur arriverait, pour ce qu'elle avait trop voulu pousser le parti du duc d'Orléans, désormais abattu, mais qui pouvait servir les intérêts du roi. Il lui dit que la jeune duchesse était irritée que Charles VIII, jeune encore, au lieu d'être courtois pour elle, princesse orpheline, cherchait à s'en rendre maître par la force des armes, qu'il fallait l'appaiser et lui plaire au contraire, comme il convenait d'agir avec les dames; que, dans cette extrémité, le seul parti à prendre, était de lui envoyer, pour l'appaiser, le duc d'Orléans dont la générosité était connue, et qui, seul, pourrait déterminer la duchesse à écouter les propositions de la France; si Madame de Baujeu le désirait, il s'engageait à disposer le duc d'Orléans à cette négociation, à lui faire renoncer à ses prétentions à la main de la duchesse de Bretagne; il suffisait de réclamer le serment par écrit, du duc d'Orléans, qu'il emploierait utilement à la cause du roi, la liberté qu'on lui rendrait, pour amener à bien, cette combinaison si nécessaire à la grandeur du royaume et à sa paix.

La duchesse eut peine à s'imaginer que M. de Longueville était bien sincère, ou qu'il ne s'avançait pas trop dans ses promesses pour le duc d'Orléans; elle le supposait aimé de la duchesse Anne, et connaissait sa répugnance pour la malheureuse Jeanne qui, de son côté, sollicitait du roi la liberté de son époux; elle craignait, qu'une fois libre, il ne s'emparât de la demoiselle et du duché de Bretagne. En le supposant, même de bonne foi, pendant qu'il était captif, la vue de sa maîtresse pouvait lui inspirer trop d'amour, pour en effectuer le sacrifice à la tranquillité du royaume; d'un autre côté, il était si préjudiciable aux vrais intérêts du pays, que Maximilien épousât successivement les deux feudataires les plus considérables du royaume, qu'elle était très indécise. Le comte de Dunois était trop habile, pour ne pas, à l'instant même, trouver réponse à ces argumens : en admettant que le prince devint infidèle à ses sermens, héritier présomptif du trône, il donnait l'espoir à venir de la réunion de la Bretagne à la France; la princesse Isabelle mourut pendant ces négociations; l'héritage devenait plus considérable; elle consentit donc à laisser communiquer le comte de Dunois avec Louis d'Orléans, et le diplomate eut alors une nouvelle tâche à finir. Il représenta à son cousin combien il était douloureux pour lui, de languir dans cette prison, sans en apercevoir le terme, combien ses domaines saisis devaient souffrir de cette absence; le peu d'espoir qu'il devait nourrir d'échapper à la surveillance de ses gardiens, tandis qu'en favorisant les projets de la duchesse de Bourbon, qui lui offrait à ce prix sa liberté, il assurait à la couronne, ce beau fleuron. En persistant au contraire, dans son amour, il facilitait au duc Maximilien, la possession de celle qui en était l'objet. Le comte de Dunois lui remontra, en outre, que les Français, ses vassaux eux-mêmes, le prendraient en aversion, puisqu'il n'aurait pas eu la force de sacrifier à leur repos et à la gloire de tous, une passion sans but réel, sa captivité devant être éternelle et justifiée, sans qu'aucun vint plaindre sa misère; il ajoutait enfin cette considération tout au moins singulière, et qui était basée sur l'excessive faiblesse du roi, « dont le tempérament n'était pas « en harmonie avec la constitution robuste d'Anne « de Bretagne, leur union ne devait pas être de « longue durée, et Charles VIII, lui laisserait « promptement sa couronne et sa femme (1). » L'évènement vint justifier cette incroyable prophétie.

Louis hésita long-temps, il ne se croyait pas ca-

(1) Varillas.

pable d'un tel sacrifice, il se chagrinait d'être ainsi captif, il accusait les astres, sa mauvaise fortune, et ne pouvait cependant consentir à racheter sa liberté, au prix élevé qu'on y mettait; enfin, gagné par les nouvelles instances du comte de Dunois, il finit par s'engager, et prêta le serment qu'exigeait la Dame de Baujeu. Mezeray affirme au contraire que le roi Charles VIII, vaincu par les sollicitations de sa sœur Jeanne d'Orléans, le fit évader à l'insçu de la Dame de Baujeu, je crois plus probable la version que je donne plus haut.

Le duc d'Orléans fut donc libre, après deux ans passés dans une étroite prison et son influence, de l'aveu même de Mezeray, amena la jeune duchesse, malgré son excessive répugnance, à épouser Charles VIII; mais l'extrémité dans laquelle elle était réduite, la négligence de Maximilien, ou l'impossibilité dans laquelle il se trouvait, de la secourir, la détermina à céder aux raisons d'état, que lui faisaient valoir en même temps, le comte de Dunois, le prince d'Orange et le maréchal de Rieux. Les états de Bretagne s'assemblèrent, le mariage de Maximilien fut déclaré nul. Le 16 décembre 1491, elle épousa le roi de France, à Langeais, en Touraine, et le contrat de mariage du même jour, portait l'abandon mutuel, entre les époux, de tous leurs droits à la souveraineté de retagne.

CHAPITRE X.

—◊◊◊—

Mezeray et St. Gelais font honneur de la délivrance du duc d'Orléans, à l'humanité de Charles VIII, excitée par les prières de la malheureuse Jeanne de France. St.-Gelais ajoute que le fameux Georges d'Amboise, évêque de Montauban, que nous avons vu jadis enfermé, pour avoir voulu s'emparer, avec Philippe Comines, de la personne du roi, pratiqua ce premier acte d'insubordination de Charles VIII, contre la souveraine

volonté de sa gouvernante. « Le roi, dit-il, qui
« avait toujours été gouverné, voulut être maître
« de soi-même, et commença à prendre cœur et
« aimer le plaisir, par les conseils de Georges
« d'Amboise; un de ses chambellans et d'autres
« favoris, lui remontrèrent que s'il délivrait le duc
« d'Orléans, de lui-même, ce prince serait pour
« jamais obligé de lui faire service; pour con-
« clusion, le jeune roi, qui avait un cœur tout
« gentil et libéral, trouvant cela bon, se partit un
« soir de Plessis-lès-Tours, feignant d'aller à la
« chasse; il fit demeurer tous ceux qui le voulaient
« suivre et en qui il avait confiance, congédia l'é-
« quipage et s'en fut coucher avec petit nombre
« de gens, à Mont-Richard, d'où il dépêcha mon-
« seigneur d'Aubigny, pour s'en aller à la tour de
« Bourges, quérir le duc et l'amener devant lui.

« Le duc remercia grandement et bien humble-
« ment le roi, et s'en fut avec lui, l'accompagnant
« et couchant en sa compagnie, jusqu'à ce que
« le roi lui eût donné lit de camp et autres usten-
« siles qu'il n'avait point ».

Mezeray avoue cependant que cette action de
Charles VIII, avait le but intéressé de se servir de
l'influence du duc d'Orléans sur Anne de Bretagne,
pour amener cette princesse à l'épouser. Elle ne
céda qu'avec répugnance, comme nous l'avons

déjà dit, et ce mariage amena une rupture nouvelle entre la France, l'Allemagne et l'Angleterre. En effet, il était nécessaire de renvoyer Marguerite d'Autriche, la fiancée du roi, que Louis XI avait demandée, dès l'âge de trois ans, par le traité d'Arras, afin qu'elle fut élevée dans les habitudes françaises, et qu'il ne restât plus rien de l'esprit de famille, dans cette héritière de la glorieuse maison de Bourgogne. L'Angleterre était jalouse de cet agrandissement nouveau de sa glorieuse rivale ; elle reconnaissait le tort qu'elle avait eu d'abandonner cette riche province de Bretagne, et Henri VII se ligua avec Maximilien, pour attaquer la Picardie.

Le roi des Romains, dont le père, le plus avare de tous les rois, lui avait refusé les moyens de s'assurer la main et la dot d'Anne de Bretagne, fut réduit, à employer la ruse, pour venger son offense et s'empara, par trahison, des villes de St. Omer et d'Arras ; ses troupes avaient même pénétré jusques dans Amiens, mais elles furent repoussées avec vigueur de cette dernière ville, tandis que les factions qui agitaient l'Angleterre, forcèrent le roi Henri VII de lever le siége, qu'il était venu mettre devant Boulogne. Il se retira donc, après avoir reçu cent cinquante mille écus, pour les frais de son armée et pour quelqu'argent qu'il avait prêté à François II, père de la nouvelle reine.

Le comte de Dunois, si brave et si habile dans ses dernières négociations, ne survécut pas longtemps à cette réunion qu'il avait tant désirée ; une attaque d'apoplexie le frappa, comme il chevauchait, et il mourut subitement, en 1491, avant d'avoir été témoin des avantages que son active amitié venait d'attirer à son parent, le duc d'Orléans, dont le crédit augmentait, à mesure qu'au contraire, celui de la Dame de Baujeu baissait.

Le roi gouvernait en son seul nom, avec cet entourage habituel de courtisans qui altéraient les bonnes résolutions qu'il avait voulu prendre, de réparer, par l'étude, le manque d'éducation qui le rendait peu propre aux grandes affaires que nécessite la conduite d'un royaume. Le duc d'Orléans ne quittait plus la cour ; combien de liens l'y retenaient! Son rang d'abord, sa qualité d'héritier présomptif et surtout, son amour pour la reine qu'il était forcé de comprimer... Il avait assisté à toutes les fêtes du mariage à Langeais. Lorsqu'elle vint à St. Denis, où le roi était venu d'avance l'attendre avec les seigneurs, il était présent aux cérémonies de son sacre. « Il faisait beau la voir, elle était belle, jeune
« et pleine de si bonne grâce, qu'on prenait plaisir
« à la regarder ; elle était en cheveux, avec une robe
« de satin blanc et à certaines heures du service,

« elle était menée devant le prélat, qui lui mettait
« du St. Chrême en l'estomac et entre les épaules.
« Pendant le temps que dura la messe, le duc d'Or-
« léans, qu'on appelait *Monseigneur*, lui tint la
« couronne sur la tête, pour ce qu'elle était trop
« lourde et qu'elle eût été gênée à la porter (1). »

A son arrivée à Paris, c'était un nouveau triomphe, que l'entrée d'une si belle et noble compagnie. Une joie immense accueillit la jeune reine; la riche dot qu'elle apportait à la France, rendait l'enthousiasme que sa présence inspirait, bien facile et bien naturel; car, depuis Alienor de Poitiers qui, mariée en 1137, à Béthisy, apportait à Louis-le-Jeune, dans le premier mariage de ce prince, le duché d'Aquitaine, les comtés de Poitou, d'Anjou, du Maine et de Ponthieu, nulle fiancée royale n'avait assuré, à la monarchie française, une plus belle et plus avantageuse conquête.

Le duc d'Orléans, soit pauvreté, en raison des dettes énormes que lui avait laissées la rançon de son père, de la misère de ses possessions, surtout dans le Valois, ou peut-être à cause de l'esprit d'épargne dont il était atteint lui-même, n'avait pas de maison, de train organisés. Il ne pouvait même récompenser le zèle de ses serviteurs, qu'en leur faisant obtenir les préférences de la cour, il fit

(1) St. Gelais.

donner à Georges d'Amboise, l'archevêché de Rouen. Il restait à Paris, en la compagnie du comte d'Angoulême, dont il partageait le lit, et lorsqu'il revenait tard de la ville, aux Tournelles où résidait son hôte, le bon duc de Valois se déshabillait le plus doucement qu'il le pouvait, afin de ne lui causer ni ennui ni déplaisir. (1)

La sollicitude du prince ne se bornait pas à des améliorations dans le sort des serviteurs éprouvés qui l'avaient accompagnés dans sa mauvaise fortune. Le Valois se ressentit de son influence dans le conseil du monarque; il provoqua d'importantes améliorations, capables de ramener l'abondance dans ces pays dévastés. C'est ainsi que Crépy, dont les foires célèbres, déjà réorganisées en 1391, attiraient des marchands nombreux de la Picardie, de la Flandre et de l'Artois, qui venaient commercer avec le Parisis et l'Isle-de-France; après avoir vu cet élément de commerce tomber en oubli, reçut de Charles VIII, des lettres qui les rétablissaient, en les divisant, pour concourir à la prospérité de cette malheureuse cité. Les lettres du monarque portent, qu'à la demande du duc d'Orléans, Crépy, capitale de son duché de Valois, ayant, à cause des guerres, adversités, tribulations et dommages que les habitans avaient

(1) St. Gelais.

soufferts et soutenus, vu diminuer ou discontinuer lesdites foires, le roi, voulant favoriser les sujets de son frère, en instituait deux nouvelles, savoir : le second lundi de carême et le tiers-jour de Novembre, lendemain de la fête des Morts. Il voulut de plus, que leur durée fut de deux jours chacune, et exempta les marchands qui s'y rendraient, de tous droits, à l'exception du huitième du vin qui serait vendu en détail, dans la ville de Crépy. Quelques mois auparavant, le duc d'Orléans avait, de son plein gré, par sentence de Jean Plumé, premier du nom, décidé que les marchands qui étalaient en leurs hôtels, ne devaient payer aucuns droits aux fermiers des étalages.

Des constructions importantes s'achevaient ou se préparaient dans la même année ; nous savons déjà que l'église St. Nicolas de la Chaussée, à La Ferté-Milon, se terminait en 1471 ; un acte d'assemblée des habitans de la paroisse de Charcy, approuve les travaux commandés par les marguilliers, et en assure le paiement, par contribution volontaire. L'église de Neuilly-Saint-Front était aussi sur le point de s'élever ; de tous les côtés, la tranquillité dont on jouissait, rendait la vie aux arts étouffés sous la guerre civile, en même temps que l'expédition de Charles VIII en Italie, allait appeler les Français à connaître toutes les perfections auxquelles ils étaient parvenus dans la Lombardie, à Florence, à Milan, et dans tout le royaume de Naples.

Cette campagne d'Italie était incroyable avec le caractère de Charles VIII ; il venait de céder aux Espagnols, les comtés de Roussillon et de Cerdagne, sans exiger ni paiement ni autres avantages. Il avait été décidé, par son confesseur, Olivier Maillard, cordelier, acheté par le roi d'Espagne, à conclure ce *beau* traité. Ce moine, qui recevait de l'or espagnol, dans des bouteilles étiquetées *vin d'Espagne,* lui persuada que l'âme de Louis XI, serait enfermée dans le purgatoire, jusqu'au jour de cette restitution. Il lui fit entendre aussi que la sienne courrait le même danger, et la Dame de Baujeu recevait d'un autre cordelier, Jean de Mauléon, des avis pareils, qui troublèrent son repos ; et après deux ans d'indécision et d'oppositions dans son conseil, le roi signa cet abandon à l'Espagne, qui allait s'enrichir de toutes les découvertes de Christophe Colomb. St. François de Paule contribua, de son côté, à cette aliénation gratuite du territoire français, qui fut consommée au mois de Février 1492, à la seule condition, pour les rois d'Espagne présens et futurs, d'être toujours les alliés de la France. Un reproche semblable doit être adressé à la mémoire de Louis d'Amboise, frère de l'archevêque de Rouen.

Dans la même année, les princes d'Allemagne et de Suisse, s'étant entremis dans les différens de la France et de l'Autriche, une conférence fut assignée à Senlis. Là, les députés de l'empereur Frédéric, de son fils Maximilien, roi des Romains et de l'archiduc Philippe, son petit-fils, convinrent avec ceux du roi, que, pour terminer tous leurs différens, Charles renverrait la princesse Marguerite à l'archiduc son frère, et rendrait en même temps, les comtés d'Artois et de Bourgogne, mais que celui-ci retiendrait, pendant quatre années, les châteaux des quatre villes qu'il possédait dans l'Artois, et que, Philippe d'Autriche, devenu majeur, viendrait jurer et ratifier la paix (1).

Ce fut peut-être, par une espèce de compensation à ces pertes, à cette diminution du territoire, que Charles VIII, à vingt-cinq ans, entouré d'une noblesse jeune, ardente, belliqueuse,

(1) Marguerite d'Autriche, fiancée de Charles VIII, qui la renvoya pour épouser Anne de Bretagne, épousa plus tard Jean d'Espagne. En se rendant près de ce prince, qui mourut un an après, une violente tempête l'assaillit, et, comme elle se voyait sur le point de mourir, elle se composa cette épitaphe, à l'âge de dix-sept ans :

> Ci-gît Margot, la gente demoiselle,
> Qu'eut deux maris, et si mourut pucelle.

BUCHON.

excitée par les promesses de Ludovic Sforze, qui obéissait à un instinct de vengeance et d'ambition, résolut de faire la conquête de Naples. Ce fut pour se préparer à cette tentative qu'il se rendit à Lyon avec la reine et toute la cour. Le duc de Valois les accompagna avec bon nombre de jeunes gentilshommes, tous pleins de bonne volonté pour les joûtes, les tournois, les combats à la barrière et autres entreprises d'armes de plaisance auxquelles il était si disposé, car nul n'était plus entreprenant et plus désireux que lui, de plaire au roi et de lui donner des passe-temps agréables.

C'était sous le pontificat de cet Alexandre VI, cet astucieux, ce voluptueux Borgia, dont les crimes souillent l'histoire des papes et qui, après la vie la plus détestable, mourut d'un poison qu'il avait préparé pour des cardinaux, leur vie régulière étant une censure dont il voulait se débarrasser. Pendant plus de deux ans la question de la conquête de l'Italie fut agitée dans le conseil, tour-à-tour abandonnée et décidée. Les efforts de Ludovic Sforze, les protestations des gentilshommes de Salerne, qui, bannis de Naples, s'étaient retirés à la cour de Charles VIII, précipitèrent ce roi vers cette aventureuse invasion, couronnée, dans son début, des plus éclatans succès, nous ne suivrons pas l'histoire de cette guerre à laquelle le duc d'Orléans prit une part d'autant plus active, qu'il convoitait l'héritage de sa mère, ce duché de Milan, source de perpétuelles ambitions. L'issue de cette campagne fut malheureuse, elle avait été mal conduite, le roi tout-à-fait inhabile, s'occupait peu de conserver ses belles provinces que la fortune lui livrait et qu'il se laissait enlever avec u neégale facilité. La dévotion de la reine venait souvent entraver sa bonne volonté de conquérir, lorsqu'il était sur le point de froisser les intérêts du St. Siège; et, dans d'autres circonstances, lorsqu'il aurait fallu agir, les plaisirs, les bals, les danses, les joûtes de ses courtisans ou les charmes d'une dame lui faisaient oublier tout ce qu'il fallait de sang français pour satisfaire à un caprice de souverain. Le duc d'Orléans s'étant laissé enfermer à Novarre avec une garnison mal fournie de munitions, fut forcé de capituler. Sa garnison, demi morte de faim, devait rentrer avec lui dans la place et être assiégée de nouveau, si le traité, entre le roi et Ludovic Sforze, devenu notre ennemi, n'était pas conclu. Pendant plus de trois ans la guerre se continua avec les chances les plus opposées. Le roi, en 1494, avait été obligé d'emprunter à Turin, les bagues de la duchesse de Savoie; à Casal, celles de la marquise de Montserrat et les avait engagées pour 24,000 ducats.

Toutes les victoires des Français profitaient à des favoris auxquels il donnait des gouvernemens, les troupes étaient sans discipline, les grands seigneurs pleins d'insolence et le peuple Italien, comme tous les peuples d'alors, soumis à la rapacité, à la pillerie des gens de guerre. La politique astucieuse des princes, du pape, de son fils César Borgia, des Espagnols qui devaient être les alliés du roi de France, suivant le traité de 1492, contribua en même temps que cette incapacité dont Charles de France était atteint, à lui faire perdre, comme acquisition de territoire, tout le fruit de la guerre. Les Français revinrent avec la connaissance et le désir d'imiter les merveilles des sciences et des arts qu'ils avaient trouvés si florissans dans cette belle patrie de Léonard de Vinci, d'Albert, de Joconde, de Michel-Ange et d'autres artistes, successeurs eux-mêmes de Brunelleschi, de Donatello, de Ghiberti, de Jacobo della Quercia, ce sculpteur fameux, qui, dès 1400, avait concourru à la confection des portes du baptistère de Florence que Michel-Ange regardait comme digne d'être les portes du ciel (1).

La France, entraînée dans les guerres civiles, dans des déchiremens intérieurs, n'avait pu participer à cet élan, mais son émancipation allait naî-

(1) *Notice sur l'hôtel de Cluny.*

tre aussitôt que les possesseurs des germes du génie allaient trouver le calme nécessaire à l'expansion de ce feu sacré. On en eut bientôt la preuve ; les artistes Italiens que Charles VIII avait amenés, pour bâtir son château d'Amboise et celui que Georges, archevêque de Rouen, fit élever à Gaillon, n'ont pas seuls concouru à la confection de ces chefs-d'œuvres. Des mains françaises, émules de celles qui avaient élevé la basilique de Longpont, au 13e siècle, ont à réclamer leur part de gloire dans ces admirables ouvrages.

Le roi Charles VIII, de retour en France, en 1496, s'occupa donc, après avoir perdu toutes ses conquêtes, de fixer les arts et leurs dons précieux en France. Il voulut bien tenter une nouvelle invasion et commencer par le Milanais, en donnant au duc Charles le commandement de l'armée ; il leva des Suisses, des cavaliers, dans ce but ; le duc refusa le commandement, l'incertitude, le désaccord des premières opérations lui faisaient craindre pour le succès de cette nouvelle entreprise : d'un autre côté la prédiction du comte de Dunois allait s'accomplir ; le roi Charles, de constitution faible, excédé par les galanteries auxquelles il s'était livré avec les dames, et, selon Mezeray, à cause de quelque poison lent que les Italiens lui avaient fait prendre, voyait chaque jour sa santé s'affaiblir, et Louis d'Orléans, qui avait un double héritage à recueillir, préféra remettre la conquête du Milanais au moment où il viendrait l'assurer pour son propre compte. Charles VIII, dans les derniers temps de sa vie, s'occupa de réduire les taxes, de réformer la justice, déposer les mauvais juges et remettre enfin l'ordre dans ce royaume qu'il avait abandonné à des favoris, à Étienne de Vers, au cardinal Briçonnet qui trafiquaient des emplois et disposaient des finances. Il voulait réduire les dépenses de sa maison aux revenus de son domaine privé et aux droits de la couronne, ces bonnes volontés ne lui venaient, malheureusement pour sa mémoire et le bien de son peuple, que lorsqu'une vieillesse prématurée avait déjà brisé tous les ressorts de cette faible énergie.

Sa mort fut rapide et instantanée, il était loin de l'attendre aussi vite, « il avait entrepris, à Am-
« boise, dit Comines, en 1495, le plus grand édi-
« fice que commença roi, tant au château qu'en
« ville............ et semblait que ce qu'il entre-
« prenait était entreprise de roi jeune et qui ne
« pensait point à la mort, mais espérait longue
« vie ». Cette espérance, s'il l'avait conçue, fut malheureusement trompée. Trois ans après, le 7 Avril 1498, il se frappa la tête contre l'huis de la porte d'un jeu de paume, pratiqué dans les fossés

d'Amboise et tomba à la renverse, ce qui fit dire qu'il était mort d'apoplexie, il était environ deux heures et c'est une chose remarquable que le roi de France, dans son château, « sur une pauvre « paillasse, dans le *lieu le plus deshonnête*, resta « exposé aux regards de tous venans jusqu'à ce « qu'il eut rendu l'âme, c'est à dire jusqu'à onze « heures du soir.

« Ainsi, ajoute encore Comines, partit de ce « monde si puissant et si grand roi et en si misé-« rable lieu, qui tant avait de belles maisons et en « faisait une si belle, et si ne sceut à ce besoin, « finer d'une pauvre chambre ».

Les courtisans, invariable troupeau, malgré les temps et les siècles, l'abandonnèrent de suite pour s'en aller, en grande hâte, à Blois trouver le duc d'Orléans son successeur.

Charles VIII avait régné 14 ans et demi et vécu 27 ans et 9 mois. De trois fils qu'il avait eu d'Anne de Bretagne, sa femme, pas un n'atteignit l'âge de 4 ans, Mezeray en fait le portrait suivant : « Il « était mal fait de sa personne, de petite stature, « faiblet et maladif, il avait les *épaules hautes*, le « visage difforme, la parole lente et mal assurée, « néanmoins les yeux vifs et brillans, de belles sail-« lies pour les grandes choses, mais qui duraient « peu, de la bonté, de l'humanité et de la courtoisie

« envers tout le monde, au reste pas assez de force
« et trop de nonchalance pour se faire bien obéir.
« Il ne se trouve point qu'en toute sa vie, il ait
« chassé aucun de ses domestiques, ni offensé pas
« un de ses sujets de la moindre parole. »

Son successeur, Louis, duc d'Orléans et de Valois, était son plus proche parent, de la ligne masculine, et son cousin au troisième degré. Son avénement au trône remit de nouveau le duché de Valois à la couronne, cette réunion s'était déjà opérée en 1328, à la mort de Charles-le-Bel. La reine Jeanne d'Évreux étant enceinte, les droits de Philippe, comte de Valois, ne pûrent être admis à la succession, qu'au moment où les couches de cette princesse eurent fait connaître le sexe de l'enfant qu'elle portait. Après deux mois d'attente, Jeanne d'Évreux accoucha d'une fille et Philippe de Valois fut élevé à la dignité royale, malgré les prétentions d'Édouard III d'Angleterre qui s'appuyait de la succession de sa mère, Isabelle de France, fille de Philippe-le-Bel. Jeanne d'Évreux se retira à Neuilly-Saint-Front où elle mourut, en 1370 ; le roi Édouard déclara la guerre à la France et de cette rivalité naquirent tous les maux qui accablèrent le royaume jusqu'en 1465. J'ai jugé nécessaire de rappeler l'origine de ces querelles, à propos de la succession au trône de Louis XII, qui, plus heureux, s'empara immédiatement du sceptre, il était alors âgé de 36 ans.

Dix mois après, c'est-à-dire au mois de Février 1499, il donna le duché de Valois, en apanage, à François de Valois, son cousin âgé de 5 ans. Les lettres patentes, qui l'investissaient de ce domaine, portent que le prince tiendra le duché à foi et hommage du roi et de la couronne de France, pour en jouir, lui et ses hoirs mâles, avec pouvoir de conférer les offices et les bénéfices qui en dépendent. François prit possession du duché de Valois et en conserva le titre et les domaines jusqu'à son avénement à la couronne.

CHAPITRE XI.

Les calamités qui avaient désolé le duché de Valois touchaient à leur terme. Ce beau pays si riche et si fertile, borné par les rivières d'Aisne, de l'Oise et de la Marne, dont les nombreux ruisseaux fécondent les riantes vallées qui le décorent, était, depuis le neuvième siècle, en proie aux dévastations les plus multipliées et les plus funestes. Dans cette époque reculée la population avait eu à subir une modification fatale, causée par les ravages des Normands et ces ravages étaient d'autant plus faciles à exercer que les bourgs, les villes, les agglomérations de maisons contigües étaient, chez le peuple essentiellement cultivateur de cette province, fort rares. On ne voyait, en effet, que des métairies répandues çà et là dans les plaines ou dans les coteaux. Amenés par les trois rivières que j'ai nommées plus haut, les barbares du nord détruisirent ce bel ordre que le travail et l'industrie de nos pères avaient fait régner dans ces imitations des anciennes *villa* des Romains. Pour se mettre à l'abri des déprédations normandes, les habitants du Valois se rapprochèrent des forts châteaux qui commencaient à s'élever pour opposer la force à l'invasion et à la rapacité de ces ennemis ; les châteaux étaient bâtis, ordinairement, sur les hauteurs et pouvaient protéger la campagne. Les seigneurs, maîtres de ces forteresses, établirent bientôt, sur les cultivateurs, le pouvoir le plus accablant, l'agriculture, honorée sous les premiers rois, ne tarda pas à devenir une profession d'esclaves, de serfs, et les gentilshommes, après avoir, dans leurs sanglantes divisions, dans leurs guerres intestines, dans leurs rebellions contre leurs suzerains, commencé leur propre ruine, celle de leurs rivaux, diminué de nouveau cette population laborieuse qui les nourrissait et forgeait leurs glaives, sentirent enfin le besoin de ranimer l'agriculture. Sous l'influence de cette nécessité, le nombre de ces familles, vraiment utiles, prit un nouvel accroissement. Les croisades, en dépouillant de leurs propriétés, les grands vassaux, les turbulens chevaliers qui, possédés de cet amour qu'ils nous ont légués pour tout ce qui est nouveau, marchaient contre l'infidèle, pleins de cette activité qui naissait de trois mobiles puissans : Dieu, la gloire et l'espoir des richesses ; les croisades, dis-je, en les éloignant du sol que leurs défis sanglans avaient trop long-temps décimé, en remettant aux monastères la plus grande partie de la propriété, donna à cette population esclave des maîtres moins cruels et les cultivateurs prirent encore un accroissement proportionnel.

Tout ce qui précède était nécessaire pour expliquer les changemens qui s'opérèrent pendant le quinzième siècle, nous devons les étudier avant d'arriver aux faits que le seizième fit naître.

Le Valois, en 1400, était encore soumis à des habitudes d'un gouvernement sagement établi par une femme dont le nom est prononcé, dans ce pays, avec une vénération toute traditionnelle. Éléonore, comtesse de Crépy et de Valois (1)

(1) Elle fut mariée quatre fois, mais gouverna toujours en son seul nom. Le comté de Crépy était bien distinct

morte au commencement du 13e siècle et dont la mort causa elle-même la réunion du comté de Valois à la couronne, avait accumulé, dans les lieux qu'elle habitait, les améliorations les plus remarquables, elle aimait les lettres et les fixa dans son comté, les érudits lui doivent le roman de Sainte-Geneviève qu'elle fit composer, ainsi que l'indiquent les premiers vers :

> La Dame de Valois me prie
> De mettre en roman la vie
> D'une sainte que moult elle clame.

Née dans le 12e siècle, elle dut encourager aussi les monastères, ils étaient d'ailleurs seuls possesseurs des connaissances humaines, elle contribua donc, par ses libéralités, aux encouragemens que les moines donnaient, à cette époque, aux arts, aux sciences, aux lettres, à l'agriculture, cette mamelle nourricière de l'état. Au commencement du 15e siècle, les propriétés étaient encore divisées en métairies ou hostises occupées par des familles. Cette division nous expliquera les traces nombreuses d'habitations que la charrue, la pio-

---

de celui de Valois, elle était *Comtesse de Crépy et Dame de Valois*, après la mort de sa sœur, femme de Philippe d'Alsace, comte de Flandres, célèbre par ses longues guerres avec Philippe-Auguste.

che décèlent souvent dans les plaines éloignées de nos habitations actuelles : la grande population traditionnelle de certains villages est de même comprise, par l'état du Valois, avant les bouleversemens qui se sont succédés pendant plus de six siècles. Les Navarrais, en 1359, par exemple, avaient quatre fois traversé la France, leur présence fut surtout marquée dans le pays qui nous occupe, puisqu'il était leur point de réunion avec les Anglais maîtres de Calais et de la Picardie. Ils avaient commencé, vers Béthizy surtout, cette œuvre de destruction que nos guerres civiles complétèrent.

Presque toutes les fondations trouvées çà et là dans les terres, à quelques distances des bourgs actuels, doivent être regardées comme des vestiges des anciennes manses ou hostises, des anciens *manoirs* quelquefois fieffés, toutes divisions d'un même terroir. La famille, dans ces établissemens, qu'on trouve toujours dans l'enfance des sociétés, prospérait et tendait à s'accroître malgré l'état de servage auquel elle était réduite.

De cette subjection pénible, de cette dépendance humiliante d'une grosse abbaye comme le devinrent Long-Pont, Bourg-Fontaine, Coincy, St.-Georges, Morienval, etc, etc, ou de celle de puissans seigneurs, engagistes ou châtelains, le manant pouvait sortir et participer aux bienfaits de la commune, crée par Louis-le-Gros et dont le Valois profita le premier, en raison du séjour habituel que ce roi faisait au château de Béthizy. A la demande de Liziard de Crépy, évêque de Soissons, qui voulait établir un monastère à Béthizy, Louis VI avait fait l'abandon des droits odieux de main morte et de formariage qu'il exerçait sur les habitans des campagnes voisines. Le droit de *main morte* consistait dans l'usage établi de couper la main droite du serf décédé pour la présenter au seigneur qui, dès ce moment, devenait l'héritier du mort, à l'exclusion de la famille, la dignité de l'homme était plus outragée encore dans celui de *formariage* puisqu'il ne pouvait même disposer de sa propre personne et contracter une union sans l'assentiment de son maître.

A l'aide de cette liberté dont allaient jouir les serfs de Béthizy, ce bourg se forma et s'accrut sous Louis-le-Jeune qui confirma les actes de son père, à l'époque de son mariage, dans ce château, avec Éléonore d'Aquitaine. Philippe-Auguste à son tour, Philippe de Valois enfin et Charles V confirmèrent, étendirent ces priviléges de la commune : ils trouvaient, il est vrai, plus de facilité à recueillir les impôts chez les bourgeois inoffensifs que chez les hardis vassaux dont le pouvoir les inquiétaient et le bienfait de l'indépendance se répandit avec la nécessité que l'intérêt particulier des monarques faisait naître. De nombreux droits d'usages dans les forêts du Valois, des propriétés publiques augmentaient les avantages des hommes de la commune, en même temps qu'ils étaient appelés à diriger l'emploi des deniers communaux formés par des octrois qui cessaient de grossir des trésors particuliers. Deux exemples pris dans deux ordres de communes bien différens, vont nous donner une complète idée de leur état en 1406.

Lorsque les seigneurs étaient encore tous puissans, ils accordaient, moyennant une somme, à quelques manants, la permission de construire dans l'enceinte ou près de leurs châteaux. Ils nommaient, pour percevoir les droits de ce *bourg*, un officier qu'on appelait *burgare* à Crépy, *châtelain* à Béthizy. Lorsque cette charge fut éteinte, par l'établissement de la commune, les familles dont les membres avaient rempli ces fonctions en conservèrent le titre comme une distinction, et le mot burgare, formé du latin *burgus*, se trouve souvent traduit en français du temps par le mot *bougre* qui devenait l'expression d'une charge honorable, au lieu de l'injure qu'il entraîne aujourd'hui. Les maisons de plaisance de ces officiers prenaient leurs noms : ainsi Le Plessissous-Cuvergnon s'appelait Plessis-le-Bougre, et près de Béthizy on trouve le *Plessis-Châtelain*. Les burgares de Crépy ont eu une postérité nombreuse, ils avaient des fonctions analogues à celles des *maires* ou *majeurs*, du mot latin *major*, qui naquirent avec l'établissement des communes.

Les chartes de la commune de Crépy, établies en 1211, nous serviront de premier exemple ; on pourra voir, en examinant avec attention ce qui va suivre, combien cette monarchie absolue était tempérée dans certaines localités et combien nous avons encore de droits à reclamer pour jouir de pareilles franchises.

La première charte se réduisait à trois articles, le premier accordait aux habitans du bourg et de la banlieue le droit de *Clameur*, c'est-à-dire, d'appeler à leur aide, contre des voisins et des seigneurs trop puissans, les troupes du roi, le fort château du coupable était rasé, s'il ne réparait pas le dommage qu'il avait causé. Les droits de main morte et de formariage étaient abolis.

Le deuxième article permettait aux bourgeois de se réunir et de tenir des assemblées primaires pour former parmi eux un corps de magistrature, pour rendre des jugemens et pour concerter les mesures convenables au bien public. Ce corps était formé d'un maire, de huit échevins, qu'on nommait jurés et d'un argentier. Quinze hommes jugeans, ou quatorze sans y comprendre le bailli nommé par le roi, formaient le tribunal de la commune, ce tribunal jugeait en dernier ressort les détails, les affaires civiles et criminelles, toutes les atteintes à la propriété enfin, tandis que le rapt, l'homicide et le meurtre (l'homme meurtri de coups) étaient réservés comme cas royaux.

Le troisième contient les redevances de la commune au roi et le mode de perceptions.

Ces élémens d'indépendance ne tardèrent pas à s'étendre et d'autres pièces servent de complément ; voici donc quelques uns des développemens qu'ils avaient reçus.

Toutes les exécutions des jugemens étaient protégées par le roi, à moins que le jugement n'intéressât un des fieffés de la couronne. Les habitants avaient cependant le droit, dans ce dernier cas, d'assurer le jugement par la force. Les différens entre le roi et la commune étaient soumis à l'examen des jurés de cette dernière, Philippe-Auguste mit au nombre des cas royaux, le droit de *péage* qui causait de fréquentes contestations. Ces droits de péage appartenaient à la seigneurie du donjon de Crépy, long-temps distincte de celle du château.

Tout particulier qui ne se rendait pas à l'assemblée, au son de la cloche d'appel, payait douze deniers d'amende, il fallait pour être reçu membre de la commune résider dans le bourg ou la banlieue et prêter serment. Les hommes jugeans juraient aussi de n'accorder, à leurs parens ou amis, aucunes faveurs au préjudice de l'équité, et de ne donner aucune marque d'animosité ou de haine à leurs ennemis. Le chevalier qui empruntait sur gage au bourgeois, ne pouvait réclamer la remise de l'objet engagé s'il n'avait pas acquitté la dette.

Des suretés, des garanties étaient offertes au commerce et des impôts sur les voitures à deux ou quatre roues, établis pour l'entretien des routes et chaussées, etc., etc. Le maire et les jurés pouvaient augmenter les fortifications de la commune et prendre tout le terrain nécessaire à ces ouvrages, etc., etc., etc.

Leurs obligations envers le roi terminent ces chartes, la commune lui doit *l'ost* et *chevauchée*, c'est-à-dire qu'elle doit monter à cheval et le défendre dans les querelles particulières et dans les guerres. *Ost* signifie armée. Les redevances variaient. Dans la charte de Philippe-Auguste, après la mort de la comtesse Éléonore, elles s'élevaient à 370 livres nérets ; onze muids et quatre mines d'avoine, seize chapons et deux pains.

Cet exemple peut suffire pour nous donner une

idée de la commune dans les bourgs principaux du Valois, telles que Verberie, Bethizy, La Ferté-Milon, il n'existait que des différences locales. Neuilly-Saint-Front, Oulchy, Braine, Vailly dépendaient des comtes de Champagne, d'autres anciens bourgs ressortissaient des évêques de Senlis, de Châlons, de Rheims ou de Soissons. La commune de Vailly fut échangée par Charles V, avec l'archevêque de Reims, contre Mousson et Beaumont en Argone. Les paroisses qui jouirent les dernières du privilége de la commune sont celles qui appartenaient à des communautés ecclésiastiques, cependant l'abbé de Ste.-Géneviève de Paris, avait affranchi les habitans de Trumilly et du Plessis-Cornefroy, dans le milieu du 13e siècle, quelques familles de Glaignes reçurent aussi, à cette époque, leurs libertés, moyennant une livre de cire par tête, poids de Senlis. Les revenus de l'abbaye de Morienval étant principalement établis sur le travail des serfs, l'affranchissement fut lent à s'établir dans les domaines de Bettancourt, de Grimancourt, etc., qui lui étaient soumis. En 1465 l'abbesse de Morienval payait, le jour de St. Remi, cent huit livres au duché de Valois pour *les hommes et femmes de corps* qu'elle possédait à Bettancourt.

J'arrive au second exemple d'affranchissement.

Il se trouvait quelquefois des petites paroisses, peu distantes les unes des autres, qui se réunissaient pour jouir du don précieux de liberté ou de ce rudiment de gouvernement représentatif. Le Valois en possède un témoignage bien remarquable, puisqu'il a subsisté, malgré toutes les révolutions successives, jusqu'en 1740, tandis qu'au contraire, la commune de Crépy s'éteignit dès Philippe de Valois, les maires et les jurés ayant supporté quelques pertes de procès, leurs fonctions étant gratuites, les droits de servage modérés par les moeurs, ils supplièrent le roi de supprimer la charte de la commune et de leur accorder un prévôt royal, comme Charles-le-Bel en avait établi un à Soissons, des lettres de Philippe de Valois, datées de Bourg-Fontaine, accomplirent ce voeu en 1329 le 28 Mai, et le prévôt royal de Crépy devint juge ordinaire de la ville et de la banlieue. Cet état de choses dura jusqu'au 16e siècle.

Dans la partie reculée du ressort du comté de Valois, sur les confins de la Champagne, trois paroisses Ciis, Presle et St. Mard le remirent et obtinrent, dès 1191, des lettres d'affranchissement de Thibaut V, comte de Champagne, elles furent confirmées dans leurs droits, en 1225, par Thibaut VII, moyennant une somme d'argent.

La justice et les emplois civils étaient électifs, et le furent sans obstacle jusque sous Louis XV. Les habitants des trois paroisses et des hameaux qui en dépendaient se réunissaient à Ciis, nommaient soixante députés qui prêtaient serment, entre les mains du maire dont les fonctions annuelles expiraient, de choisir, pour gouverner la commune, des hommes de mœurs irréprochables et capables d'administrer. On allait au scrutin pour ces trois charges : de maire, de lieutenant ou adjoint et de procureur fiscal. Les candidats, désignés par la majorité, entraient en fonctions, pour être soumis ensuite à une réélection annuelle. Tous les hommes de la commune jouissaient en commun des droits de pêche et de chasse, ils étaient exempts de francs fiefs, soumis à la coutume d'Oulchy et payaient annuellement, pour les trois paroisses, aux comtes de Champagne, une somme de 58 livres, qu'ils acquittèrent aux rois de France, après la réunion à la couronne de ce comté.

Le chef-lieu était Ciis, bien que la communauté prit le nom de Presle, sans doute parce que ce dernier était le plus considérable des trois villages, les archives, l'hôtel-de-ville, le beffroy étaient à Ciis. A chaque nouveau règne ils avaient l'attention de faire confirmer leur organisation et c'est ainsi qu'ils purent donner, à Louis XIV, la preuve qu'il avaient exercés la justice haute, moyenne et basse depuis l'établissement de leur communauté, jusque dans les années 1474, 1484, 1501 et même 1601. En 1434 le hameau des Boves, alors considérable, avait formé une paroissse distincte quant au temporel ecclésiastique, mais confondue dans l'association, dès lors composée de quatre paroisses, jusqu'en 1735 (1). La population de cette commune réunie était donc plus nombreuse au 15e siècle.

Pour terminer en peu de mots, l'historique de l'établissement de la commune dans le Valois, je rappellerai encore que Charles, comte de Valois, le chef de cette nombreuse tige des Valois qui commença au règne de son fils Philippe VI, en même-temps qu'il fondait la grande chartreuse de Bourg-Fontaine, donnait, en 1311, un exemple, rapidement suivi, de l'abolition de l'esclavage, sans le préambule de sa charte approuvé par

(1) Des lettres patentes de Louis XV, en Décembre 1740, ordonnent, qu'à l'avenir, l'élection des maires, lieutenants, juges, et procureur fiscal, sera triennale ; les candidats devront être pris parmi les gradués royaux, les électeurs devaient payer quarante livres de tailles au principal ; il ne devait en exister que deux par chaque paroisse. Les autres électeurs étaient les ecclésiastiques et les gentilshommes. Cette ordonnance porte le titre de *Confirmation des privilèges !* . . . . . .

Philippe-le-Bel, il dit que toute créature formée à l'image de Dieu est naturellement libre, et que tous les genres de servitude auxquels on les assujétit sont opposés au vœu du Créateur. Par une exception que rien n'explique, il exceptait de l'affranchissement général, la nommée *Gille*, femme de Thibaut l'Écuyer et sa postérité.

On peut donc conclure, de ce qui précède, que l'établissement des communes était presque général dans le Valois, au commencement du 15e siècle, je dis presque général, puisque, malgré la charte de Charles de Valois, les abbayes avaient retenu presque *tous les hommes de corps* qui composaient leurs principaux revenus. Pendant les divisions et les guerres que les deux maisons d'Orléans et de Bourgogne avaient accumulées sur la France et pendant le séjour des Anglais, leur domination dans le pays, la plupart des privilèges furent confirmés et des chartes des rois d'Angleterre maintiennent les droits d'usage, dans la forêt de Retz, de quelques unes des localités, de quelques monastères, de seigneurs mêmes intéressés à les conserver.

Les longues courses des compagnies, leurs brigandages et leurs courageuses mais pénibles excursions dans toutes ces contrées eurent pour résultat infaillible, la communication directe des hommes d'armes, pris dans les paysans qui ne pouvaient plus cultiver des terres abandonnées ou dévastées, avec les capitaines, les nobles, les gentilshommes dont l'éclat devait cesser d'éblouir ceux qui partageaient leurs dangers et leurs prises. Dans ce rapprochement continuel de ces deux classes opposées, s'usait chaque jour le crédit des grands vassaux et Louis XI eut d'autant moins de peine à les réduire, qu'il trouva les grands abaissés et le peuple encore loin de comprendre son importance. La bourgeoisie seule, c'est-à-dire, la propriété, vit augmenter ses droits à la suite et pendant les révolutions du 15e siècle.

Charles VII, en 1448, avait établi les *francs-archers*, lorsqu'il s'apprêtait à conquérir la Normandie, après avoir discipliné les compagnies et rétabli l'ordre dans le royaume. C'était un corps de vingt-trois mille hommes, formés à manier l'arc et l'arbalète, pour servir dans les armées. Chaque homme était choisi parmi les plus habiles de soixante jeunes gens. Chaque *paroisse* devait en équiper un. L'archer était franc de guet, de taille et de garde, il prêtait serment de marcher au commandement du Roi et de venir faire son service à l'armée, moyennant une solde de quatre livres par mois. Chaque archer était muni d'une hucque, d'un jacque, d'un casque, d'une épée, d'une dague et d'un arc ou d'une arbalète garnie. La *paroisse* était responsable de l'obéissance de son franc-archer. Cette milice rendit de grands services à la royauté de Louis XI, dans ses démélés avec le duc de Bourgogne, Charles-le-Téméraire, lorsque celui-ci s'avança jusqu'à Compiègne, en 1472 et pendant le siège qu'il mit devant Beauvais. Le Roi la redoutait; jaloux de son autorité il avait enlevé aux tribunaux civils, la connaissance des méfaits des hommes d'armes, il accusait les francs-archers d'avoir laissé douteuse la bataille de Quinegate, en 1479. Ces hommes, qui devaient pendant la paix rester armés, en habitant les communes ou leurs paroisses, effrayaient l'esprit inquiet, soupçonneux d'un monarque dont le sceptre de fer ne s'appuyait sur le peuple que pour le presser d'impôts, l'accabler sous les ordonnances les plus arbitraires et les plus cruelles. Il préférait les étrangers qu'il soldait de l'or de ses peuples et craignait, dans les émeutes fréquentes qu'il avait à réprimer, la présence de ces francs-archers, plutôt dévoués aux intérêts populaires qu'aux siens. Il cassa, en 1480, ces compagnies dangereuses et convertit, en une taxe de 4 livres 10 sous par mois, les frais que chaque paroisse fesait pour l'entretien de son archer. Il venait d'abaisser en même temps les grands vassaux, de soumettre la noblesse aux lois, et bien qu'il ait constamment travaillé à établir le despotisme le plus absolu, il contribuait ainsi à préparer au peuple des libertés plus complètes, des institutions plus larges, puisqu'il diminuait le nombre ou la puissance de ses oppresseurs.

Des améliorations dans le commerce, dans l'industrie, dans les sciences et les arts, pouvaient donc s'introduire en France et réparer les maux causés par les guerres civiles. Le Valois, à cause de sa proximité du gouvernement, se ressentit le premier de cette influence nouvelle que nos ambassadeurs en Italie et plus tard nos guerres en ce pays, firent naître et propager.

En 1440 la découverte de l'imprimerie, cette grande émancipatrice de l'homme, allait précipiter le monde intellectuel vers des régions tout à fait nouvelles et faire sortir de l'obscurité des cloîtres, de la contemplation de quelques élus rares et inconnus, les trésors vivifians des sciences et des lettres.

La religion romaine enfin, devenue un instrument de despotisme, une cause de sanglantes discordes, de criminelles usurpations du St. Siége, de guerres malheureuses, dans lesquelles le peuple seul était offert comme victime à la haine des rivaux, se préparait des ennemis assez dangereux pour proclamer la liberté des consciences. Tout se disposait enfin à ramener vers le bonheur de l'homme, vers sa perfection graduelle, toutes les institutions qui devaient, plutard, naître de cette lutte de la société contre les priviléges.

Un demi siècle de guerres civiles et étrangères avait détruit presque tous les germes de la civilisation que les efforts de la comtesse de Crépy et le comte Charles de Valois avaient jetés dans les populations de leurs domaines. L'ignorance des masses et la superstition la plus complète s'opposèrent long-temps à la destruction des nombreux abus qu'elles avaient introduits.

Parmi les hommes savans, dont les travaux contribuent à recommander le Valois, se trouve le fameux Nicolas Clémangis, secrétaire de l'antipape Benoit XIII et jadis recteur de l'université de Paris. Il vint se mettre dans le couvent de Bourg-Fontaine, à l'abri des ennemis qu'il s'était attiré en prenant parti dans une de ces divisions qui ont agité si long-temps le trône de l'église. Ignoré dans cette paisible retraite, il y composa une partie de ses ouvrages (1), pendant que ses amis obtenaient de Charles VI, qu'il soit réintégré dans son titre de trésorier de Langres. Il ne tarda pas à revenir

---

(1) Note n° 14.

à Paris, en qualité de proviseur du Collége de Navarre et il y mourut en 1403. Ses ouvrages sont écrits avec noblesse et élégance ; ils préparaient ceux de Gaguin, de Monstrelet, et les poësies de Charles d'Orleans qui leur sont postérieurs.

J'ai parlé de ces hommes remarquables qui, dans le quinzième siècle, n'avaient pas attendu la renaissance pour nous léguer leurs savans travaux. Pour compléter ce tableau, si nous entrions dans le domaine de l'histoire générale, il faudrait citer Juvénal des Ursins, Molinet, Alain Chartier, Comines, Olivier de la Marche, St. Gelais et le roi René, enfin le cordelier Mailiard, ce fougueux prédicateur qui détermina Charles VIII à l'abandon d'une partie du territoire français.

Quant aux arts, les guerres si longues avaient dû, sans doute, en retarder le développement et les progrès ; mais cependant le Valois possède des monumens qui prouvent qu'ils n'étaient pas perdus, malgré la désolation du sol. Les constructions terminées par Louis d'Orléans, premier duc de Valois, sont des témoignages imposans et difficiles à réfuter.

Lorsqu'on visite Pierrefonds, par exemple, ne doit-on pas réellement être frappé de ce génie architectural qui semble perdu tout-à-fait dans notre siècle *progressif*, puisque les maçons n'ayant aucune tradition des siècles de Rome ou de la Grèce étaient forcés d'innover, d'inventer, de travailler enfin, tandis que nous copions. Ils ne pouvaient s'appuyer que sur les souvenirs des croisades.

La Férté-Milon et son bas-relief, les restes de son beau château, quelque diminués qu'ils soient maintenant, sa chapelle St. Wâast, ne sont-ils pas encore une preuve de l'étonnante variété des connaissances de ces anciens maçons, de ces tailleurs de pierre qui oubliaient de nous léguer leurs noms en même temps qu'ils nous dotaient de ces admirables chefs-d'œuvres ?

Si nous avançons vers des temps un peu plus rapprochés de nous, avant même cette course d'Italie, entreprise par Charles VIII, ne voyons nous pas le chœur de St. Denis de Crépy reconstruit, l'eglise de St. Thomas de la même ville, réparée, celle de la paroisse de Charcy, de la Ferté-Milon (1), élevée, ou tout au moins commencée long-temps avant que nous ayons été prendre le goût des Italiens.

Dans cette période, qui s'est écoulée depuis la paix de Charles VII, depuis l'extinction des compagnies, jusqu'à François Ier, ou Louis XII, c'est-à-

(1) Saint-Nicolas de la Chaussée.

dire, de 1440 environ jusqu'au 16ᵉ siècle, que d'églises de villages réédifiées, combien d'abbayes retablies, moins riches sans doute qu'au 12ᵉ et 13ᵉ siècles, mais qui devaient contribuer à la conservation des bonnes traditions architecturales.

Notre petite province n'a rien à envier à la riche Normandie, à l'antique Bretagne, au Bourbonnais tant célèbre. Nous devons avoir un respect continuel, nous tous qui vivons sur cette terre éprouvée par de si longues destructions, pour les restes de tant de monumens glorieux pour notre beau pays.

Aussi, lorsque Charles VIII et Louis XII à Amboise, le ministre de ce dernier à Gaillon, et les abbés de Cluny, eurent appelés ces admirables génies Italiens, remarquons, avec quelle rapidité, nos compatriotes atteignirent et comprirent cette étonnante perfection; le sol de la France, étant tout favorable au développement de ces produits d'une civilisation supérieure (1).

Pour spécifier cette architecture, je ne crois mieux faire que d'emprunter à la notice que je viens de citer, les réflexions qui suivent : « Plus libre « dans son allure, l'architecture française immédia- « tement antérieure à la renaissance, admettait

(1) Notice sur l'Hôtel de Cluny.

« inconsidérément tout ce qui pouvait contribuer
« à l'élégance, à l'éclat, en un mot, à l'effet du
« monument, et semblait avoir adopté, par antici-
« pation, notre devise d'aujourd'hui : *la richesse*
« *avant tout*. Elle allia, sans scrupule, le fuseau tors
« à la cannelure, le rinceau arabe à la tresse de
« chardons où à la guirlande de vignes, le triglyphe
« dorique au trèfle syrien, la voussure grotesque au
« modillon corinthien, la colonne grecque au fais-
« ceau de pilier, à la gerbe de soutènement gothi-
« que, et bouleversant jusqu'aux principes si rigou-
« reux de l'art, en matière de chapiteaux, ne craignit
« pas de loger dans les siens, la chimère ou la gri-
« mace lombarde, sous la classique feuille d'acan-
« the. »

Suivant la même notice, il existe un *gothique fleuri*, qui régnait de 1420 à 1495, époque à laquelle le goût italien, vint se mêler, à ce goût éminemment français. Tout près du Valois, à Soissons, l'église de Saint-Jean-des-Vignes, n'en est elle pas une preuve ?

On fait remonter aux croisades, cette belle architecture qui subsiste encore, malgré tant de démolitions successives, à Braine, à Long-Pont, à Lieu-Restauré, à Vez; et partout où l'œil du curieux, s'attache sur une église ou sur un château, il en reconnaîtra des traces. On dit que les croisés, amenèrent pour seuls résultats, ces idées que les confrairies de maçons et de charpentiers, conservèrent dans leurs associations, souvent mystérieuses, qui sembleraient remonter même, au 9e siècle.

Je copie encore à cette dissertation, pleine de faits, dont on ne peut nier l'authenticité, les réfléxions suivantes, sur ces associations de *franche maçonnerie ;* « Les formules mystérieuses de l'as-
« sociation, et le lien si puissant de l'intérêt com-
« mun, tout en restreignant, l'initiation successive
« des nouveaux adeptes, aux besoins de l'exploita-
« tion, permirent de l'étendre, presque simulta-
« nément à un grand nombre d'entreprises : aussi
« vit-on l'association, de ces véritables francs-ma-
« çons, fractionnée d'abord, selon les localités, et
« détruite plus tard par l'isolement et l'intérêt
« privé, couvrir presqu'en même temps l'Alle-
« magne et la France, de ces immenses vaisseaux
« dentelés, de ces colossalles pyramides à jour,
« de ces étourdissantes projections aériennes, qui
« consacrèrent et généralisèrent en Europe, pen-
« dant plusieurs siècles, le règne de l'ogive ou de
« la voûte *à tiers point.* »

Cependant la combinaison de ces moyens de soutenement, les supports multiples, les colonnettes, les gerbes, les contreforts n'exigeaient-ils pas une étude approfondie de la géometrie et de la coupe des solides, ces travaux théoriques élaborés sans doute dans le silence des cloîtres, ne commandent-ils pas l'admiration pour un siècle si différent du nôtre et dont la comparaison lui serait, au moins, fatale en pareille matière?

Les architectes se nommaient alors *maîtres des grandes œuvres*, tandis que les *imaigiers*, *folaigiers*, autrement dits sculpteurs ou peintres, réunis, comme les maçons, en confrairies, dirigeaient *les menues œuvres*.

La sculpture ne se bornait pas à décorer la pierre ; le bois et les métaux recevaient du burin, et du ciseau des formes aussi riches que variées ; les moines décoraient les bancs des églises, les cadres des tableaux, les ornemens d'autels, les luminaires et les tabernacles des figures les plus multiples, et le Valois, en raison de la grande quantité de monastères, est fort riche encore en travaux pareils.

Quant aux armes, elles recevaient aussi de bien riches accessoires. Il est facile d'en juger dans les musées des 15° et 16° siècles, par le luxe extraordinaire des anciennes armures. Cette recherche était tellement grande, « qu'au siège d'Harfleur par
« Charles VII, en 1449, le comte de St.-Pol, avait
« à son cheval de bataille, un chanfrein estimé
« trente mille écus, et qu'après la prise de

« Bayonne, le comte de Foix, en entrant dans la
« place, avait la tête de son cheval couverte d'un
« chanfrein d'acier, garni d'or et de pierreries,
« qu'on prisait quinze mille écus d'or. »

La forme des armes n'avait pas beaucoup variée. Depuis la découverte de la poudre à canon, on se servait encore de la grande épée à deux mains, quelques-unes fort longues ; les épées des chevaliers, très-minces et très-flexibles, pouvaient être, malgré leurs dimensions, maniées avec assez de facilité, tout leur poids résidant dans la poignée ; les guerriers avaient encore la *miséricorde* flamboyante, à pointe en forme de langue de dragon, que le vainqueur, après avoir terrassé son ennemi, lui plongeait impitoyablement dans la gorge s'il ne criait pas merci. Comines en racontant la bataille de Fornoue, en Italie, parle « des
« valets (Fantassins) et serviteurs de l'armée, qui
« avaient presque tous haches à couper bois, dont
« ils rompaient la visière des casques, et leur en
« donnaient (aux hommes d'armes renversés) de
« grands coups sur la tête, car ces hommes d'ar-
« mes étaient bien *malaisés à tuer,* tant était forte-
« ment armés, et ne vit tuer nul où il n'y eut trois
« ou quatre hommes à l'environ. » Les armes à feu, encore nouvelles, consistaient en arquebuses, en escopettes à rouets, en couleuvrines ou serpentines

de 24 pieds de long, que des soldats portaient sur leurs épaules pendant que d'autres les ajustaient. Toutes ces différentes pièces recevaient de la sculpture et de la ciselure du temps des ornemens nombreux.

Le balancier n'étant pas encore inventé; c'était au marteau qu'ils *repoussaient* tous les reliefs qui enrichissaient les écus, les heaumes. La perfection du travail atteste encore l'étonnante supériorité des ouvriers du 15e siècle.

La peinture, née sous Charlemagne, dans le travail des manuscrits, était surtout pratiquée dans les cloîtres qui possédaient seuls, avec les lettres, le temps et le calme nécessaire pour la cultiver. Les bibles, les heures monumentales qu'ils nous ont transmises sont des preuves de la patience la plus grande, et les vignettes qui accompagnent chaque tête de chapitre nous font assister aux progrès successifs de l'art de la peinture en France. Presque tous les sujets sont religieux, il ne pouvait en être autrement, avec les dispositions intérieures des copistes.

Toutes ces peintures, vignettes des manuscrits, tableaux à volets, à compartimens, des églises et des monastères, décoration de châteaux, reproduction d'armoiries sur des piliers d'église, s'exécutaient à l'aide d'une détrempe ou du blanc d'œuf qui fixait les couleurs sur le bois ou le parchemin, le papier étant d'une invention, ou tout au moins d'un usage qui concorde avec la découverte de l'imprimerie.

La peinture à l'huile, nouvellement découverte, était encore trop moderne pour être répandue; mais ce que je veux plus particulièrement citer, ce sont les peintures en détrempe qui recouvrent, en partie, les murs de Pierrefonds, des salles basses du château de Coucy, dans le Vermandois, ainsi qu'un badigeon rose du plus bel effet qui subsiste encore dans un cabinet voûté du château de la Ferté-Milon. Toutes ces applications sur pierre dure, ont supporté, depuis des siècles, toutes les variations atmosphériques, tous les phénomènes contre lesquels notre peinture à l'huile serait elle-même sans résistance.

La peinture sur verre préparait l'émail sur poterie, que Palizzi nous donna dans le siècle suivant. Le verre se fabriquait dans le Valois, à la Blanche Tache, entre Verberie et la Forêt de Compiègne. La fabrication en avait été interrompue pendant les guerres, elle reprit dès que les Anglais eurent été chassés de Paris. Aussi pas une église de village qui n'ait eu *ses verrières* (ses vitraux peints), détruits en 1793, à quelques rares exceptions près. Avant les progrès opérés dans l'art du dessin, par les peintres de l'école italienne, par Henri Mellin, qui reproduisit les traits de Jeanne d'Arc ; par Albert Durer, les vitraux étaient plutôt des confusions diamantaires comme les roses des cathédrales, dont l'assemblage pittoresque des couleurs, inspire le recueillement et la piété. Le verre se coulait alors en petites lames, d'un prix fort élevé, même en 1491, puisque, sous Charles VIII, à cette époque, « Etienne de Salles, verrier, reçut pour « deux lozanges de verre, mises aux verrières de la « chambre de retraite dudit seigneur, la somme « de 11 sols, » c'est-à-dire, plus de 40 sols de notre monnaie actuelle, sans avoir égard à la rareté du numéraire, dix fois plus commun depuis la découverte de l'Amérique. Un bœuf coûtait alors 12 livres, une oie trois sols, une livre de plomb six deniers etc. (1) La peinture sur verre remonte au 11ᵉ siècle, elle fut surtout pratiquée sous la régence de Suger, au 12ᵉ siècle. Nous savons qu'au treizième, la comtesse Éléonore donna, à la cathédrale de Soissons, les grandes roses du portail et l'une des latérales.

La gravure qui remonte, comme l'imprimerie, vers 1550, fit elle-même plus tard des progrès rapides. Destinée d'abord à l'ornement de l'im-

---

(1) Notice sur l'Hôtel de Cluny.

primerie, sa sœur, elle marcha de compagnie avec elle et nous la voyons enrichir, de bandes d'encadrements, imitées des anciens manuscrits, de lettres capitales historiées, de vignettes destinées à recevoir l'éclat de la peinture à la gomme ou à l'œuf, les premières productions de la sublime invention des Faust et des Guttemberg.

Les monnaies du temps offrent, à l'étude du dessin, des modèles heureux, des témoignages contemporains des perfectionnements que l'art du dessin atteignit aussitôt que la paix eut réparé les désastres causés par nos divisions, il est telles pièces de Charles VIII et de Louis XII, qui ne cèdent en rien à nos plus belles médailles, pour le fini et la pureté des formes ; et cependant combien les instrumens mécaniques avaient alors moins d'exactitude que les nôtres.

Si nous voulions étudier la langue du 15e siècle, nous la verrions déjà fort avancée, avant même les écrits de Rabelais, de Clément Marot et de Théodore de Bèze ; nous la verrions parcourir rapidement des périodes d'heureuse transformation, et l'écriture prendre enfin une forme correcte et lisible, les abrévations qui la rendaient précédemment semblable à notre sthénographie, disparaître successivement, et les idées plus nettes et plus riches, consoler, à leur tour, notre France, d'une domination étrangère, si longue et si calamiteuse. Il est surtout un ouvrage de cette époque qui est trop remarquable, pour que nous ne le rappelions pas, il suffirait de désigner l'*Imitation de Jésus-Christ*, attribuée à Jean Gersen, chancelier de Notre-Dame de Paris, pour faire du siècle qui vit naître une telle production philosophique, l'éloge le plus complet.

Tracer les mœurs du 15ᵉ siècle est une tâche des plus pénibles et des plus difficiles; au commencement de ce siècle, nous l'avons dit, tous les habitans du duché de Valois étaient cultivateurs, le peuple soumis à la féodalité tempérée par les priviléges des communes, pleins de foi dans les croyances religieuses, soumis aux grands seigneurs comme aux moines, le peuple dis-je, ignorant sa puissance, bien qu'il l'eut essayée à Laon, dans les excès de *la jacquerie*; le peuple n'avait pas, hélas! de mœurs spéciales, et c'est dans les deux ordres supérieurs de cette époque, qu'il faut rechercher les mœurs de cette grande nation, dont ils ne formaient qu'une minorité bien faible en nombre.

Les nobles, les chevaliers possédaient des vertus particulières à leurs castes, c'était généralement la bonne foi, dans les relations publiques et privées; les fraternités d'armes, nées de la chevalerie, alliances dans lesquelles le frère d'armes, devait être l'ennemi des ennemis de son compagnon, l'ami de ses amis, partageant ses biens présens et avenir; l'hospitalité qui ne s'exerce plus, et au moyen de laquelle, le pélerin comme le chevalier, pouvait profiter d'un gîte, que le châtelain indiquait en plaçant un heaume sur son manoir : cette conscience de soi-même, ces habitudes de largesse, que la chevalerie plaçait aux premiers rangs de ses devoirs, et surtout ce culte de la beauté, ce règne de la galanterie, pendant lequel le guerrier le plus farouche, ou le plus brave, se soumettait à toutes les idées mêmes extravagantes de sa maîtresse ou de sa Dame.

Les constructions, les décors extérieurs et les costumes adoptés dans les tournois, dans les cérémonies publiques, comme dans la vie privée, formaient un tout harmonieux, bien différent de nos solennités, même les plus pompeuses. A côté de ce tableau des vertus de nos pères, si nous placions les excès affreux dont les chefs des compagnies se rendirent coupables, ces pilleries, ces massacres, ces brigandages à main armée, qui désolèrent long-temps la France, et qui furent si longues à être réprimées, si nous voulions entrer dans des développemens qui appartiennent à l'histoire générale, nous verrions la dissolution la plus honteuse, la plus dépravée, parcourir tous les rangs, depuis le trône, jusqu'au plus mince chevalier.

Les prédicateurs du temps nous ont laissé, grâces à l'imprimerie, les témoignages trop veridiques, de la licence des mœurs, autorisée d'abord par les débauches de la coupable Reine, Isabelle de Bavière, par la grande quantité de moines dissolus, d'abbés commendataires dépravés, d'hommes de guerre avides de plaisir et de butin, et ces débauches étaient mêlées de pratiques de dévotion les plus superstitieuses, les plus fanatiques mêmes, auxquelles se livraient également les courtisanes les plus éhontées, qui suivaient l'armée, et sur lesquelles Jeanne d'Arc, frappait à grands coups de plat d'épée, ou de hampe de son étendard.

L'influence des astres, les présages, la magie et les vertus des reliques, exerçaient leur action puissante dans toutes les classes, nous avons cité le nombre des reliques que possédait une seule église, le miracle de Dampleux, un de nos villages dans la forêt de Villers-Cotterêts, donne une idée complète de la superstition et de la crédulité de ces temps(1), que l'ignorance des masses, et l'intérêt du clergé maintenaient dans la plus grande étendue.

(1) Note n° 15.

Notre Robert Gaguin, ce diplomate de Louis XI, ce général des Trinitaires, qui fit construire l'église des Mathurins, à Paris, proche l'abbaye de Cluny, ne se borna pas, en effet, à écrire l'histoire de France, et à rimer, en style très-libre (1), *la Conception de la Vierge;* il osa faire de plus l'éloge, en vers latins, langue dans laquelle on écrivait le plus souvent alors, d'une *cabaretière de Vernon*, sa maîtresse. Les détails dans lesquels il croit devoir entrer, ne peuvent trouver ici leur place; ils attestent seulement le peu de régularité des grands dignitaires des ordres monastiques.

Les chanoines étaient plus libres encore que les moines, et leurs débauches avaient une publicité plus complète, s'il est possible.

Les religieuses elles-mêmes, participaient à ces oublis de toute retenue, et les sermons de Maillard, les écrits de Jean Gerson, ceux de Nicolas de Clemangis, reprochent les scandales qui avaient transformé les couvens de ces demoiselles en lieux de prostitution.

Le clergé Séculier, méritait, à son tour, les reproches adressés par les orateurs du temps, à toutes ces immoralités, qui atteignaient ces deux classes principales de la société.

(1) Dulaure, *Histoire de Paris.*

Un esprit de justice doit cependant présider à ce tableau, fort incomplet des mœurs du clergé. Nous ne devons pas, en effet, juger le 15ᵉ siècle, sur les crimes dont il a été témoin, et que la guerre et le relachement de tous les liens sociaux, qui en étaient la suite, rendaient plus fréquens. Sans pourtant les autoriser, sans chercher à justifier les couvens de tant de désordres, nous devons rappeler, avec impartialité, que seuls, ils préparaient la marche des esprits, qui amena l'époque de la renaissance ; nous devons dire que, dans l'intérieur de ces retraites, l'égalité la plus complète régnait, et que le mérite seul pouvait être distingué, que les travaux les plus assidus, les plus utiles étaient sans cesse récompensés par les découvertes les plus utiles, et que les sciences, les arts et les lettres, recevaient de leurs études, les applications les plus fécondes. La majeure partie du clergé, était elle-même, disposée en faveur de la réforme, qui vint, plus tard, agiter la France, et l'ensanglanter de nouveau, tandis que l'imprimerie, à peine découverte, devait recevoir et propager toutes les lumières, qu'une longue accumulation, que de longs travaux, leur avaient fait découvrir.

Leurs excès tenaient à la nature humaine, ils nous sont plus connus, parce que les siècles précédens nous sont ignorés ; tant les moyens de communication, entre les dates anciennes et notre époque, étaient difficiles ou infidèles. Combien de nos usages, à nous, qui pouvons profiter d'une civilisation plus éclairée, seront jugés ridicules, coupables, par nos neveux.

Le grec, enseigné publiquement, à Paris, en 1458, l'établissement de l'imprimerie, en 1470 dans cette ville, celui de manufactures de soieries dans la même année à Tours, en 1474, la première opération de la pierre, et cette progression successive des sciences et des arts, de l'architecture, de la peinture, les discussions plus lucides, tant de causes de révolution sociales, introduites dans les mœurs, doivent engager les hommes réfléchis à bien examiner le 15ᵉ siècle, avant de le juger sévèrement.

L'astrologie judiciaire, elle-même, confondue avec la médecine et les pratiques religieuses, étudiée ou pratiquée dans les cloîtres, et sans cesse attachée à la personne des grands, des monarques et des puissans de l'époque, eut, comme l'alchimie, cet autre absurdité scientifique, le résultat heureux, d'amener à la découverte d'une science certaine, et féconde en applications heureuses.

La plupart des médecins, étaient ecclésiastiques et même prêtres, chaque monastère avait un médecin ou physicien, qui formait des élèves, et des évêques, avaient jadis été médecins des rois, dont la faveur les avait élevés au siège pontifical, malgré la défense des conciles pour ce cumul.

C'était ce mélange, du sacré et du profane, qui inspirait toutes ces *moralités*, ces *mystères*, dans lesquels, on représentait les différentes histoires de l'ancien et du nouveau testament, jouées souvent par les curés, ou sous leur direction, bien que les sujets, ne fussent pas toujours complètement religieux. Les femmes ordinairement ne remplissaient aucuns rôles dans ces *sotties*, elles étaient remplacées par de jeunes clercs. L'imprimerie et l'enseignement public de la langue grecque, amenèrent de notables changemens dans l'art dramatique, lequel put alors s'inspirer d'Aristophane et de Plaute. Charles VI, en 1402, avait autorisé les *confrères de la Passion de Notre-Seigneur*, ces successeurs des anciens jongleurs, à jouer publiquement, leur pieuses comédies, à Paris, et à se promener, en public, dans le costume de leurs rôles.

L'Art dramatique, même à la fin du 15ᵉ siècle, était encore un mélange bien hétérogène, de cérémonies chrétiennes et païennes. L'Évangile et la mythologie, étaient associés par le plus bizarre assemblage, et la poésie du temps, elle-même, contient souvent de ces rapprochemens inattendus. Dans les vers, qui suivent les compositions du duc Charles, on trouvera (1), à la fin de ce volume, quelques exemples de ce que j'avance ici, c'est une prière à la Vierge ; une paraphrase de l'*Ave-Maria* dans laquelle à propos de ce dernier mot, l'auteur qui m'est inconnu, dit :

> Marie endort par son haux ton,
> Les chiens ravissans de Pluton.

Dans la même pièce, qui est de la fin du 15ᵉ siècle ou du commencement du 16ᵉ, puisque je la possède *imprimée*, dans des heures à l'usage de Reims, pour cette époque, on remarque, des pointes, des jeux de mots, fréquemment employés par l'auteur, dans les différens couplets qui composent cette pièce et celles qui la suivent.

En 1455, suivant Richard (2), Juvénal des Ursins, archevêque de Reims, avait tenu à Soissons un concile, ou plutôt un grand synode, pour la réforme des mœurs ecclésiastiques et civiles, dans cette assemblée, les évêques, après avoir ordonné l'exécution du Concile de Bâle, rendirent des arrêtés très-sévères, contre les prêtres concu-

(1) Note n°
(2) *Histoire des Conciles.*

binaires, contre l'abus qui régnait, de donner le ministère sacré, à des hommes incapables, ou de mauvaises mœurs; en même temps qu'ils forçaient les gros décimateurs, à contribuer de leurs revenus, à l'entretien des ecclésiastiques, qu'on nommait *à portion congrue.*

Je n'ai pas trouvé de traces, dans ce Concile, de l'hérésie de Gilles-le-Chantre, ce séculier qui uni à un moine allemand de l'ordre des Carmes, se faisait passer pour un nouveau Messie; ils annonçaient vers l'an 1412, un très-singulier évangile, à une secte qu'on appelait : *hommes d'intelligence*, ils prêchaient donc que l'enfer ne durerait pas toujours, ils prétendaient, que se livrer aux plaisirs de l'amour, n'était pas pécher, mais bien posséder les avant-goûts du Paradis, ils disaient que les jeûnes et les confessions, les cérémonies de l'Église, étaient choses assez inutiles, ils présageaient un nouveau règne religieux, ou plutôt une nouvelle ère, celle *de la liberté*, et attribuaient ce changement à l'influence du Saint-Esprit, formant trois grandes législations, Dieu le Père! la loi de Moïse, Jésus! l'Évangile; et enfin la mort de celui-ci, ayant expié tous les péchés présens, passés et à venir, toutes les actions ne tournaient plus à damnation; et devenaient, au contraire, soumises à la religion nouvelle, à la loi de l'Esprit-Saint.

Ils se rétractèrent devant le cardinal Dailly, à Saint-Quentin et dans d'autres localités.

Avant la grande division, que le 16ᵉ siècle vit naître, il y avait beaucoup de querelles qui, pour reposer sur des points de doctrine, assez légers en apparence, n'en étaient pas moinss empreintes de fiel et devenaient même sanglantes.

Les Cordeliers et les Jacobins étaient les deux ordres religieux les plus séparés entr'eux, les plus acharnés. Ils avaient soulevé une question fort difficile à résoudre, sur le sang du Sauveur, au moment de sa mort; ils voulaient savoir s'il avait perdu, en s'écoulant, l'union divine et humaine, et le Pape (1) avait défendu cette dispute sous peine d'excommunication.

Il y avait dans le même temps, vers la fin du 15ᵉ siècle, la Conception immaculée de la Vierge, qui admise comme vérité par quelques ordres monastiques, était niée par d'autres, qui la regardaient comme *purifiée,* après sa naissance, mais non pas *conçue* sans souillure.

Dans le Concile de Soissons, en même temps qu'on réglait le temporel des prêtres séculiers, on assujettissait les réguliers, c'est-à-dire, les moines, à obéir à *l'ordinaire,* ou mieux, à reconnaître, la

---

(1) Pie II.

juridiction de l'évêque, en ce qui concernait l'administration des sacremens, et c'était une grande ressource enlevée aux couvens. En effet, ils s'étudiaient à tirer à eux les confessions et les enterremens, ils annonçaient qu'on n'était pas tenu de faire des offrandes aux curés, c'est-à-dire, aux séculiers. La messe paroissiale, selon eux, n'était pas obligatoire, les messes d'*obits*, dites par les curés, ne profitaient pas aux défunts. On devait payer des dîmes, mais les communautés pouvaient aussi bien les recevoir que les prêtres, peu importait à Dieu, qui les reçut. Les frères mineurs étaient aptes, sans être autorisés par l'évêque, à entendre les confessions, et dispensaient du commandement de l'Église, qui ordonne de le faire une fois l'an au pasteur etc., toutes propositions que le Concile de Bâle avait condamnées comme abusives, et que le Concile de Soissons voulut détruire, dans le ressort de l'archevêché de Reims.

Le Concile de Bâle avait même enlevé, aux Cordeliers, cette précieuse et féconde prétention : *Que St. François faisait tous les ans une descente au Purgatoire*, pour retirer tous ceux qui étaient morts dans l'habit de son ordre.

Louis XI, qui avait une dévotion particulière, pour les Notre-Dame, ordonna, dans son royaume, de sonner à midi, le Salut de la Vierge ou l'Angelus, et il prescrivit la célébration de la fête de Saint-Charlemagne.

Enfin, à Senlis, en 1473, un Édit dressé par Jean Wesel, cordelier, que Louis XI avait chargé de cette mission, éteignait, dans l'Université, la dispute si longue des *Réalistes* et des *Nominaux*.

Tel est le tableau rapide des évènemens du 15e siècle, qu'il nous intéresse le plus de connaître, pour bien comprendre tout ce que le seizième, amena de changement dans les esprits, comme dans les idées. L'imprimerie découverte, nous ne pouvions plus reculer, et toutes les réformes étaient imminentes.

CHAPITRE XII.

LOUIS XII.

La prédiction de Dunois, duc de Longueville, venait de s'accomplir, Charles VIII laissait le trône et Anne de Bretagne à son cousin, qui ne tarda pas, en effet, à recueillir ces deux précieux héritages, et son divorce, avec la malheureuse fille de Louis XI, fut bientôt agité dans le Conseil et à la cour de Rome. Le Pape, c'était encore cet Alexandre Borgia, avait besoin de l'appui du Roi de France, et trois commissaires complaisans, savoir : Philippe de Luxembourg, Cardinal-évêque du Mans, Louis d'Amboise, évêque d'Alby et un Portugais, nommé Pierre, évêque de Centa, prononcèrent que le mariage de Louis de Valois et de Jeanne de France, ayant été contraint par la puissance de Louis XI, devait être déclaré nul. Il fut donc cassé, au milieu des murmures des habitants de Paris, qui aimaient la pieuse Jeanne. Celle-ci, sublime de résignation et de constance dans l'affliction, se retira, sans se plaindre, à Bourges, et prit le voile dans le monastère de l'Annonciation, qu'elle avait institué.

Le Roi devenu libre, épousa, le 18 Janvier 1499 la veuve de Charles VIII, malgré les déclamations de quelques docteurs qui l'attaquaient dans leurs chaires.

Un mois après ce mariage, il investit son jeune cousin, François, Comte d'Angoulême, du duché de Valois, et la direction de cette petite province fut confiée à la mère du jeune Duc, Louise de Savoie, qui prit, dans quelques actes, le titre de Duchesse de Valois.

Voici qu'elle était la situation de parenté, entre le jeune François et le roi Louis XII. Louis 1er duc d'Orléans et de Valois, qui fut assassiné par Jean de Bourgogne, avait laissé trois fils, l'un Charles d'Orléans, que nous avons vu captif en Angleterre, Philippe comte des Vertus, qui mourut sans postérité et Jean, comte d'Angoulême. Louis XII était le fils de Charles d'Orléans, de la branche aînée, tandis que le duc François, provenait de l'union de Charles, comte d'Angoulême, fils de Jean, avec Louise de Savoie. En cas de mort, sans postérité, de Louis XII, le trône revenait donc au jeune Prince, le plus proche parent de ce Roi : or, la politique était d'accord avec les sentiments bien connus de Louis, pour assurer, à la branche aînée, la succession au trône.

Anne de Bretagne avait eu plusieurs enfans de Charles VIII, tandis que Jeanne de France, contrefaite et chétive, avait contr'elle une stérilité avérée. Son mariage avait été véritablement consommé, malgré le serment contraire de son époux.

Louis XII porta la guerre en Italie, attaqua l'Espagne, l'Empereur Maximilien même, avec les chances les plus diverses, la conquête du Milanais et du royaume de Naples lui tenait d'autant plus au cœur, que c'était son héritage propre, du chef de Valentine de Milan, qu'il venait réclamer, armé de la puissance royale, et travaillant pour son propre compte.

La perfidie des Borgia, l'esprit italien, de fausses mesures politiques et surtout les scrupules de la Reine, qui le dominait et craignait toujours d'offenser Dieu en atteignant son vicaire, même le plus indigne, empêchèrent cette conquête qui, comme celle de Charles VIII, fut toujours incomplète, toujours inassurée.

Pendant son règne, ce bon Roi flotta dans ce désir de conquête et dans la crainte d'irriter la Reine, entrant en triomphe dans des villes italiennes, qu'il perdait ensuite par des ruses habiles ou par des traités que la suprématie spirituelle du Pape le forçait à signer. Il avait essayé de faire donner la papauté au cardinal d'Amboise, son favori, mais le cardinal de la Rovêre avait employé cette astuce tant reprochée aux descendants des anciens Romains, pour lui faire éloigner les troupes françaises qui auraient efficacement appuyé ses prétentions à la thiare, après la mort d'Alexandre, arrivée en 1503.

Aussitôt son mariage avec Anne de Bretagne, le Roi Louis, devint d'une régularité de mœurs très-remarquable ; l'amour qu'il avait pour la Reine et l'austérité de celle-ci, contribuèrent à le faire sortir des galanteries si communes dans ce siècle (1), et dans lesquelles il avait été particu-

(1) Legendre.

lièrement élevé. Nous dirons ailleurs quel empire la Reine avait pris sur ses sens.

Il s'appliquait à réformer la justice, et à contraindre les gens de guerre à se renfermer dans leurs payes, car c'était toujours la réforme la plus difficile à obtenir. Son esprit d'épargne, bien précieux pour un temps qui succédait à des calamités si grandes, contribua à soulager le peuple ; car il trouva le trésor tellement vide, qu'il fit enterrer à ses frais, son prédécesseur Charles VIII ; il n'exigea pas, à son entrée dans Paris, le tribut ordinaire que payait cette ville.

Il avait trente-six ans, lorsqu'il fit son entrée dans Paris, au retour de Reims, après son sacre, et nous savons, que le premier usage qu'il fit de la royauté, fut un acte d'oubli et de pardon pour ceux qui avaient jadis attaqué le *Duc d'Orléans*. Il était grand chasseur, et se faisait un grand plaisir de la vénerie et de la fauconnerie, aussi, dès que le jeune duc de Valois eut atteint l'âge de dix à onze ans, comme il était déjà grand et bien fait, le Roi, dans une convalescence qu'il passait à Blois, à Chinon, à Amboise, le menait à la chasse et le disposait à cet exercice royal qui nous valut, plus tard, des percemens de routes dans la forêt de Valois, et la construction du château de Villers-Cotterêts.

François avait toujours été élevé par sa mère qui en avait la garde noble, elle demanda au roi, qui n'avait pas d'héritier et qui le regardait comme le sien, de le confier à un précepteur habile. Louis lui donna, pour maître, le chevalier Arthus Gouffier, seigneur de Boisy. Ce gentilhomme, nourri avec le roi Charles VIII, l'ayant suivi à Naples et en Italie, était capable de guider son esprit vers les lumières nouvelles que nos expéditions en Italie importaient en France et lui communiqua cet amour pour les arts et les sciences, qui lui fit donner plus tard le titre, un peu hasardé, de *père des lettres*.

En 1506, une députation des pays et bonnes villes de France, vint supplier le Roi Louis XII, à Amboise, de marier sa fille, Claude de France, à son cousin le duc de Valois. C'était un trait de politique du bon Roi. En 1504, à la suite de ses mauvais succès en Italie et en Espagne, il avait éprouvé une forte honte d'avoir été vaincu par un ennemi plus faible, dupé par les intrigues italiennes et espagnoles, d'avoir perdu des milliers d'hommes et enfin des sommes considérables, sans obtenir aucun résultat. Il tomba dangéreusement malade et une inquiétude générale se répandit dans le royaume, dont il commençait à assurer le bien être. La Reine elle-même avait déjà fait route pour ses états de Bretagne. Dans sa convalescence, il avait fait un traité avec Maximilien d'Autriche et Philippe, fils de celui-ci : dans cet accord il s'engageait à céder, à défaut d'enfants mâles, sa fille aînée, Claude de France, au fils de Maximilien, avec tous ses droits sur le duché de Milan et le royaume de Naples, et de plus, les duchés de Bourgogne et de Bretagne.

Ce traité ne pouvait avoir rien de sérieux, puisqu'il dépouillait, dans l'avenir, la France de l'héritage de Charles-le-Téméraire, que Louis XI avait eu tant de mal à s'approprier et qu'il enlevait, en même temps, à ce même pays, la belle conquête que le double himenée de la duchesse de Bretagne avait assuré à la couronne. C'était une imitation de la fourberie italienne et Louis devait chercher les moyens de dégager cette signature impolitiquement donnée ; la mort d'Isabelle de Castille fournit un premier prétexte et le Roi se rapprocha de l'Espagne. Ferdinand demanda et obtint la main d'une princesse du sang français, pour gage de sa réconciliation avec la France. On lui donna, pour femme, Germaine de Foix, fille de Marie-d'Orléans-Valois, sœur de Louis et de Jean de Foix, comte de Narbonne. Ferdinand s'engageait à payer cinquante mille ducats à la France pendant dix ans, pour les frais des précédentes guerres, et Louis assignait pour dot à sa nièce, ses droits au royaume de Naples, et consentait à défendre son mari contre l'archiduc et l'empereur. Ce mariage n'avait pas produit l'effet qu'en attendait le cardinal d'Amboise, ce ministre, qui vingt mois auparavant avait signé le mariage de Claude de France, fille de Louis XII, avec le fils de l'archiduc, désirait trouver une occasion de rompre ce dernier traité. Il était, en cela, d'un avis tout pareil à celui du Roi, qui n'avait osé refuser à la reine, cette union qui flattait la secrète animosité de cette princesse contre Madame de Savoie, mère du jeune François, premier du nom, duc de Valois.

Cette union de la jeune princesse française avec l'Allemagne ou l'Autriche, enlevait donc à la France la Bretagne par sa mère, et du côté de Louis XII, le duché de Milan ou les prétentions sur ce duché; sur l'état de Gênes, et les comtés d'Ast et de Blois; enfin la seigneurie de Coucy, notre plus proche voisine changeait de maître et cessait d'appartenir à la maison d'Orléans-Valois.

La politique, les inclinations de Louis XII, pour son jeune protégé, la haute capacité du cardinal d'Amboise ne pouvaient permettre cette fâcheuse alliance. Anne de Bretagne y tenait cependant avec une effrayante tenacité, avec toute la force que donne la jalousie qu'elle éprouvait contre Louise de Savoie. Les charmes et le mérite de cette princesse étaient célèbres, malgré la retraite que son état de veuve et l'éducation de son fils et de sa fille lui commandaient, elle venait peu à la cour et lorsqu'elle y venait, la froideur de la Reine et de son entourage l'en chassait bientôt

Cette question de mariage agitait tous les courtisans divisés en deux partis bien distincts, celui de la Reine et celui, beaucoup plus national, du Roi et du Cardinal, les émissaires de celui-ci avaient disposé les divers états, les parlemens, la noblesse, le clergé ; à se ranger du côté du Roi, et bientôt des députés de toutes les bonnes villes se réunirent à Tours dans l'intention de supplier le Roi de rompre cette alliance.

Ce fut Thomas Bricot, en sa qualité de député de la ville de Paris, capitale du royaume, qui porta la parole au nom de toute l'assemblée, le 10 Mai 1506.

Dans sa harangue, après avoir donné à Louis XII le surnom de *père du peuple*, que lui faisaient mériter l'ordre du royaume et les économies introduites dans les taxes, il le supplia, au nom de la ville de Paris, de la nation toute entière, d'accorder au jeune duc de Valois, François, comte d'Angoulême, la main de sa fille Claude de France. Les envoyés Bretons les plus intéressés, comme sujets de la Reine, au mariage de cette princesse, présentèrent, le lendemain, au Roi une même supplique et Louis fit décider, à l'unanimité par son conseil, qu'il se rendrait au vœu de la nation : l'union fut arrêtée, les fiançailles faites le 28 du mois suivant. Le duc de Valois avait douze ans, Claude de France n'en comptait que quatre.

La Reine avait dû céder, malgré son dépit intérieur; aussi voyons-nous que Louis eut à supporter sa mauvaise humeur avec la résignation que son amour pour elle lui inspirait. C'était, dit un historien (1), une femme accomplie et spirituelle, qui avait, pour tous les hommes en général, l'austérité d'une prude et pour Louis, en particulier, l'enjouement d'une coquette, elle domina constamment son esprit et son cœur, elle lui était supérieure en esprit et tellement fière de sa naissance, qu'elle tenait plus à l'honneur d'être *née* duchesse de Bretagne, que d'avoir épousé le Roi de France.

Ce fut, sans doute, dans une de ces querelles intérieures, dans un de ces accès de mauvaise humeur conjugale, que le Roi, fatigué de ses importunités, lui fit l'apologue de la biche, *à laquelle Dieu ota les cornes qu'il lui avait données, parce qu'elle voulait insulter au cerf.* Elle se borna depuis cette leçon indirecte à empêcher, de son vivant, l'accomplissement du mariage de notre duc de Valois. Elle avait dailleurs compris que cette cérémonie des députés avait été arrangée entre le Roi et le Cardinal d'Amboise, qui gouvernait le royaume.

Une dissension, beaucoup plus sérieuse, devait cependant naitre de ce nouveau grief que la France donnait à l'Autriche. Maximilien avait en effet un livre rouge sur lequel il inscrivait les injures qu'il avait à reprocher au gouvernement Français, il ne voulut, pas plus que la Reine, se laisser persuader que Louis n'avait pu resister à la manifestation générale. Le pouvoir absolu, le bon plaisir, les idées de droit divin régnaient avec toutes leurs forces et puissance; et François de Rochechouart, aidé d'Antoine Duprat, firent de vains efforts pour le convaincre de l'innocence du Roi et surtout de la bonne foi de son ministre.

Le Roi de Castille, à son tour, plus dissimulé, armait de son côté, se disposait à la guerre, intéressait ou cherchait à intéresser les princes Allemands dans son parti, lorsqu'une maladie vint le surprendre pendant qu'il jouait à la paume, après qu'il eut bu deux ou trois verres d'eau froide. On a écrit que cette eau était empoisonnée par son beau-père Ferdinand d'Aragon, ces recherches étant étrangères à ces études, nous les abandonnons à l'histoire générale, nous ne voulons ici que suivre l'ordre chronologique des faits.

Avant de mourir, il confia, par testament, la tutelle de son fils Charles, Charles d'Autriche! plus tard Charles-Quint! au Roi de France, au beau-père de François Ier, au tuteur officieux de notre duc de Valois. Mezerai dit qu'il rendit son élève beaucoup trop habile pour le bien du pays, il lui donna, pour gouverneur, le sage Philippe de Crouï et sous cette éducation toute française, se développèrent les talens qu'il montra plus tard comme guerrier et comme diplomate, il avait alors six ans. Sa mère était la malheureuse Jeanne-la-Folle, fille de la grande Isabelle, elle vécut quarante-deux ans dans un état d'aliénation tel, que dans un château où elle était enfermée, elle vivait avec les chats, courait après les souris et grimpait comme eux le long des tapisseries. La jalousie était la première cause de l'altération de son intelligence, d'ailleurs fort cultivée, la perte de son mari fut la seconde, elle mourut le 22 Avril 1755.

La question du gouvernement des états du

jeune Charles, amena une division entre l'Empereur et le Roi Ferdinand d'Aragon, ils choisirent pour médiateurs le Roi de France et son ministre, sans doute parce qu'ils savaient que le cardinal régnait de fait; celui-ci donna gain, de cause au Roi d'Aragon. L'Empereur inscrivit ce nouvel affront, sur son *livre rouge* et ranima la guerre en Italie. Jules II, l'ennemi du cardinal, était Pape : c'était un homme hautain, politique habile et astucieux, il résolut de profiter des guerres royales, pour assurer sa domination temporelle, et flattant, trompant tour-à-tour, ses rivaux pour les voir se détruire mutuellement et régner seul, lui serviteur des serviteurs de Dieu, le représentant de Pierre, le vicaire de Jésus-Christ, sur le trône des Césars.

Dans cette circonstance, il se déclara pour la France, et reçut Bologne, pour premier gage de la réunion avec d'Amboise, il remit en retour la barette de cardinal au neveu du ministre.

Pendant que la guerre se continuait en Italie, sous les yeux du Roi, qui avait confié à Louis de la Trémouille, la lieutenance générale du royaume, examinons les améliorations, qui s'introduisaient dans notre petite province.

Nous savons que l'administration du Valois était confiée à Louise de Savoie, mais sous la surveillance du Roi. En 1502, il permit aux habitans de La Ferté-Milon, de percevoir, pour le compte de leur ville, le douzième et la courte pinte, de tous les vins qui se vendent annuellement dans son enceinte : en 1504, il exempta, les mêmes habitans, des droits qu'ils avaient payés jusqu'alors sur les blés, farines et sur le pain, tant dans la ville que dans les faubourgs : en 1508, Jean Racine et Regnaud Gaudechaud, notaires à La Ferté-Milon, dans un acte, donnent au nommé Jean Dubois, les qualités de grenetier, du grenier à sel de cette ville et de garde des sceaux, aux obligations pour Madame d'Angoulême, ayant *bail et gouvernement de Monseigneur le duc son fils.*

Louis XII, en 1505, établit l'élection de Crépy, et détermina le nombre d'officiers qui devait être attaché ce siège. Plus tard, au moment de la réforme judiciaire ordonnée par François 1er, en 1539, nous donnerons de nouveaux développemens sur l'état, dans lequel se trouvait la justice au commencement du 16e siècle.

Neuilly-Saint-Front, surtout, reçut à cette époque, un accroissement considérable, et on commença à bâtir l'église actuelle, sur l'emplacement des anciennes chapelles de Saint-Front et de Saint-Sébastien, qui cessaient de suffire à la population que la ruine d'Oulchy avait attirée dans ce bourg. En 1500, on voulut donc réunir ces deux chapelles parallèles, par une nouvelle construction, et on pensa à les transformer en extrémités des bras de la croix latine, qui forme la figure des églises romaines. Je dis la plus ordinaire, parce que toutes les églises, ne sont pas toujours complètes, surtout dans les villages. Cette réunion des deux chapelles, semblait amener la fusion prochaine des deux bénéfices en un seul, il n'en fut cependant pas ainsi, et jusqu'au milieu du 17° siècle, c'est-à-dire, pendant cent cinquante ans, le bourg de Neuilly possédait deux curés dans une seule paroisse. L'église nouvelle ne fut achevée qu'en 1541. Nous étudierons son architecture, en examinant les changemens, que cet art éprouva dans le 16° siècle.

L'administration forestière, une des plus importantes de ce Duché, était formée de maîtrises établies en 1346, sous le règne et par une ordonnance de Philippe de Valois. Ce roi supprimait en tout ou en partie les anciens gruyers. Trois maîtrises étaient établies pour le duché de Valois. L'une, celle de Cuise, fut fixée à Compiègne, et prît le nom de cette ville, quoiqu'une partie de la forêt dépendit du Valois, puis celle de Villers-Cotterêts, et enfin celle de Laigue.

La forêt de Cuise, aujourd'hui connue sous le

nom de forêt de Compiègne, est assise sur le ressort de la châtellenie de Pierrefonds, elle était beaucoup plus considérable dans les siècles passés, on attribua sa décadence aux abus des usagers, dans l'exercice de leurs droits de paturage et aux seigneurs riverains. L'impulsion donnée dans notre 19° siècle, aux travaux de plantation, prépare un meilleur état à cette belle forêt.

Elle contient, dit Carlier, 27,000 arpens. Avant le 16° siècle, elle n'était pas percée ; des chemins tortueux la sillonnaient seuls, les seules voies droites, étaient la chaussée dite *Brunehaud* (1), le chemin de Soissons, celui de Crépy, de Verberie, des Plaideurs pour aller à Pierrefonds ; il est aisé de comprendre la nécessité de ces communications importantes.

Une portion de bois abattue tout récemment, réunissait cette forêt à celle de Rétz, on l'appelait *la haie l'Abbesse,* parceque le sol relevait de l'abbesse de Morienval : la forêt de Retz était encore moins praticable que celle de Cuise. Le siège de la maîtrise était à Crépy et y resta long-temps, jusqu'au règne de François Ier. Elle était de même plus considérable que maintenant, des causes pareilles ont diminué son étendue, il faut y ajouter

---

(1) Note n° 16.

les permissions accordées par les seigneurs de Crépy, de Pierrefonds, pour des défrichemens partiels. Suivant le mesurage général exécuté en 1672, elle contenait 25,367 arpens, les buissons compris. Ces buissons sont des taillis considérables qui l'environnent à quelque distance. Sa figure est irrégulière, approche de l'ovale et forme une espèce de fer à cheval, Villers-Cotterêts est au centre, l'une des deux pointes s'approche de Morienval, l'autre vient s'unir au bois du Tillet, près Crépy. Le côté de la forêt qui regarde Soissons est entièrement fermé.

La maîtrise de Laigue nous intéresse moins parce que cette forêt était beaucoup moins considérable, elle ne contenait que 6,500 arpens. Les bois de Laigue dépendaient en partie de la châtellenie de Pierrefonds. Les deux forêts de Laigue et de Guise sont séparées par la rivière d'Aisne. Le seigneur d'Offémont était jadis propriétaire d'une grande partie du fond, cependant la justice s'y rendait au nom du Duc de Valois.

Toutes trois étaient soumises à la grand maîtrise de l'Isle-de-France qui siégeait à Senlis.

Cet établissement de maîtrises, dans le Valois, n'avait pas complètement remplacé les gruyers, surtout dans la forêt de Retz, les droits de ces officiers avaient été considérablement restreints, et la jurisdiction était devenue *baillagère* au lieu d'être exercée par des officiers subalternes trop multipliés

A la suite des longues guerres du 15ᵉ siècle, toutes ces charges de maîtres et grands maîtres devenaient importantes pour le maintien, la conservation des forêts que de nombreux abus continuaient à dévaster ; et nous verrons bientôt François Iᵉʳ réformer les maîtrises et assurer l'exécution de nouvelles ordonnances.

Malgré les améliorations introduites par le duc Charles de Valois, au retour de sa captivité en Angleterre, en 1445, la justice était encore rendue avec une partialité révoltante et les sermons de cette époque attaquent, avec une énergie trop méritée, la magistrature et les tribunaux. Dans le cours d'un procès, la chicane prenait toutes sortes de formes, surtout dans les pays sujets aux droits coutumiers. Ces droits avaient cependant une origine toute populaire, une origine qui rappelait les franchises des communes, les coutumes semblaient naître des assemblées primaires. Long-temps confiées à la mémoire des juges, nous avons dit qu'elles furent receuillies et écrites par Jean-Plumé, la plupart de ces coutumes avaient pris naissance dans une enquête et elles étaient adoptées par *turbes*, du mot latin *turba*, qui signifie foule. Il fallait deux *turbes* pour l'adoption d'une coutume ou d'un article additionnel à la coutume, et ces *foules*, aux 15° et 16° siècles, étaient formées de dix personnes choisies sans doute par les seigneurs ou les juges eux-mêmes. Il n'est pas nécessaire d'insister beaucoup sur cet étrange usage du mot *Turba* et nous ne devons pas être surpris, si nous apprenons que : « Les officiers de justice exerçaient dans les « tribunaux le même genre de brigandage, que « les seigneurs Français avaient commis par la « force ouverte (1). » Après le pillage des gens de guerre, le peuple avait à lutter contre la rapacité des avocats, des procureurs, des juges, et Olivier Maillard, ce prédicateur fougueux, exprimait ainsi cet état de desorganisation.

> Le Bailli vendange, le Prévôt grappe,
> Le Procureur prend, le Sergent happe,
> Et le Seigneur n'a rien, s'il ne leur échappe.

Berlette compare les mêmes hommes à des chats auxquels on confierait un fromage et dont un seul coup de dent fait plus de tort que vingt souris. Raulin leur reprochait de commettre les injustices les plus criantes, pourvu qu'on rem-

(1) Carlier.

plisse leurs mains d'or et d'argent. Bitonto les compare à des loups toujours affamés, Bouthillier enfin, prétend que les procureurs ont toujours deux cahiers contradictoires pour la même affaire et qu'ils produisent celui qui est le mieux payé.

Tant d'exactions, malgré l'ignorance du peuple, le fatiguait et nous voyons, en 1510, les vassaux des châtellenies de Neuilly-Saint-Front et d'Oulchy, impatients de sortir de cet enfer juridique, demander avec instance et obtenir enfin pour cette partie du Valois, des droits plus fixes, moins sujets à la fraude, à la mauvaise interprétation. Les autres châtellenies attendirent encore vingt-neuf ans; cette amélioration pourtant indispensable, puisque l'incertitude et l'inaction résultaient seules des coutumes observées dans notre province.

Pendant que cette administration intérieure s'établissait, assez lentement, sous la surveillance de la duchesse d'Angoulême, Louise de Savoie; le Roi Louis XII, en 1507, maître de Gênes, qui s'était révoltée, entouré de prélats qui, suivant l'exemple du pape Jules II, guerroyaient armés de toutes pièces, continuait ses guerres en Italie, et excitait, au plus haut degré, la jalousie de ses rivaux et surtout du Pape lui-même, qui espérait profiter seul de ces guerres sanglantes. Il avait tellement frappé d'épouvante tous ses ennemis qu'il lui eut été facile de conquérir toute l'Italie, mais les scrupules continuels de la Reine, la crainte qu'eut le Cardinal-ministre d'attirer en Lombardie cinquante mille Allemands, que l'Empereur avait soulevés, le déterminèrent à congédier ses troupes en grande partie et lui firent abandonner ses projets de conquête du royaume de Naples.

Une entrevue du Roi de France et de Ferdinand d'Aragon, ce fourbe et astucieux potentat, entrevue pleine d'une apparente franchise, d'un abandon plein de confiance, demeura secrète, quant aux résolutions qui furent prises. On suppose généralement, qu'on y décida la guerre contre les Vénitiens, et que la déposition du Pape Jules, l'élévation du cardinal d'Amboise à la papauté furent agitées. Le caractère de Ferdinand, l'ambition du ministre français, ont pu donner quelque poids à cette dernière conjecture.

Nous ne voulons pas entrer dans l'étude de l'histoire générale, mais la classification de ces faits est importante, pour que nos lecteurs comprenant bien la marche des esprits, puissent expliquer les améliorations, ou les changemens que les arts, les sciences, les lettres ont dû recevoir de cette communication continuelle avec l'Italie. Nos monumens sont si nombreux dans le Valois, et le 16ᵉ siècle en a tant fait naître, qu'on nous pardonnera, nous l'espérons, ces excursions un peu vagabondes. Ainsi, devons nous parler des conférences de Cambray, du traité qui les suivit. D'Amboise et la duchesse douairière de Savoie disposèrent les principaux articles de cette ligue contre les Vénitiens, qui s'étaient laissés abuser sur les intentions de la France et de Rome. La duchesse de Savoie, promise d'abord à Charles VIII, puis mariée au Prince d'Espagne, enfin veuve de Philibert, du duc de Savoie, était cette *gente demoiselle*, dont nous avons déjà parlé dans un précédent chapitre ; elle s'était retirée, depuis son veuvage, chez l'Empereur son père et celui-ci lui avait confié la régence des Pays-Bas, pendant la minorité de l'archiduc Charles d'Autriche, notre jeune élève. Cette princesse était aussi remarquable, par sa beauté que par ses talens politiques, et ce fut elle qui pacifia l'Empereur et Louis XII ; elle détermina plus tard, son père, à brûler son fameux *livre rouge*.

CHAPITRE XIII.

La ligue fut donc conclue, le 10 Décembre 1508, ratifiée successivement par le Roi de France, l'Empereur Maximilien, le Roi catholique et le Pape. Le pouvoir absolu se réunissait contre la prospérité menaçante de la république aristocratique de Venise. D'Amboise, malgré sa maladie ou ses fréquentes maladies, car il avait la goutte, la fièvre et la colique, précipita l'armement destiné à écraser les Vénitiens, auxquels il reprochait d'avoir fait manquer son élection au pontificat suprême. En vain la Reine voulut-elle retenir le Roi de France, en moins de quatre mois, l'armée fut sur pied, Louis la commanda et le cardinal d'Amboise, ne pouvant aller ni à pied ni à cheval, se fit transporter, au-delà des Alpes, en litière et se rendit le premier dans le Milanais. Il mit, dans cette guerre, un acharnement pénible; la bataille d'*Aignadel*, dans laquelle la Trémouille jeta ce cri tout Français : *Enfans, le Roi vous voit!* n'avait pas suffi à son besoin de vengeance diplomatique. Il contribua à faire maintenir cette ligue, même après que son objet eut été rempli; il empêcha le Roi de retourner en France, où l'appelait son affection, pour Anne de Brétagne et Claude de France, et le décida à une entrevue avec l'Empereur. Celui-ci recula devant cette réunion, par amour propre, dit l'auteur de la vie du cardinal d'Amboise, trouvant son train trop médiocre; nous savons combien il était avare, et Louis XII pût quitter l'Italie, à son grand contentement.

Cette ligue ne tarda pas cependant à se rompre. Jules s'en détacha le premier, eut de longs démêlés avec le Roi de France, sépara les Suisses de notre alliance, et chercha toutes les occasions d'amener une rupture complète, entre lui et le trop bon

Louis XII. Il forma d'abord une ligue avec les Vénitiens, il méprisait la candeur et la bonne foi du Roi de France, qui, de son côté, lui reprochait ouvertement son amour pour le vin, et le désignait sous le nom de l'*Ivrogne*. D'Amboise cherchait en vain à calmer cette irritation mutuelle, et ce fut au milieu des efforts qu'il faisait pour déjouer les ruses du Saint-Père, dans les apprêts d'une nouvelle guerre, dans l'établissement d'une nouvelle artillerie, que la maladie le força de demeurer à Lyon, où il succomba le 25 Mai 1510, à l'âge de 50 ans. Il était ministre depuis 12 ans, nous avons vu quelle part active il avait toujours prise aux dangers du Roi, alors que celui-ci était duc d'Orléans et de Valois.

Sa mort fut un deuil général; il avait employé ses vastes richesses à des monumens qui font encore notre admiration ; il avait entretenu de nombreuses armées, sans fouler les peuples ; avait maintenu l'ordre, commencé à réformer la justice, et quelques-uns disent que s'il fût parvenu à la thiare romaine, qu'il ambitionnait avec ardeur, c'était pour *réformer* l'Église et la purger des abus nombreux, que nous signalent les écrits et les discours imprimés du 16ᵉ siècle.

La mort du ministre fournit au Pape un nouveau sujet de réclamation. Il voulait qu'on lui donnât

son épargne, parce qu'il était cardinal. Il ft enfermer au château Saint-Ange le neveu de d'Amboise, le cardinal d'Auch, et précipita la France dans une nouvelle guerre, que Bayard dirigea. C'était, dit Guichardin, un contraste frappant que « Louis, dans un âge encore plein
« de vigueur, nourri dès l'enfance dans le tumulte
« des armes, semblant s'endormir au sein de ses
« états, se reposant sur ses capitaines, du soin de
« la guerre : tandis que le vicaire de Jésus-Christ,
« le père commun des chrétiens, accablé d'infir-
« mités, vieilli dans la molesse et les plaisirs, pa-
« raissait tout de feu au milieu d'une armée
« destinée contre les Chrétiens, assiégeait une
« place sans réputation, (La Mirandole) et s'ex-
« posait comme un simple officier. »
Pendant que Bayard, Chaumont, Trivulce, Gaston de Foix, assuraient à nos armes une supériorité toute historique, Louis XII avait fait citer le Pape au Concile de Pise. Jules avait été déclaré *artisan de trouble* et de discorde, homme pervers et endurci dans le crime, on l'avait suspendu de toutes ses fonctions. Il redouta les suites de la bataille de Ravenne, il employa de nouveau la ruse, feignit un racommodement pour écarter les troupes françaises et exploita de nouveau les scrupules, les pieuses incertitudes de la Reine,

jusqu'à ce que plus rassuré et plus fourbe, il eut frappé d'interdit le royaume de France, le Concile de Pise, et préparant, par cette imitation honteuse des ruses de Borgia, le grand schisme de Luther. Le roi le fit, à son tour, frapper d'une excommunication contraire et prit sur quelques monnaies le titre de Roi de France et de Naples, avec cette exergue : *Perdam Babylonis nomen.*

Jules, soutenu par les mauvais succès de nos armes, par l'espoir de détacher l'Empereur de l'alliance française, convoqua un nouveau Concile à Latran, il en fit l'ouverture le 3 Mai 1512, avec de grands dehors de piété. Dans la troisième session de ce Concile, Maximilien fit annoncer qu'il n'avait jamais adhéré au *conciliabule* de Pise. La bulle qui mettait la France en interdit, déliait les Français de la fidélité au Roi, fut lue et confirmée, la Pragmatique Sanction de nouveau abrogée et les libertés de l'Église Gallicane deniées.

Ferdinand le Catholique, pour s'emparer de la Navarre, fesait déclarer la guerre à Louis XII, par Henri d'Angleterre, son gendre, jeune encore, et la première expédition de ce Roi, plus tard schismatique, fut pour appuyer la vengeance odieuse du Pape. La France était menacée du côté de la Guyenne, et la guerre semblait devenir intérieure.

Ce fut dans cette guerre que notre duc de Valois fit ses premières armes.: héritier présomptif du trône, élevé sous les yeux de Louis XII, destiné à devenir son gendre et l'objet de ses plus sincères affections, le fils de Mme de Savoie, possédait tout ce courage chevaleresque que Bayard, Trivulce, Lapalisse, avaient dû contribuer à developper en lui.

Il avait plus de seize ans, nourri dans le château d'Amboise, avec Anne de Montmorency, Philippe de Chabot, Robert de la Mark, il avait d'abord exercé son corps dans ces luttes diverses, qui disposaient merveilleusement les hommes à supporter les fatigues de la guerre. La paume, l'arc, la chasse, puis les chevaux à dompter, les courses aux barrières, les lances à briser, et ces tournois nombreux dans lesquels le courage se développait avec l'adresse et la force, telles étaient alors les initiations successives de tous nos hommes d'armes, et cette éducation physique valait bien la nôtre.

Aussitôt que le fiancé de la couronne, de Claude de France, eut atteint ses quatorze ans, Louis XII l'admit dans ses conseils, l'entoura d'honneurs. Il le chargea d'un commandement destiné à faire ressortir toute sa valeur, tout son mérite; et nul ne fut mieux partagé que le duc de Valois.

Sa taille avantageuse, son regard vif, un visage toujours plein de bonheur, une tenue noble et aisée, de l'éloquence naturelle, et surtout cette qualité si précieuse pour les courtisans, cette qualité qu'ils préfèrent à toutes les autres, la prodigalité enfin; toutes ces circonstances devaient le faire accueillir avec joie par tous ces chefs de compagnies, qui attribuaient leurs récentes défaites à la vieillesse défiante, à la circonspection, à la lésinerie même du bon Monarque.

Louis XII avait envain cherché à combattre ce penchant à la dissipation, qui caractérisait François : *ce gros garçon,* disait-il, dans ses préoccupations parcimonieuses, *va tout gâter !* et cependant cette heureuse disposition du monarque avait pu contenir seule l'avidité des courtisans, la rapacité des traitans, des chefs d'armes qu'il savait maintenir dans des bornes aussi nécessaires que rassurantes pour le peuple qui déjà avait tant souffert des anciennes compagnies.

Cette parcimonie du Roi qui ne pouvait, après tout, être comparée à celle qu'on reprochait à l'Empereur, fut toute utile à la France ; puisque lorsque les malheurs de la guerre, en 1513, les ligues des Rois, contre lui, eurent assez diminué son épargne pour qu'il soit placé dans l'alternative d'établir des impôts ou de présenter une défense avec des chances de succès fort incomplètes, il préféra aliéner une partie de son propre domaine et vendre les seigneuries de Dourdan, Corbeil et Melun, au sire de Graville, celle de Baugé, à Charles de Rohan, plutôt que d'augmenter les dons gratuits, les emprunts forcés qu'il avait dû réclamer des villes.

Le duc de Valois, dans la même année, fut encore désigné, par le Roi malade et goutteux, pour réparer l'échec de la bataille de Guignegate contre l'Empereur et le Roi d'Angleterre, qui assiégeaient Terouane. Il vint commander en chef, malgré sa grande jeunesse, mais le Roi lui avait ordonné de n'engager aucune action générale et de prendre en toutes circonstances les conseils des capitaines les plus expérimentés.

Malgré la présence de l'héritier présomptif de la couronne, Terouane fut obligée de capituler et la politique de Henri VIII et de Marguerite d'Autriche, gouvernante des Pays-bas, pour l'archiduc Charles, fit détruire cette ville. Tournay ne tarda pas à tomber entre leurs mains; la ville de Dijon, d'un autre côté, pressée par les Suisses, voyait la Tremouille, qui la défendait, forcé de souscrire un traité humiliant pour la France menacée d'une invasion nouvelle, et l'éclat de nos armes était terni de nouveau.

Le pape Jules II était mort, Léon X occupait la chaire pontificale et se montrait mieux disposé pour la France; son intérêt particulier le rapprochait de Louis XII, qui n'était plus à craindre en Italie, tandis que Maximilien et Ferdinand élevaient des prétentions sur le Milanais. Il accorda l'absolution aux évêques et cardinaux du Concile de Pise, les rétablit dans leurs dignités, et malgré sa mauvaise volonté contre la Pragmatique, suspendit les procédures du Concile de Latran contre les libertés de l'Église Gallicane.

Anne de Bretagne jouit peu de temps de cette reconciliation qu'elle avait tant souhaitée et à laquelle elle avait surtout concourue. Elle tomba malade le 2 Janvier 1514 et mourut sept jours après, laissant le Roi dans une désolation extrême et dans un deuil complet qu'il voulut porter en noir, comme elle-même avait porté celui de Charles VIII, contrairement à l'usage reçu pour les Reines de s'habiller de blanc pendant leurs veuvages.

Elle avait, pendant toute sa vie, empêché le mariage du duc de Valois avec sa fille, dirigée dans cette antipathie par sa fierté et la jalousie qu'elle éprouvait contre Madame de Savoie. Ces deux princesses avaient une conformité de caractères qui devait les éloigner l'une de l'autre : elles avaient les mêmes prétentions et la même ambition, elles étaient aussi vindicatives l'une que l'autre. Anne de Bretagne était reine, mais ses enfans mâles étant morts, elle pouvait descendre du trône. Madame de Savoie était comtesse, mais elle pouvait être mère d'un roi et sa puissance était en perspective. Cette mauvaise disposition, contre le duc de Valois, engageait la Reine, au moment de sa mort, à chercher, pour sa seconde fille, Rénée de France, l'alliance de l'Autriche, en la mariant soit avec l'archiduc Charles, soit avec Ferdinand, autre petit-fils de Maximilien.

L'amour maternel avait déjà été aux prises avec son besoin de vengeance ; elle enlevait le duché de Milan à François, mais l'Empereur réclamait la présence de Rénée en Autriche, comme une sûreté, que l'exemple de Marguerite d'Autriche, élevée à la cour de Louis XI, puis congédiée pour Anne de Bretagne elle-même, ne rendait pas très-encourageante pour la Reine. Le caractère de cette princesse, que Louis XII appelait *sa Bretonne*, à cause de son entêtement, était singulier. ..... Épouse soumise et complaisante, sous Charles VIII, qu'elle n'aimait pas, et regardait comme l'ayant contrainte, par les armes, à l'épouser ; qui avait d'ailleurs peu d'esprit, un physique désagréable, et surtout un grand nombre de maîtresses, séduites par son rang et son titre de Roi ; elle devint capricieuse, hautaine, avec Louis ; qui, le premier l'avait rendue sensible, qu'elle avait avoué pour son amant, dont elle posséda entièrement le cœur,.... et Louis, chevalier brave et courageux, autant que bon dans son intérieur, semblait avoir pris à tâche de fatiguer, par son admirable résignation, les brusqueries de la Reine.

Les fautes politiques, que son entêtement contre Madame de Savoie, ses religieux scrupules, firent commettre à son royal époux, n'ont pu être rachetées par ses libéralités, toujours judicieuses, par ses prodigalités utiles envers de vieux officiers, de jeunes filles pauvres qu'elle dotait avec une magnificence vraiment royale et toute opportune. Aussi fut-elle regrettée généralement, malgré tout l'acharnement qu'elle avait montrée contre le Maréchal de Gié, son ancien serviteur, qui, dans une maladie du Roi, avait cru devoir s'opposer à ce qu'elle se retirât en Bretagne; il fut donc condamné, grâces à la persistance de la Reine, à un exil dans ses terres, qu'il ne quitta qu'après la mort de cette princesse. Les grands oublient si facilement les services et si rarement ce qu'ils croient une injure !

Louis s'empressa de terminer cette union si désirée, de sa fille et du duc de Valois ; cinq mois après la mort de la Reine, les nôces furent célébrées, les époux étaient en habit de deuil, en drap noir. Claude avait alors 15 ans, pieuse, sincère et bonne, douce et d'un esprit égal, on l'appela la *Bonne-Reine;* sa figure était fort ordinaire, sa taille médiocre : elle boîtait un peu, comme Anne de Bretagne. Elle apporta en dot au jeune François, le riche duché de Bretagne, sous quelques réserves de suzeraineté et des droits de la seconde fille de Louis XII. Au moment de conclure ce mariage, des inquiétudes vinrent naître dans l'esprit du Roi; la dissipation de François, son amour pour les plaisirs, ses prodigalités excessives, le faisaient trembler comme économe et comme père, cependant la raison d'état, si puissante, dans les têtes couronnées, les vertus de sa fille qui devaient, suivant lui, toucher son gendre et lui faire rendre justice, rassurèrent ses esprits un instant troublés, par les souvenirs des oppositions constantes de la Reine; il les avait bravées quand elle vivait, il les redoutait après sa mort.

Louis, en paix avec le Pape, jetait un coup d'œil de regret sur l'Italie : cet héritage de Valentine de Milan, tenait au cœur de tous les chefs de la maison d'Orléans-Valois, qui s'étaient succédés depuis Louis 1er du nom, qui commence ces études. Pour s'assurer des alliés, il remit en négociation le mariage de sa fille, puis le sien propre fut mis en question. Il était encore d'âge à avoir des enfans; on voulut le marier avec Marguérite d'Autriche ou avec Éléonore d'Autriche, nièce de cette princesse et sœur de Charles et de Ferdinand. L'âge de la tante était mieux assorti; mais Louis redoutait les talens politiques, qu'elle avait déployés dans toutes les négociations, qu'elle avait entamées ou terminées. Il abhorrait cette conduite fausse et tortueuse, si nécessaire à la diplomatie. Il consentit à épouser Éléonore et à donner Mme Rénée, à l'un de ses frères, lorsqu'ils auraient atteint sa majorité, en cédant, à sa fille, les droits qu'il prétendait sur Gênes et Milan. Une trève d'un an fut conclue pour les arrangemens préliminaires.

Cette trève mécontenta Henri VIII; et le Pape Léon X n'approuva pas le mariage projeté pour Mme Rénée. Il entreprit de réunir Henri VIII et Louis de France; il annonça que cette alliance, formerait en faveur de l'archiduc Charles, une monarchie menaçante pour toutes les autres, si la France n'était pas en mesure de s'y opposer. Il fallait, au contraire, que l'Angleterre et la France étroitement unies, soient en mesure de tourner leurs armes, contre l'Empire et l'Espagne, lorsque la même main dirigeait ces deux pays.

Il y avait en Angleterre, des chevaliers Français, prisonniers à la bataille de Guinegate, et parmi ceux-ci, Dunois, duc de Longueville, fils de ce habile diplomate qui avait si bien négocié le mariage d'Anne de Bretagne avec Charles VIII. Il s'était insinué dans les bonnes grâces du Roi d'Angleterre, et lui avait déjà gagné, en jouant à la paume, la plus forte partie de sa rançon, évaluée à quarante mille ducats. Héritier du talent diplomatique de son père, il consentit à favoriser les projets du Pape, et à réconcilier les deux couronnes.

Il proposa à Henri VIII de se venger de la perfidie qui le mécontentait, en donnant sa propre sœur, Marie d'Angleterre, comme Reine, à la France; d'établir par ce mariage la fortune de sa sœur, et de conquérir avec la paix la plus honorable, un beau-frère dont la fidélité et la probité étaient également reconnues et admirées. Louis, informé par Longueville, lui envoya des pouvoirs et des collègues. Le mariage fut conclu, le 7 Août 1514, après que Marie d'Angleterre promise et fiancée à Charles d'Autriche, eut fait la déclaration authentique qu'elle renonçait à toutes ces conventions matrimoniales. Le duc de Longueville l'épousa quelques jours après, au nom du Roi, qui vint l'attendre à Abbeville, où se fit la cérémonie du mariage. A propos des stipulations de cette union, les Anglais produisirent un titre du duc Charles d'Orleans, l'ancien prisonnier, père de Louis XII, pour une somme très-forte, que lui avait prêtée, sans doute pour sa rançon, Marguerite de Sommerset. Ce mariage abrogeait les droits que l'Angleterre établissait sur la Guyenne et la Normandie, et la France reconnaissait pour diverses réclamations, devoir une somme d'un million d'écus d'or au soleil, qui devait être acquittée en dix ans. La dot de la Reine fesait partie du premier paiement.

Marie d'Angleterre était jeune, belle et fort dissipée ; la cour voluptueuse d'Henri VIII, l'avait disposée elle-même vers la galanterie ; elle venait en France, accompagnée de Charles Brandon, créé duc de Suffolk et ambassadeur près de Louis XII. Ce Charles Brandon était son favori, il avait dû l'épouser, avant que la politique eut exigé le mariage du Roi de France. Elle arriva en France avec une tempête horrible, et fut reçue à Boulogne, par le galant et brillant duc de Valois, accompagné des ducs d'Alançon, de Bourbon, et des comtes de Vendôme, de Saint-Pol et de Guise. Ce fut lui qui, comme plus proche parent du Roi, lui tint la couronne sur la tête, à la cérémonie de son sacre, à Saint-Denis, le 5

Novembre 1514, et le lendemain, il l'accompagnait encore à son entrée dans Paris.

Il organisa un tournois, tenu par lui et neuf de ses compagnons, ils combattirent sous les yeux du Roi et de la Reine ; dans la lice, près du palais des Tournelles, il cherchait, ainsi que Charles Brandon, à fixer les yeux de Marie, et ils ne tardèrent pas à se reconnaître comme rivaux, non seulement aux jeux de barrière, mais aux prétentions plus élevées, mais peu honorables, d'amans de la Reine.

Gouffier de Boisi, et Grignaux, ancien chevalier d'honneur de la Reine Anne de Bretagne, prévinrent à la fois François et sa mère, que le jeune duc *jouait à se faire un maître*, et celui-ci commença par guérir ou comprimer sa folle passion, d'autant plus coupable, qu'il devait tout à Louis XII. Madame Louise, de son côté, fit surveiller avec une adresse toute particulière, les moindres actions de la jeune Reine.

Louis fesait encore des préparatifs de guerre en Italie, il avait nommé, pour commander son armée, Charles de Bourbon, et cette expédition allait se renouveler lorsqu'il mourût, le 1ᵉʳ Janvier 1515, âgé de 54 ans. Il y avait un an qu'il avait épousé Marie d'Angleterre, il était d'une santé fort délicate. Il oublia une de ses maximes favorites, *que l'amour était le Roi des jeunes gens et le Tyran des vieillards*. Ce mariage changea tout son ordre d'existence intérieure, au lieu de la régularité de la première Reine, on ne vit que des plaisirs bruyans, des jeux, des danses, des concerts, des chasses nombreuses. « Le bon Roi, à cause de sa « femme, avait d'ailleurs changé de tout sa « manière de vivre; car où il soûlait dîner à « huit heures, il convenait qu'il dînât à midi ; où « il soûlait se coucher à six henres du soir, sou-« vent se couchait à minuit. »

Les courtisans le regrettèrent peu, ou même le virent mourir sans peine, toute cette classe d'hommes habitués, sous les règnes précédens, à trafiquer de la faveur, à dévorer la substance du peuple, à s'engraisser du sang des malheureux, ne pouvait goûter un prince qui ne donnait de places qu'au mérite et qui ne pouvait établir la vénalité des charges. Ils ne pouvaient aimer un roi vengeur des faibles, contre les oppressions des puissans, un roi parcimonieux et avare qui ne confisquait aucun domaine pour en récompenser la délation et qui n'augmentait jamais les gages des valets dorés qui entouraient son trône. Ils regrettaient le temps de Louis XI, suivant Claude de Seissel, et l'histoire nous a laissé des souvenirs de la liberté avec laquelle ils parlaient de lui en sa présence. *L'or potable* et la *témérité des comédiens* qui, sous ses yeux, se permettaient des allusions choquantes contre ses habitudes, sont trop connus pour que je les rappelle ici.

Quant au peuple!... il confirma entièrement, par les regrets sincères, le titre qui lui avait été accordé. C'est son plus bel éloge.

CHAPITRE XIII.

FRANÇOIS Ier

Nous avons vu combien Louis XII était inquiet du goût que manifestait le duc de Valois pour le faste et la magnificence des fêtes. L'histoire en effet, reproche au successeur du bon Roi, une conduite toute opposée à la sienne, le peuple dut se ressentir le premier des abus que la dissipation et le désordre, dans le gouvernement entraînent avec eux.

Cet amour pour les folles dépenses, ce règne de favoris et de maîtresses, ce besoin de faste que le duc de Valois éprouvait, le déterminèrent aussitôt qu'il fut roi, à embellir son ancien duché qu'il conserva deux ans en toute propriété. Il en confia seulement le gouvernement à Charles de Bourbon, comte de Vendôme.

Les historiens disent généralement que François Ier monta sur le trône immédiatement après la mort de son prédécesseur, il y eut cependant un léger interrègne qu'il est nécessaire de signaler. Nous avons dit que le duc de Suffolk, amant de la reine Marie d'Angleterre, l'avait suivi en France et que celle-ci était surveillée par Madame de Savoie, dont l'ambition allait être satisfaite, son fils devant succéder au trône. Marie se déclara enceinte pour conserver, quelque temps au moins, ce pouvoir suprême, si doux à exercer et la surveillance de la comtesse redoubla. Enfin, un soir elle surprit, dans une retraite mystérieuse de l'hôtel de Cluny, à Paris, proche les Mathurins, Charles de Brandon et la veuve de Louis XII ; celle-ci dut consentir à légitimer, par un mariage immédiat, la passion qu'elle ressentait pour l'ambassadeur de son frère et elle retourna près d'Henri VIII, avec le titre plus modeste de duchesse de Suffolk. Cette petite scène historique terminée, le duc de

Valois put commencer à son tour la seconde branche des Valois et régner sans opposition.

La Comtesse d'Angoulême conserva cependant, sur l'administration du duché, une influence qui devait naître de son titre maternel et des soins qu'elle avait apportés dans son gouvernement, pendant la minorité de son fils. Elle avait rétabli le marché de Bethizy et celui de Verberie, en 1514, elle avait confirmé les habitants et les moines de ces deux localités dans leurs droits forestiers divers, en 1522, elle prenait encore part aux actes intérieurs. Le titre et les revenus seulement, avaient été accordés par le Roi à Jeanne d'Orléans, comtesse de Taillebourg, sa tante, par acte authentique du 28 Décembre 1516. Trois mois après, il rendit une ordonnance dans laquelle il révoquait toutes les aliénations de biens faisant partie des domaines de la couronne; au mois de Juillet suivant, il confirma de nouveau les avantages qu'il avait accordés à sa tante et continua cependant d'administrer ou de faire administrer, en son nom, ces vastes et beaux domaines.

Cette époque est celle de la splendeur du duché de Valois, le séjour qu'y fit constamment le Roi et sa nombreuse cour enrichirent cette petite province de monumens de la renaissance et contribuèrent à réparer ses désastres passés.

Villers-Cottérêts ne formait qu'un assemblage très-irrégulier de maisons éparses, en grande partie situées du côté de Saint-Georges, plus tard, Saint-Remy. Le premier château qu'on appelait la Malmaison, avait été, nous le savons, détruit par les Anglais, on l'avait *recoustrée* pour les voyages qu'y firent les ducs de Valois, et pour le logement des officiers et du concierge. Le nouveau château qu'y fit construire François 1ᵉʳ, ne fut donc pas élevé sur l'emplacement de l'ancien : il semble tout naturel que le Roi, pour surveiller les travaux qu'il faisait entreprendre, aie conservé les restes de la Malmaison, pour s'y loger avec sa suite. La tradition la plus répandue dans le bourg de Villers-Cotterêts, place cette Malmaison dans l'emplacement actuel de la rue dite de Lormet, qui conduit à la route de la Ferté-Milon. Villers-Cotterêts étant une ville toute nouvelle, formée comme je l'ai dit, des débris de Crépy et de Pierrefonds, et enfin née du séjour de François Iᵉʳ, dans cette partie de la forêt de Retz, on ne trouve aucun monument d'une date antérieure à cette époque, et rien qui puisse éclairer l'observation : l'église que nous voyons aujourd'hui, est postérieure à François 1ᵉʳ.

La chasse, ce plaisir tout royal, engagea donc le Roi à faire construire le château actuel, et en examinant sa construction il est aisé de voir qu'il voulut seulement en faire un lieu de plaisance et non pas un château-fort.

La réunion des deux forêts, de Cuise et de Retz, lui procurait une étendue de plus de cinquante mille arpens de bois contigus, et contenant, dans leur enceinte, surtout la forêt de Retz, des étangs, des marais, des vallées et des plaines également fertiles et giboyeuses. Aussi la capitainerie des chasses est elle plus ancienne à Villers-Cotterêts qu'à Compiègne, elle date de l'année première du règne de François 1er. Ce n'était qu'une distraction de l'ancienne conciergerie de la Malmaison. Cette charge de capitaine des chasses était autrefois fort recherchée des grands seigneurs, sans doute parcequ'elle permettait d'accompagner les Rois ou les ducs de Valois dans leurs plaisirs.

Jeanne de Rubempré, veuve de Jacques de Longueval, bâtard de Vendôme, qui mourut capitaine des chasses, en 1528, fit placer une verrière dans l'église de Notre-Dame de La Ferté-Milon. Son mari est représenté sur un des panneaux, elle sur un autre, et les quatorze enfants qu'elle eut de son mariage, sur un troisième. Une inscription gothique et les armes de France, brisées par un chevron, distinguent cette composition vitrifiée du 16e siècle. Le fils aîné de Jacques de Longueval, lui succéda dans cette charge, et il vécut successivement dans cet emploi jusqu'en 1583, époque à laquelle il mourut, âgé de cent six ans, ayant rempli sa charge sous cinq Rois consécutifs, jusques et compris Henri III. Son corps fût inhumé dans l'église de Villers-Cotterêts, près du maître-autel.

Dans le même temps que François Ier faisait construire son château de Villers-Cotterêts, les forteresses de Crépy, de Pierrefonds, de La Ferté-Milon, recevaient de notables réparations. A Pierrefonds, existait le siège réel de la maîtrise des eaux et forêts. Nicolas de Bonnery, remplissait ces fonctions, depuis 1506, et se qualifiait de grand maître des eaux et forêts du Valois, de commandant du fort château de Pierrefonds, et de capitaine du château de May en Multien ; son successeur s'intitule seulement *garde des sceaux*, de la châtellenie de Pierrefonds. En 1506, le Roi pensait déjà à réunir l'*exemption* de Pierrefonds, à la justice ordinaire. C'était encore une de ces anomalies judiciaires, si nombreuses dans les siècles passés. Sous ce nom d'exemption, on doit entendre le privilège qui dispensait une communauté, un citoyen, de ressortir de la juridiction d'un seigneur subalterne, pour ne dépendre que du Roi ou de ses officiers. Ce privilége qui n'était pas général, comme la Charte de la commune, s'obtenait en payant au Roi un droit de *Garde*. Ces exemptions s'accordaient plus particulièrement aux communautés religieuses, et les exemples en sont très-nombreux, dans le pays qui nous occupe. L'exemption de Pierrefonds, avait été établie en 1354, par le Roi Jean. L'ordonnance de Blois qui supprime dans son article 152, toutes les exemptions n'avait pas cependant été appliquée à la justice de Pierrefonds. Ce bourg s'augmenta dans les années qui vont suivre ; quelques maisons s'élevèrent à la faveur de la tranquillité, dont jouissait le pays, on continua pareillement la grosse tour de l'église paroissiale, elle fut achevée en 1557.

Le bourg de Verberie, dont le château avait été détruit, fut reconstruit avec les débris de cet ancien témoignage de puissance et de féodalité ; l'enceinte fut fermée de murs, flanquée de tourelles par intervalles, et percée de cinq portes, garnies chacune de meurtrières et de crénaux. La nef et la tour de l'église de Saint-Pierre, sont du même temps. Les ruines de l'ancien palais de Charlemagne, avaient été abandonnées pour ces constructions et ces réparations devenues urgentes.

Béthizy s'accroissait aussi, et le beau clocher qui existe encore, formé d'une tour carrée, couronnée d'une plate-forme, sur laquelle s'élève une flèche de pierre, présentant une hauteur totale de 150 pieds, fut commencée en 1520, sous la direction de deux maîtres maçons, nommés Jean Brulé et Jean Charpentier. Une inscription en relief, qui fait le tour de ce monument, a conservé ces noms, et celui de Renaud Bouché, vicaire perpétuel, qui le fit entreprendre. Dans le même moment, on termina la tour de Saint-Thomas de Crépy. Celle de Verberie, est demeurée imparfaite, la mort du maître maçon, Mahon ayant suspendu les travaux.

Combien d'églises, ont été réparées, dans ces premières années du 16e siècle ! l'impulsion était donnée, nos courses en Italie, avaient répandu les idées les plus multipliées de sculpture et d'architecture, les monastères avaient réparé leurs pertes nombreuses, ils avaient repris leurs silencieux travaux, ils rétablissaient leurs retraites démolies, leurs églises endommagées, l'imprimerie répandait ses fécondes communications. Nous citerons encore les changemens que reçut la magnifique église de Saint-Yved de Braine, sous l'administration des deux abbés réguliers, Jacques de Bachimont et Michel Coupson.

Les restes de cette création du 12e siècle, puissant souvenir de la prodigalité religieuse des comtes de Braine et surtout de la piété d'Agnès, veuve de Robert Ier qui mourut à la fin du 12e siècle, viennent d'être conservés ou restaurés comme église paroissiale. Ce fut la même comtesse qui fit construire le *château du Haut*, dont nous avons raconté la destruction et dont les ruines sont remarquables, elle entoura de murs le parc de Braine et fit établir sur la Vesle, le moulin de Quincampoix. Elle dota l'abbaye des Prémontrés, qu'avait établie son père et sa mère et concourut à l'établissement de cette belle église bâtie avec autant de régularité et plus de magnificence encore que celle de Long-Pont, sa contemporaine. Jacques de Bachimont avait fait élever une très-belle flèche au-dessus du dôme de l'église. Michel Coupson établit le jubé, merveilleux ouvrage plein de goût et de délicatesse. La seigneurie de Braine appartenait toujours aux Sarrebruche dont le nom s'éteignit faute d'héritiers mâles vivans, en 1525. Des trois sœurs qu'Amé de Commercy laissa, pour hériter de ses vastes domaines, la plus jeune, Guillemette, devint comtesse de Braine et Dame de Pontarcy, elle avait épousé Robert de la Mark, duc de Bouillon et Sedan, maréchal de France. Dans les pièces justificatives, à la fin de ce volume, je décrirai les tombeaux qui ont fait long-temps la richesse de cette localité.

En même temps que les moines relevaient leurs chapelles, les Évêques les églises, les pélerinages reprenaient leurs anciennes influences, ils étaient surtout nombreux dans le Valois. Nous avons dit, dans un précédent chapitre, qu'elle était la quantité de reliques dans les différentes chapelles, nous allons examiner combien la crédulité des anciens temps et l'intérêt particulier avaient multiplié ces sources de richesse et de suprematie religieuse.

Nos pères visitaient Saint-Arnoul de Crépy, pour combattre les maladies inflammatoires ; la paralysie était guérie par Saint-Prix de Gillocourt et d'Acy en Multien, Saint-Blaize, à Bethizy, paroisse Saint-Martin ; Saint-Jean-les-Vignes, à Soissons, près le Valois, Saint-Jean, à Serches, à Buzancy, étaient *souverains* contre les maux de gorge.

Les enfans en langueur étaient conduits à Saint-Fiacre de Bethizy, paroisse Saint-Pierre, à Viel-Arcy, à Chery, à la Vierge de Champlieu et à Saint-Germain de Verberie. Saint-Waâst de La Ferté-Milon et de Verberie, Saint-Ursule, à Maas, près Muret, les fesaient marcher seuls.

La fièvre disparaissait sous l'influence des eaux

de Marizy-Sainte-Geneviève, la colique cédait aux neuvaines de Saint-Mamert de La Ferté-Milon, et lorsque l'église de Saint-Vulgis existait, on y allait pour la guérison des bêtes à cornes, comme on visitait Troësne. On me permettra une petite digression sur cette pauvre église de Troësne qui va tomber, si l'administration ne l'étaye pas.

Aux extrémités de la forêt de Retz, sur la rive opposée de l'Ourcq, s'élevait une colline jadis boisée, aujourd'hui sèche et aride, on l'appelle la bruyère Saint-Vulgis. Ce saint, contemporain de Clovis, dit la légende, fut élevé par Saint-Remy et fit des progrès rapides, il devint prêtre, plus tard hermite sur ce monticule, il vivait ignoré dans ces bois entourés de marais, et célébrait la messe pour lui seul dans une chapelle qu'il avait dédiée au chef des apôtres.

Il vécut quarante ans inconnu : voici ce qui le décéla. Un paysan de Marisy, gardait dans les marais de Troësne, deux vaches et celles-ci furent entraînées par une crue subite de la rivière d'Ourcq. Le pauvre homme jeta des cris qui firent sortir le saint de son hermitage, il aida le pâtre et les animaux furent sauvés. Cette bonne action répandue dans les villages voisins, lui attirèrent la foule et lorsqu'il mourut à 80 ans, le peuple le vénéra comme un saint, il lui attribua le privilége de veiller à la conservation de ses bestiaux. La petite église de Troësne dut céder le corps du saint à La Ferté-Milon qui en fit son patron, mais cette présence et les translations successives qui furent faites de ses reliques sont les principales causes de l'établissement du village de Troësne, dont l'église fut jadis aussi riche et somptueuse qu'elle est aujourd'hui délabrée et pauvre. Les habitans des villages voisins tenaient à grand honneur de se faire enterrer dans le cimetière de Troësne. Cette chapelle de Saint-Vulgis, l'église de Troësne appartinrent, dans les 14 et 15° siècles, aux chartreux de Bourg-Fontaine, qui possédaient la pêche de l'Ourcq depuis le village jusqu'à Marolles, au delà de La Ferté-Milon.

Pour reprendre l'histoire de nos pélérinages, je dois rappeler encore que l'hydropisie se guérissait à St. Quentin-lès-Louvry, et à Saint-Ruffin de Bazoche.

Saint-Antoine de Faveroles, dans la vallée qni sépare les villages d'Oigny, Silly, de Faverolles et de Dampleu, enlevait les maladies de peau, par les vertus de son eau miraculeuse, c'était un hermitage tout solitaire, tout retiré dans la forêt de Retz.

La peur disparaissait à Dampleu; à la Croix Saint-Ouen, les sourds entendaient, Sainte-Euphrosine de Saint-Jean-aux-Bois, dans la forêt de Cuise, enlevait la fièvre et d'autres maladies très-nombreuses, tandis qu'Arcy Sainte-Restitute débarrassait les malheureux atteints de l'épilepsie.

Ces pélérinages si nombreux, peuvent expliquer comment chaque village posséda, non seulement son église, mais encore son église ornée de vitraux peints, de tableaux, au 16e siècle, tandis qu'au 19e siècle, nous n'avons pas de maison commune, pas encore de bâtiment affecté à la propriété des habitants, qui doivent constater, dans ce lieu, les trois grandes époques de leur vie; naissance, mariage et mort.

Ces impots, levés sur la crédulité annoncent précisément cet esprit d'association qui nous manque; la foi, aveugle il est vrai, unissait les anciennes populations; mais les nôtres qui sont plus éclairées, pourquoi sont elles aussi dissociées? Les temps étaient cependant bien malheureux, on sortait de longues et pénibles guerres, et la famine allait devenir imminente, car elle ravagea de nouveau le Valois, en 1528,

A ces villages que je viens de citer, ne se bornaient pas les pélérinages, il en est d'autres que je pourrais rappeler et qui le méritent aussi : Cerfroid, ce chef d'ordre des Mathurins qu'habita Robert Gaguin, guérissait les enfans en langueur, sous l'invocation du bienheureux Félix de Valois, dont la légende n'est pas moins intéressante que celle de Saint-Vulgis de Troësne.

Félix de Valois est un personnage historique qui peut trouver place dans ce volume, il se dévoua ou prit une part active à la fondation des Mathurins, des Trinitaires, ordre semi-religieux, semi-hospitalier : il vivait au 12e siècle. Quelques-uns l'ont regardé comme descendant des comtes de Valois. L'abbé Carlier refute cette assertion. Il vivait en hermite à Cerfroid, près de Gandelus, sur le bord du Clignon : Jean de Matha, docteur de l'Université de Paris le visita sur le bruit de ses perfections, et ils passèrent trois ans dans la même solitude, qu'on appelle encore *le champ des hermites*. Ils visitèrent le pape Innocent III, et obtinrent une bulle, au sujet d'une vision de l'un d'eux qui avait rêvé qu'il échangeait des captifs. C'était une belle idée pour l'époque des croisades, le Pape l'accueillit, et adopta pour la création de l'ordre de rédemption ou d'échange, que méditaient les deux solitaires, la longue robe blanche avec une croix mi-bleue et mi-rouge sur la poitrine. Ces moines voyageaient toujours à anes, et de là le nom de frères aux anes, qu'ils portaient, et que leur église de Paris a long-temps portée elle-même. Ils devaient voyager chez les infidèles, pour assurer le rachat des captifs, et leur œuvre avait un but d'utilité qui doit le faire respecter. Ce fut donc à Cerfroid, sur les confins du Valois, que l'ordre des Trinitaires prit naissance.

Les deux fondateurs moururent au commencement du 13° siècle, à un an l'un de l'autre : ils furent tous deux canonisés dans le 17° siècle. Cerfroid est intéressant pour l'histoire, non seulement en raison de Gaguin et de Félix de Valois, mais encore parce qu'il dépendait de la paroisse de Brumetz, dont le savant Watable, ou Wattebled, dont nous parlerons, était curé, en 1538. Nous avons dit que les Mathurins avaient à Verberie une autre maison. Ces Moines suivaient encore les armées en qualité d'infirmiers ambulants, ils présidaient les hôpitaux mobiles, et y servaient les malades.

En allant de Gandelus à Neuilly, on trouve la fontaine St. Front qui guérissait la fièvre : à Nanteuil-le-Haudoin, même vertu : à la fontaine de Saint-Valbert, à Limé près de Braine, on prenait repit contre la rage, grâces à des reliques de Saint-Hubert, que possédait une confrairie de cette paroisse.

Mais le pélérinage le plus complet, le plus distingué alors, celui que le Valois du 16° siècle, fréquentait le plus, était à Saintines. Dans ce bourg se réunissait, à la Saint-Jean, chaque année depuis la fin des croisades, un concours aussi affluent que remarquable, de marchands, de peuple, de pélerins, qui venaient, non seulement de Picardie; mais encore de la Flandre et des Pays-Bas. Ce pélerinage allait de pair, avec ceux de Saint-Pierre de Rome, de Saint-Jacques en Galice, de Saint-Hubert, du mont Saint-Michel, de Jérusalem.

On arrivait à Saintines, la veille de la Saint-Jean, on se baignait le soir dans la fontaine, on passait la nuit dans l'église ou dans le cimetière, en attendant la première messe, qui se chantait à minuit. Le matin, on communiait à une autre messe. Les curieux parcouraient la foire, non pas avec des idées aussi mondaines, que dans notre 19e siècle. On achetait les médailles en plomb, les images du Saint; on prenait de la braise éteinte du feu de la veille : on emportait de l'eau de la fontaine, et on se retirait persuadé, qu'on pouvait braver tous les accidens. Chaque Picard avait à son chapeau, la médaille de Saint-Jean : dans sa poche de la braise, du charbon ou de la cendre, et n'aurait pas entrepris un voyage, en été surtout, dans la saison des orages, sans avoir sur lui une de ces amulettes: la médaille, le tison ou de l'eau de la fontaine.

Les épileptiques subissaient des immersions, dans la fontaine glaciale de Saintines : on leur disait un évangile sur la tête ; ils adoraient les reliques du Saint, et s'en retournaient avec l'espoir, au moins, d'être guéris par les réactions physiques et morales, qu'ils avaient éprouvées.

Les reliques consistaient, en une portion du doigt, et dans un os du bras du Saint précurseur de Jésus.

Ce pélérinage avait été établi, par Pierrre de Cuignières au 14ᵉ siècle, c'était un des hommes les plus célèbres de son temps. Originaire des environs de Clermont en Beauvoisis, il était chevalier, seigneur de Saintines, et avait été désigné pour être prêtre, il avait donc étudié la théologie, les belles lettres du temps ; aussi devint-il avocat du Roi et conseiller de Philippe-le-Bel. Il occupa cette double charge sous le règne de ce Roi et de ses trois successeurs. Retiré des ordres, il avait épousé Jennae de Nery, qui lui apporta en dot, la terre de Brasseuse.

En même temps qu'il employait son influence, à établir le culte de Saint-Jean, à Saintines, il déclarait au clergé une guerre dangereuse, puisqu'il voulait abolir la juridiction ecclésiastique. Il voulut combattre, devant Philippe-de-Valois, les abus de la puissance des prêtres. Il fut cause de l'établissement *des appels comme d'abus*, qui donnaient aux magistrats civils, le pouvoir de juger les arrêts ecclésiastiques.

C'était évidemment un progrès ; mais en même temps, un sujet de haine contre lui, les chanoines de Notre-Dame de Paris s'en vengèrent, en altérant son nom, ils l'appelèrent *Pierre du Cugnet*. Ils firent tailler à l'entrée du chœur de Notre-Dame, une figure grotesque, destinée à reproduire ce que nous appelons aujourd'hui, sa *caricature* : les formes étaient outrées, les larges narines du marmouset servaient d'éteignoir pour les cierges. On le montrait par dérision, on lui donnait le nom de disputeur violent, il eut le tort de s'en affecter. Carlier prétend que ce marmouset, existait avant la dispute, et que l'application suivit seule la décision royale, relative à *l'appel comme d'abus*. Il pense qu'on n'eut pas osé faire élever cette statue, à cause du crédit dont Pierre de Cuignières jouissait.

Quant à ce qui nous intéresse plus spécialement, nous rappellerons : qu'il avait obtenu une bulle de Clément VI, pour la confirmation du pélérinage de Saint-Jean : que son tombeau, élevé dans la chapelle, a été détruit, dans les guerres de Charles VI et de Charles VII, avec cette même chapelle de Saint-Jean-Baptiste ; et qu'enfin en

1531, le pélerinage fut rétabli par une autre bulle du Pape Clément VII.

Nous avons vu combien les idées religieuses avaient repris d'empire sur les masses, avec le retour de la tranquillité. Pour compléter ce tableau des idées qui signalèrent le 16e siècle ; et que l'ignorance extrême dans laquelle elles vivaient, devaient maintenir et propager, surtout depuis l'apparition des *mystères et des sotties*, offertes au peuple comme délassement; nous devons parler des sorciers qui prirent sous les règnes de Charles VIII et de Louis XII, un accroissement effrayant. Dans les *diableries* offertes à la curiosité des habitants de la France, le peuple s'était en effet habitué à regarder comme des réalités, ce mélange bizarre du sacré et du profane. Nous verrons plus tard, par un exemple authentique, qu'elle était l'influence de ces démoniaques, sur la crédulité publique. Dès 1507, on écrivait sur les diableries. Un volume *in-folio*, fut publié par Eloi d'Aucernal, chef de la maîtrise de Béthune. Ce sont ces diableries; qui plus tard furent transformées en sabats : les acteurs employés dans les premières, se revêtaient de peaux noires, de toisons d'animaux. Il y avait les grandes et petites diableries, c'est-à-dire, celles à deux ou à quatre personnages. Ils jetaient des feux par la bouche, répandaient de la flamme et de la fumée par le moyen de longs tubes noircis : ils étaient couverts de masques grotesques : de leurs peaux, de leurs déguisements sortaient des flammes nombreuses.

Le peuple qui aime toujours le merveilleux, prenait plaisir à ce spectacle : les églises étaient ordinairement les lieux choisis pour ces representations; les hôtels, les châteaux des seigneurs qui couraient à ces singuliers spectacles, étaient souvent ouverts à ces diables, à ces rudiments grossiers de la scène française.

Le peuple voulut avoir aussi ses spectacles, et de ce désir, naquirent sans doute ces assemblages nocturnes en pleine campagne, dans les bois, les clos, les forêts, qu'on appela *sabat*s, à l'imitation des réunions des Juifs : ceux-ci, presque tous imitateurs des Bohémiens, usuriers, fourbes et voleurs, parce qu'ils étaient opprimés, plus instruits, parce qu'ils se connaissaient mieux que les paysans Français, vendaient à quelques-uns, de prétendus secrets et formèrent les premiers sorciers.

La paresse, l'esclavage, la misère, la honteuse dégradation de l'homme qui ne sentait pas sa dignité ni sa valeur, augmentèrent rapidement le nombre des *sabatiers,* et le Valois en possédait un d'autant plus grand nombre, qu'il recèle une plus grande quantité de forêts, une misère, à cette époque plus grande, puisque nul pays n'avait plus souffert que lui des guerres du 15ᵉ siècle.

D'ailleurs, cette astrologie judiciaire mise en usage sous les Rois précédents, cette croyance, qui n'est pas encore complètement disparue des mœurs des habitants de la campagne, de l'influence du malin esprit sur les hommes : les idées religieuses mêmes, tout contribuait à donner aux sorciers, une prodigieuse extension, et lorsque nous verrons, la Reine Catherine de Médicis, les protéger elle-même, nous ne serons pas surpris de leur accroissement pénible, par les souvenirs des crimes qu'il fait supposer.

Tel était l'état des choses et des esprits, au commencement du règne de François 1ᵉʳ : pendant ses campagnes en Italie, nous savons déjà que son prédécesseur rêvait une nouvelle excursion, lorsque la mort vint le surprendre. La jeunesse, l'esprit chevaleresque et aventureux du Roi, devait le porter à cette expédition. Aussi, son premier emploi du gouvernement suprême, fut-il de chercher à conquérir cet insaisissable duché de Milan, cette Lombardie continuellement fugitive. Il débuta par discipliner de nouveau les compagnies d'ordonnance, il composait chaque lance de huit chevaux, il ne les logeait que dans les villes murées, où les *bourgeois armés étaient eux-mêmes en état de repousser, ou du moins de constater la violence :* et j'appelle toute l'attention du lecteur, sur cette nouvelle preuve de l'organisation de la commune, de sa force, de sa puissance même. Aucun homme d'armes, valet ou écuyer, ne pouvait se répandre dans les villages voisins, sous prétexte d'y acheter des provisions ; *les Officiers municipaux* distribuaient les vivres, à des prix fixés par des commissaires.

Ces officiers municipaux ne pouvaient, à leur tour, demander aux villages des productions étrangères à leur sol, pour éviter aux paysans d'être rançonnés lorsqu'ils ne possédaient pas ce qu'on leur demandait. Lorsqu'on faisait la paye aux hommes d'armes, le commissaire, quatre jours auparavant, devait la faire publier à son de trompe, afin que *tout marchand ou bourgeois* pût se faire payer par ses mains, lorsque la compagnie lui devait quelque chose, et cela sous peine de destitution et de peine corporelle contre le commissaire.

Des enquêtes sur les pilleries, des peines contre les suivans d'armes qui ne portaient pas la livrée ou l'écusson du capitaine, comme moyen d'être reconnu, des peines sévères contre les brigandages, assuraient, aux villes ou châteaux murés, la tranquillité la plus parfaite.

Par opposition, sans doute à cette sage ordonnance, il avait pris pour ministre, le chancelier Duprat, qui créa la vénalité des charges et vendit tous les emplois, lorsque la prodigalité de son maître, sa propre avarice eurent dissipés les ressources qui suffisaient à Louis XII. L'administration intérieure était toute confiée à cet homme que l'histoire à flétri : la guerre, les Dames et la chasse occupaient tous les instans de François Ier.

Il voulait venger la France des défaites de Navarre et de Guinegate. Il avait fait une alliance avec les Vénitiens et ceux-ci l'attendaient avec impatience, le pressaient de venir en Italie et malgré l'avis de son Conseil, l'amour de la gloire l'emporta sur la prudence. L'archiduc Charles, ce redoutable et heureux compétiteur de François Ier, au titre d'empereur d'Allemagne, commença sa carrière diplomatique par feindre le désir d'une alliance intime avec la France et une convention de mariage, entre lui et Claude de France, fut le premier acte souscrit entre ces deux puissans rivaux. Charles gagnait du temps et François Ier la liberté de conduire toutes ses troupes en Italie. Le négociateur de cet arrangement, Henri de Nassau, pût épouser, pour récompense, Claude de Châlons, princesse d'Orange, dont la famille possédait de si grands biens à

La Ferté-Milon, outre sa principauté d'Orange qu'elle apporta en dot à cette maison étrangère.

Ferdinand l'Espagnol temporisa : mais vieux et infirme, il lui était fort indifférent qui posséderait le Milanais, de François ou des princes Italiens : il promit, seulement, de ne pas entrer en France s'il n'était pas attaqué.

L'Empereur Maximilien envoya un espion pour connaître les forces réelles des Français et entama de longs pourparlers, pour gagner du temps ; tandis que les Suisses, exaltés par le cardinal de Sion, se déclarèrent ouvertement contre l'entreprise et reclamèrent hautement l'exécution du traité de Dijon, souscrit par la Trémouille.

Le Pape Léon X, craignait l'entrée des Français en Italie, voulait former un état à son frère, en lui donnant Parme et Plaisance, qu'il serait obligé de nous abandonner ; il redoutait cet esprit de réforme gallicane, qui avait paru se manifester en maintes circonstances et surtout au Concile de Pise ; il dissimulait parce qu'il était faible, il flattait le Roi pour retarder son invasion. Il offrait sa médiation entre lui et les Suisses, espérant ainsi, qu'avec le temps, ce grand maître, ce galant homme, comme disent les Italiens, arriverait un événement, tel que la mort de l'Empereur ou du Roi d'Espagne ; le Pape Léon, dis-je, préparait doucement les esprits à la révolte et ne pouvant obtenir, de François, l'abandon de ses prétentions, il formait une ligue avec les ennemis de la France et s'apprêtait à combattre, mais toujours en flattant le Roi, en l'appelant son cher fils et le bénissant.

Il était aussi suspect à ses propres alliés, qu'à François Ier : tous redoutaient un chapitre secret, une sainte restriction dans l'homme chargé du pouvoir énorme de lier et délier ; aussi Gênes reçût elle une garnison Française, et le doge Frégose lui écrivit-il, « qu'un habile politique, comme Léon X, devait savoir que les affections personnelles devaient se taire devant l'intérêt général et que le salut de l'état était le premier devoir d'un homme public. »

Le Conseil du Roi, voulait cependant encore attendre des circonstances plus favorables ; mais l'impétuosité du monarque, n'écouta rien, et l'armée se mit en marche.

Ce fut encore le temps des compagnies d'avanturiers, composées surtout de Gascons et de Basques, pays moins civilisés que le Nord, moins cultivateurs et moins industriels encore dans ce deuxième état de société, qu'on appelle barbarie, jeunesse de l'état social, comme la civilisation en est l'âge mûr.

L'armée passa les Alpes, au moyen d'une route jusqu'alors inconnue, et non gardée par les confédérés, elle déboucha dans le marquisat de Saluces, par trois gorges différentes. La bannière de Bayard, fut la première signalée aux Suisses, qui croyaient enfermer les Français, *comme pigeons en cage*, et qui furent au contraire, défaits à Villefranche.

La bataille de Marignan, sous les murs de Milan, cette bataille de *géans*, qui dura trois jours, tant les succès en furent disputés avec une variation sanglante, vint consoler l'amour propre national, des deux précédentes défaites que François avait voulu venger, et laissa le champ de bataille aux nôtres. Épuisés de fatigues, ils ne pûrent troubler la retraite des Suisses ; elle s'opérait, au son de leurs sauvages cornets d'Uri et d'Underwalde. Plutôt écrasés que vaincus, ils laissèrent treize à quatorze mille des leurs, sur le champ de bataille : nous avions perdu quatre mille Français.

Cette bataille livra Milan, à la grande satisfaction du jeune vainqueur : il laissa au Connétable, à Pierre de Navarre, chef d'avanturiers, au Maréchal d'Aubigny, le soin de réduire le château, qui tenait encore, et se dirigea vers Florence.

Le Pape intimidé, voulut négocier : le chancelier Duprat, qui recherchait les honneurs de l'Église, dût sacrifier les intérêts de la France, dans cette négociation, empreinte des précautions cauteleuses de la politique italienne. Le Pape se retira donc de son alliance avec les Suisses, ceux-ci cherchèrent, à leur tour, à conclure une paix devenue nécessaire.

Dans une entrevue du Roi de France et du Pape, à Boulogne, les bases du concordat furent adoptées : elles avaient déjà été discutées. dans les négociatious pour la paix, et François en abolissant la pragmatique, voulait, au prix de ces libertés de l'Église Gallicane, obtenir l'investiture du royaume de Naples, et réunir ainsi une double couronne, au préjudice de Ferdinand, couronné en cette qualité par Jules II, le prédécesseur de Léon X.

Ce fin diplomate était trop adroit, pour satisfaire l'ambition du vainqueur de Marignan, il le flatta de belles espérances sur l'empire d'Orient, lui parla de croisade nouvelle, de gloire à acquérir, du respect qu'il devait avoir, pour les actes de son prédécesseur, de la mort prochaine de Ferdinand, et éluda ainsi un refus formel.

Toutes ces choses s'exécutaient la première année du règne de François, il organisait sa nouvelle conquête, établissait un sénat, sous la présidence de Jean de Selve, confiait le gouvernement au Connétable de Bourbon, et revenait en France, où l'appelait la jalouse rivalité de ses voisins.

Henri VIII s'agitait, et malgré sa défiance contre Maximilien et Ferdinand-le-Catholique, allait se lier avec eux : Rome était encore pour quelque chose, dans ce murmure sourd contre la France, la Papauté encourageait les efforts du Roi Anglais, pour la soumission de l'Écosse. Henri était encouragé par cette Marguerite d'Autriche, toujours gouvernante dans les Pays-Bas. Par une de ces duplicités, qui l'avaient fait rejeter de Louis XII, comme sa seconde femme, elle offrait malgré son traité avec la France, des troupes levées dans des états non compris dans le ressort du Parlement de Paris. Le Roi d'Angleterre, craignant de perdre Tournay, signa cette ligue, fit réunir les cantons, les souleva secrètement contre la France, et la guerre allait se déclarer. La présence de François 1er était donc indispensable, pour assurer la défensive : c'est au milieu de ces préparatifs, que Ferdinand mourut.

L'archiduc Charles, lui succéda sous le nom Charles-Quint.

CHAPITRE XIV.

C'était encore le cardinal de Sion qui échauffait cette nouvelle ligue contre la France : il intriguait continuellement, pour que la mort de Ferdinand ne détruisît pas ses espérances de réussite ; mais tous les Suisses n'étaient pas également disposés à combattre en Italie. L'archiduc Charles, devenu Roi d'Espagne, inconnu des peuples qu'il devait gouverner, redoutant son propre frère, que les Espagnols aimaient, les grands d'Espagne qui cherchaient à diminuer le pouvoir absolu, avait le plus grand intérêt à ménager François 1er.

La princesse Marguerite était elle-même trop politique, pour engager un règne aussi nouveau dans une guerre qui pouvait compromettre la Navarre usurpée ; elle fit donc consentir le Roi de France à envoyer à Noyon, des plénipotentiaires pour maintenir la paix entre les deux jeunes souverains. Il y eut encore dans ces conférences de Noyon, un autre projet de mariage, entre Charles V et la fille de François 1er, Louise de France, lorsqu'elle aurait atteint l'âge de douze ans : dans le cas de mort de cette aînée, Charles épousait une cadette, et à défaut, Renée de France, sœur de la Reine, promise l'année précédente.

On fixa une entrevue entre les deux souverains, à Cambrai : mais Charles V ne voulant pas faire hommage des Comtés d'Artois et de Flandre, ni reconnaître les droits du Roi de France sur le Roussillon, évita cette entrevue. L'Allemagne ne tarda pas à se détacher de son alliance avec l'Angleterre, et les Suisses n'étant plus soutenus que par les agens de ce royaume, trop éloigné d'eux pour leur assurer des secours continuels, négligés par le Pape, qui ne tenait pas toutes les promesses qu'il fesait, se réunirent et signèrent avec la

France une paix qu'on appela *Perpétuelle*. Les Vénitiens, nos alliés avaient recouvré toute leur puissance, que nous avions nous même compromise précédemment.

La présence de François en France était d'autant plus nécessaire, que le Parlement lui refusait l'enregistrement de plusieurs édits. Il y avait une opposition très-vive entre cette cour et le chancelier : le pouvoir absolu pouvait seul briser les volontés des juges, choisis par Louis XII, pour rendre la justice suprême, et examiner les devoirs du souverain et les droits du peuple.

La Pragmatique Sanction qu'il venait d'abolir, le Concordat qu'il présentait, venaient augmenter des difficultés, qu'une ordonnance sur la chasse avait fait naître.

Cette ordonnance était des plus rigoureuses, elle portait en substance ; (elle est intéressante pour notre duché) que, aucun homme de quelque qualité qu'il fût ne pouvait chasser sans une permission écrite de la main du Roi : aucun particulier éloigné de moins de deux lieues d'une forêt, d'un buisson ou d'une garenne royale, ne devait avoir ni filet, ni arquebuse, ni arme offensive. La première infraction était punie de deux cent cinquante livres d'amende; en cas de non paiement, le délinquant était battu *de verges jusqu'à effusion de sang*. Après la récidive, le fouet autour des garennes ou forêts, et le bannissement à 15 lieues. La troisième fois, les galères, le fouet, la confiscation, le bannissement perpétuel, et pour l'incorrigibilité, la mort.

Les détenteurs d'armes, arcs, arquebuses, arbalètes, étaient condamnés à cent sols d'amende pour la première faute, trente livres la seconde, le bannissement pour la troisième. S'ils n'avaient pas de quoi payer, ils étaient enfermés et nourris au pain et à l'eau, suivant la volonté du juge.

Défense était faite à tous ceux qui traversaient les forêts, buissons ou garennes du Roi, de mener des chiens autrement qu'attachés.

Les seigneurs, gentilshommes, princes, possédant des bois, pouvaient faire exécuter le même réglement par leur justice particulière.

Les clercs ou les moines qui auraient tenté de se soustraire à cet arrêté, sous le prétexte qu'ils appartenaient à la juridiction séculière, étaient écartés à quatre lieues, puis à vingt des forêts, avec saisie de temporel.

En vain, le Parlement avait-il fait observer, que les fermiers, les cultivateurs, continuellement exposés aux pilleries des gens de guerre, aux excursions des routiers, des restes de bandes, ou des conservateurs des anciennes traditions : que les habitants des campagnes, des maisons isolées ou des frontières, devaient avoir des armes défensives au moins pour leur propre sûreté :

Envain demanda-t-il que les amendes fussent laissées à l'arbitrage du juge, ponr les varier suivant les délits :

Envain supplia-t-il de changer cette peine de mort en une peine corporelle, telle que les oreilles coupées ou la marque au front d'un fer brulant :

Le Roi voulut l'exécution de son arrêté, il ne considéra pas que les voyageurs, le peuple, allaient être mis à la disposition de ses officiers forestiers, et des gardes des seigneurs particuliers, et le Parlement céda et enregistra avec la clause de *l'exprès commandement du Roi*; seul moyen de protestation contre la volonté suprême.

Cette ordonnance n'était que vexatoire au fond ; mais celle qui établissait le Concordat, impliquait une question de principes, que le Parlement, composé de membres du clergé, devait accueillir avec plus de difficulté, et la querelle fut sérieuse.

Léon X tenait, comme Jules II, comme Borgia, à la destruction de la Pragmatique, c'était un commencement de réforme, et Rome craignait ces innovations dangereuses. Louis XI avait eu un instant l'idée d'abolir cette œuvre de son père, mais il avait reculé, malgré ses principes religieux : François 1er, moins dévot, allait plus loin que le superstitieux monarque, il avait accepté le Concordat. Pour le faire exécuter il fallait l'enregistrement du Parlement ; et celui-ci ne céda qu'à la force. L'histoire de cette lutte est remarquable, je ne puis la reproduire dans ces études ; mais j'en recommande la lecture dans nos anciens historiens et même dans Velly et Garnier. On verra que les caractères des présidens de chambre du Parlement étaient nettement, fortement tracés, et que nos hommes politiques, sous un gouvernement constitutionel, sont encore loin de la fermeté, de la courageuse opposition des hommes du 16e siècle.

Malgré les prédications, les discours prononcés en chaire, par les opposants au Concordat, discours énergiques à leur tour : enfin, malgré les émeutes des élèves de l'Université, cette convention qui devait consolider la paix entre l'Église et le Roi très-chrétien, fut enregistrée, avec la clause qui constatait le pouvoir absolu. La couronne était subordonnée à la thiare : les adhérants à la Pragmatique, perdaient leur temporel, l'évocation ou l'appel des causes ecclésiastiques, était attribuée au Saint Siège, et les *Annates*, tribut humiliant, payées par la France. Tout ce que Philippe le

Bel, Louis le Hutin, et Charles VII, avaient établi pour l'affranchissement religieux de la France était aboli. Le Roi le voulait et le chancelier Duprat le poussait à cet acte impolitique.

Ces querelles de Parlement durèrent pendant les années 1517 et 1518 : elles furent vives, animées, courageuses, mais inutiles. Le Concile de Latran fut dissous après le Concordat, son œuvre était terminée à la satisfaction du Pape, rassuré sur les dispositions intérieures du Roi de France.

C'était le commencement des hérésies de Luther, l'orage grondait d'abord sourdement; mais bientôt menaçant, effroyable, bien que lancé par une main obscure.

Pendant que les pélérinages enrichissaient des localités particulières, *les indulgences* de leur côté remplissaient les coffres de Saint-Siège et grossissaient ses nombreux revenus. Elles avaient dû augmenter, surtout depuis que le luxe, la somptuosité, les dépenses excessives des Papes, avaient étonné le monde et fixé les arts dans l'Italie. Ces prêtres coupables, qui oubliaient leur divine mission, la sublimité du Christ, dont ils se disaient l'image vivante, méritent d'un autre côté un respect immense : puisque c'est sous leur influence, c'est avec les tributs extorqués, il est vrai, à des hommes aujourd'hui oubliés ou inconnus, qu'ils ont ouvert l'immortalité à Michel-Ange, à Raphaël, à tous les artistes italiens d'abord, puis français, qui font encore notre admiration. La France en effet, même sous Jules II, avait fourni à l'Italie, Arnaud de Môle, Claude de Marseille, et le frère Guillaume, qui peignaient les admirables verrières du Vatican et les églises de *l'Anima* et de *la Madona del Popolo*, dans lesquelles travaillaient en même temps, les deux grands peintres italiens, que j'ai nommés plus haut (1).

Ainsi donc cette existence criminelle de Borgia, celle toute guerrière de Jules II, et la carrière diplomatique de Léon X., apparaissent lorsqu'on les examine avec attention, sous un coup d'œil de grandeur, de magnificence créatrice.

L'histoire infléxible, inexorable qui enregistre toutes leurs fautes, doit présenter en regard, les pas immenses qu'ils ont préparés à la civilisation, en ouvrant à tant de célébrités, la brillante carrière qui perpétue notre admiration, et donne de nouvelles forces au Catholicisme. Étrange effet, sublime preuve de la puissance d'association ! Le culte du Christ, malgré ses agitations intérieures, malgré les dépravations de ses ministres, malgré l'oppression des peuples, auxquels il promettait la

(1) Notice sur l'Hôtel de Cluny.

liberté et le bonheur, le Catholicisme enfin créait ces immortels chefs d'œuvres, inspirait ces féconds artistes, remplissait le monde des fruits du génie, traduits en saintes et nobles expressions. Il semble que l'amour, l'amour de l'humanité, l'amour de la divinité créatrice, devait seul inspirer ces élans de piété, de foi, qui amoncelaient réellement les montagnes, les enchaînaient avec une harmonie sublime, les décoraient avec une étude profonde, une conscience du beau que nous avons perdue, et cependant que de crimes, de mensonges, de fraudes, pour doter la postérité de tout ce que les siècles passés lui ont légués.

Ces réflexions écartées de nos études, sont encore nécessaires : notre intention ne peut être d'imposer au lecteur une opinion qui prend chaque jour plus de force en notre esprit. Nous abordons avec timidité, les idées philosophiques du 16ᵉ siècle, parce qu'une trop juste défiance, nous met en garde contre nous mêmes. Nous voulons que nos lecteurs, puissent eux-mêmes faire l'application de leurs propres idées, aux faits qu'il nous intéresse le plus de connaître, et nous terminerons cette digression, en faisant remarquer, que le Catholicisme a créé sans cesse ; tandis que le Protestantisme a toujours détruit. Nous croyons donc qu'avant Luther, le principe d'association, toujours fécond, toujours créateur, était plus fort que depuis les schismes, qui ont divisé en fractions infinies, en nuances même, des populations, possédant jadis une loi religieuse commune, recevant une même impulsion, et obéissant à la même voix intérieure. Les Protestants sont nombreux : mais divisés à leur tour dans les pays où ils sont les maîtres, où ils ne tolèrent qu'avec peine les autres religions, leurs variétés de sectes mêmes, ils n'ont rien créé, et beaucoup détruit.....

Nous ne ferons pas ici l'histoire du schisme de Luther ; nous ne devons en parler que parce qu'il appartient à l'histoire, comme chronologie, et parce que plus tard, nous verrons notre petite province, de nouveau saccagée par les guerres religieuses, que le besoin de réforme fit naître. Nous nous bornerons donc, sur ce novateur, à tracer rapidement les quelques mots qui suivent.

Martin Luther était né en 1483, dans le comté de Mansfeld : il se fit moine Augustin, malgré son père, et devint rapidement un des premiers professeurs de l'Université de Wittemberg. L'électeur Frédéric, le fit nommer docteur : il possédait un talent de prédication fort remarquable. Le langage scholastique, ne tarda pas à lui déplaire, par ses vaines subtilités. Il fut chargé par son supérieur Staupits, d'arrêter les exagérations des indulgences, et là commença la manifestation de son hérésie. On brûla les 95 propositions, dans lesquelles il révoquait le pouvoir des indulgences ; il avait répandu le programme de la discussion qu'il voulait ouvrir publiquement, contre les Dominicains. Des disputes écrites naquirent de cette opposition, dans laquelle il conservait toujours la soumission au Pape. Léon X entouré de poètes, de musiciens, d'artistes, regarda cette lutte comme une dispute de moines, et ne voulut pas intervenir. Maximilien qui comptait sur le produit des indulgences, accordées à l'occasion d'une nouvelle croisade, qu'on devait prêcher en Allemagne, Maximilien l'effraya des noms illustres qui s'attachaient aux idées de Luther, et tira Léon de son assoupissement. Luther dût fuir à pied et traverser toute l'Allemagne, pour se retirer à Ausbourg, chez des Carmes, qui le recueillirent en attendant le jugement de ses doctrines, qui devaient être examinées à la diète de cette ville, par Cajetan.

Luther expliqua et défendit ses opinions, en les appuyant sur le texte des livres saints, il demanda une controverse publique, qui lui fut refusée à cause de son infériorité hiérarchique. Il échappa au danger d'être arrêté par ordre du Saint-Siège, par une fuite secrète et appela du jugement du car dinal au Pape lui-même. Sa position était dangereuse ; son protecteur Frédéric, ne le considérait encore que comme un professeur célèbre, et il n'y avait pas d'apparence que Frédéric se séparât, en sa faveur, de l'Empereur et du Pape. Ce fut pourtant ce qui arriva, non seulement l'électeur le défendit contre Cajetan ; mais il adopta les nouvelles idées du schismatique, et leur donna plus de force par son adhésion.

Bientôt autour de ce drapeau, vinrent se grouper tous les littérateurs, tous ceux qui possédaient la science, et que les mauvaises actions des Papes, des théologiens, des inquisiteurs écartaient des dogmes romains. Les peuples opprimés par le clergé, dépouillés par des impôts successifs, méprisés par les scholastiques, étaient flattés par Luther, et ses disciples.... Rome était la *grande Prostituée :* les prélats fastueux, qui affichaient un luxe insolent, étaient des *loups dévorans*, et les moines hypocrites, fraudeurs et faussaires, étaient des *Pharisiens* et des *sépulcres blanchis*. Il était si facile au peuple de frapper juste, d'appliquer à propos ces épithètes, aux chefs de la religion, sous lesquels il gémissait, que l'incendie allumée par Luther fit de rapides progrès.

Des prêtres séculiers placés sous la dépendance, souvent pénible des abbayes ; des moines réguliers ennuyés de la vie claustrale, secondèrent ces efforts de Luther, et ce prédicateur qui soulevait les passions humaines, comme les leviers les plus puissants, plaça dans ses discours, les images les plus triviales, les expressions les plus grossières, les comparaisons les plus dégoutantes, pour se faire comprendre des masses ignorantes, auxquelles il s'adressait.

Il profita habilement de la conférence qu'il eût à Leipsik, avec le célèbre Eckius, pour s'attribuer un nouveau triomphe fort contestable, pour remédier aux endroits les plus faibles de son système, et pour se détacher tout-à-fait de la communion romaine.

Il ne conserva donc que deux sacremens, le Baptême et l'Eucharistie, il nia la transubstantiation, et s'il admit la présence réelle, ce fut en la limitant au moment de la consécration ; la comparant à l'accumluation de la chaleur dans du fer incandescent, à la présence de l'eau dans une éponge.

Il admettait la communion, sous les deux espèces pour tous les laïques ; quant aux Commandemens de l'Église, il les abolissait tous, et détruisait de même, toute la hiérarchie pontificale ; affranchissait de ce joug, les rois, les princes, les magistrats et le peuple. Il ne demandait au lieu du luxe et de la pompe romaine, qu'une subsistance modique pour lui et les ministres de son évangile, voulant rendre au travail manuel, tout ce qui n'était ni professeur, ni orateur.

Nous ne le suivrons pas dans la carrière apostolique : le Pape fulmina une bulle contre lui, le déclara hérétique, lui imposa une pénitence publique, et chargea Eckius de l'exécution de cette censure. Celui-ci fit brûler dans les principales villes d'Allemagne, les ouvrages de Luther, qui de son côté, sûr de l'appui des magistrats de Wittemberg, fit dresser un bûcher, et livra aux flammes, la bulle qui le concernait, avec le recueil entier des ordres émanés du Saint-Siège. Dans toute les villes allemandes, où il comptait des partisans, il fit renouveler cette scène.

Pendant que la Papauté était ainsi aux prises avec un aussi dangereux ennemi, avec ce réformateur hardi, l'Europe était occupée des deux grandes monarchies rivales, qui se levaient terribles et menaçantes ; nous voulons parler de Charles-Quint et de François 1er.

Le traité de Noyon, souscrit par Charles, n'était qu'un moyen diplomatique d'ouvrir, à ce jeune prince, l'entrée de l'Espagne qui pouvait lui être disputée : aussi reculait-il sans cesse l'exécution de ce traité et ne rendait-il pas à François, l'hommage qu'il lui devait, comme à son suzerain, pour les portions de l'héritage des ducs de Bourgogne, qu'il avait recueillies. La célèbre Marguerite, gouvernante des Pays-Bas, profitait des mécontentemens donnés par le Roi, au duc de Bouillon, à Robert de Lamarck, pour les détacher de leur fidélité à la couronne, pour assurer, à son neveu, le concours de ces deux puissans frères. Charles acquérait, par cette négociation, une province fort à sa convenance, et s'assurait la tranquillité des Pays-Bas. Il pensa donc à aller s'emparer de son trône d'Espagne, et oublia tout d'abord, ses promesses de rendre la Navarre à l'héritier de Marguerite de Foix, ou de le dédomager dans les huit mois qui s'étaient déjà écoulés depuis long-temps. Le jeune Henri d'Albret n'avait que quatorze ans, il est vrai; mais il craignait pour lui, l'appui du Roi de France, et il alla se disposer à mettre l'Espagne en état de défense ; il y avait 18 mois que Ferdinand était mort, lorsqu'il partit pour la péninsule, administrée par le cardinal Ximenès, l'homme le plus remarquable de toutes les Espagnes. Il trouva le peuple très-prévenu contre lui.

Pendant que Charles-Quint assurait la tranquillité de son royaume, François négociait avec Henri VIII d'Angleterre, et obtenait la châtellenie de Tournay, moyennant douze mille livres de pension au négociateur, le cardinal de Volsey, et les arrangemens suivans : mariage du Dauphin avec Marie d'Angleterre, fille unique d'Henri VIII; fin de l'expédition tentée en Écosse par le duc d'Albanie : enfin achat des canons, munitions et constructions enfermés dans la citadelle de Tournay, moyennant six cent mille écus.

C'est au milieu de ces échanges d'otages, de réjouissances données aux ambassadeurs des deux nations, que l'entrevue des deux monarques, entre Guines et Ardres, fut résolue.

Ils étaient tous deux du même âge, tous deux magnifiques, tous deux à la tête d'une noblesse nombreuse et pleine de luxe et de chevalerie. Ils devaient, dans cette réunion, abjurer les rivalités des deux pays, effacer les souvenirs d'invasion, de succès, de possession, enfin des guerres si variées qui, depuis le Roi Jean, avaient existé entre les deux royaumes. Ils devaient se jurer une amitié éternelle et cimenter leur union.

L'occasion se présentait, pour François, de reclamer de nouveau, à Charles-Quint, l'exécution du traité de Noyon. L'occupation de Tournay réparait l'échec que la défection des Lamarck lui avait fait éprouver dans son territoire des provinces du Nord; sa fille aînée, Louise, venait de mourir, et bien que Charles eut écrit qu'il ne se consolerait de la mort de l'aînée, qu'en épousant la cadette, c'est-à-dire, Charlotte, encore au berceau, on regardait cette assurance comme un leurre. On devait craindre qu'il oubliât cette clause, comme celles qui concernaient ses obligations envers le Roi, pour les comtés de Flandre et d'Artois, sa redevance annuelle de cent mille ducats sur le royaume de Naples, et ses engagemens pour la Navarre.

La possession de Tournay le rendit cependant plus souple, il acquitta les cent mille ducats; et demanda du temps pour remplir les autres conditions du traité de Noyon. Il pria le Roi de lui assigner le lieu d'une nouvelle conférence. Pendant ces lenteurs, l'Empereur Maximilien mourut, laissant un trône vacant, et cet héritage allumait de nouveaux brandons de discorde entre les deux élèves de Louis XII.

On connaît la brigue des deux Rois : Charles-Quint fut préféré, l'emporta, fut plus heureux, et François, honteux de son insuccès, déchu de ses espérances, fut entraîné, par son besoin de vengeance, dans une guerre qui lui fut si fatale. Il chercha à se lier plus étroitement avec Henri VIII, et la fameuse entrevue, projetée entre les deux souverains, fut fixée au 4 Juin

1520. Les préparatifs immenses que les commissaires des deux nations faisaient pour rendre cette réunion magnifique, éveillèrent l'attention de Charles-Quint ; il suborna Volseï, l'âme de cette alliance et chercha à traverser cette conférence royale. S'il ne pût l'empêcher, il en détruisit d'avance l'effet par une visite qu'il fit au Roi d'Angleterre, et François Ier n'obtint rien de ce qu'il s'était proposé de demander en établissant son *camp du Drap d'or*.

Une magnificence inouie avait présidé à tous les détails : nous sommes déjà trop loin de nos études pour les rapporter ici ; bornons-nous à dire que les seigneurs des deux pays avaient imité leurs maîtres, en cherchant à se surpasser en luxe.

« *Ils portaient sur leurs épaules, leurs bois, leurs moulins et leurs prés* ». Le cérémonial le plus rigoureux fut d'abord observé entre les deux cours opposées : la méfiance avait dicté les précautions les plus minutieuses, le caractère de François de Valois ne pouvait se plier à ces lourdes exigences ; un matin donc, il partit à cheval, avec un page et quelques gentilshommes et prit brusquement la route de Guines, sans aucune autre escorte. Il brava toute consigne et se présenta au Roi d'Angleterre, encore endormi : celui-ci touché de ce témoignage de confiance, lui rendit le lendemain sa visite, et les deux cours se confondirent dès ce moment. Les joûtes, les combats, les tournois occupaient tous les instans : les reines, les princesses distribuaient les prix, et les jeux de la chevalerie étaient interrompus seulement par des danses ou des festins, qui durèrent quinze jours. Le résultat de ces dépenses excessives fut la ratification de la promesse de mariage du Dauphin, avec Marie d'Angleterre, moyennant une pension de cent mille livres que la *France* paierait à l'Angleterre, lorsqu'elle aurait acquitté ses dettes antérieures.

Quant aux démêlés de la France avec l'Empereur, on n'en parla pas du tout. A son retour du camp du Drap d'or, Henri VIII rendit visite à Charles-Quint. Celui-ci vînt le retrouver à Calais, et dans une conférence à laquelle Marguerite prit part, sous le prétexte de visiter Catherine d'Arragon, sa sœur; il l'engagea à se déclarer contre le premier qui commencerait les hostilités.

François Ier, en recevant cette notification, demanda que le traité de Noyon fut enfin exécuté et s'en rapporta à la médiation de l'Angleterre, pourvu que le Pape y donnât son consentement, et n'espérant rien de cette proposition, se prépara à profiter des divisions de l'Espagne, de l'affaiblissement qui résultait de cette lutte intérieure, contre les droits de succession, pour faire attaquer Charles-Quint par l'héritier de Navarre, et conserver par ce moyen, la neutralité de l'Angleterre.

Ce fut au milieu de ces préparatifs, en 1521, qu'un accident grave faillit lui ôter la vie. Quelques historiens prétendent que le fait, dont nous allons parler, s'est passé à Romorentin, Carlier le revendique pour Villers-Cotterêts; il aurait eu lieu pendant la construction du château.

L'usage de se raser la barbe, dit cet auteur, était généralement établi au commencement du règne de François Ier. Un pur hasard ramena la coutume de la laisser croître.

« Le Roi s'exerçant, au château de Villers-Cotterêts, avec des seigneurs de sa cour, jetait des pelotes de neige. Un courtisan, que le Roi avait assailli, voulant user de représailles, saisit une poignée de neige, dans laquelle il renferma, par mégarde, un débri de tuile : il jeta cette pelote à François Ier, qui touché au menton, perdit du sang par une incision qui ne fut pas longue à guérir; mais qui laissa une petite cicatrice qu'il cacha en laissant croître sa barbe. Il fut bien vite imité par les seigneurs de sa cour et cet usage devint bientôt répandu et général ».

Les historiens ont souvent exagéré ce fait si simple et si naturel : quelques-uns ont prétendu que sa vie avait été menacée et l'Europe agitée par cette nouvelle fort grave, dans les conjonctures où elle se trouvait. On a attribué à un tison lancé, la cicatrice assez étendue qu'il portait, non seulement au menton, mais à une des joues. On lui prête, sur cet accident, un mot qui ne manque pas de générosité ; il ne voulut pas qu'on fit de recherches pour connaître le maladroit : « c'est moi qui ai fait la folie, disait-il, je dois la boire. » Le Parlement seul refusa de porter la barbe longue et les cheveux courts, habitué à faire de l'opposition contre François Ier; il prescrivit à tous ses subordonnés, à ceux qui se présentaient pour remplir des offices, de laisser pousser leurs cheveux et de raser leur barbe : ils finirent même, par laisser croître les premiers dans ces dimensions remarquables que le règne de Louis XIV a mises en vogue.

François Ier, pour opposer la vérité aux bruits de mort qui circulaient sur son compte, se hâta de mander sa guérison et de se faire voir aux ambassadeurs étrangers qui résidaient à la cour.

En même temps qu'il fesait bâtir le château de Villers-Cotterêts : qu'il construisait Chambord où il occupait dix huit cents ouvriers : que Folembray s'élevait : qu'il couvrait la France des productions du génie italien ; il faisait construire le château de Cramailles, la première des baronies du duché de Valois et celui de Givraie ou Givroye, pour une dame de la famille des Harlus qu'il visitait souvent. Ces deux localités placées l'une auprès de l'autre, mais séparées par l'Ourcq, avaient été détruites au moment de la prise d'Oulchy-le-Château par les Anglais. Elles appartenaient à une famille puissante de notre duché, qui l'acquit de la maison de Conflans. En 1513, Jean de Harlus mourut et fut enterré à Saint-Denis de Crépy. Sa femme Marie Volant mourut trois ans après.

Son épithaphe était ainsi conçue : « Ci gist no-
« ble homme, Jean de Harlus, sire de Cramailles,
« premier baron du Valois, seigneur du Plessis-
« Châtelain et de Neuilly-Saint-Front, vicomte
« hérédital d'Oulchy-le-Château, qui trépassa,
« etc., etc.... » Il n'eut pas d'enfant et ses quatre frères partagèrent ses vastes domaines.

CHAPITRE XV.

La guerre allait bientôt devenir intérieure et menaçante ; pour subvenir à toutes ces dépenses si multipliées, le Roi avait dû établir de nouveaux impôts, qui, sous le prétexte de la conquête du duché de Milan, s'étaient élevés au double de ce que percevait Charles VII. En 1521, tous les revenus de l'État étaient absorbés par des profusions indiscrètes d'une cour galante et pleine de magnificence ; il y avait à cette époque trois maisons de Reine à entretenir : celle de Claude de France, qui était la moins brillante : celle de la comtesse Louise de Savoie, mère du Roi, duchesse d'Angoulême, du Maine, de Touraine et d'Anjou : et celle de Marguerite, duchesse d'Alençon, sœur du Roi. En vain Samblançay, le surintendant des finances, avait-il voulu remontrer au Roi l'état des finances du royaume ; François, jeune, puissant et prodigue, avait été sourd à toutes les représentations et le mal s'aggravait.

La vente du domaine royal ne suffisait plus : il fallut trouver d'autres ressources, et c'est alors qu'on établit ces rentes sur l'État, ces emprunts à intérêts qui depuis ont été adoptés par tous les gouvernemens absolus ou monarchiques représentatifs. C'est dans cette année, que furent donc établies les rentes perpétuelles, qui, assurant aux hommes riches un placement fructueux, augmentaient le nombre des financiers, et enlevaient à l'activité industrielle, au commerce, à l'agriculture, des capitaux qui cessaient de tourner au profit du bien-être général.

Cette création ne combla pas encore le vide, qui, chaque jour se découvrait en s'augmentant. Le numéraire manqua, et François 1er ordonna à ses sujets de porter leur argenterie à la monnaie :

on taxa les principaux habitans des principales villes. Les évêques, les présidens des cours de justice, dûrent contribuer ; mais comme cette ordonnance n'était pas revêtue du consentement du Parlement, il fallut composer avec les individus taxés, et le résultat ne fut pas aussi productif que ce qu'en attendait le Roi.

Pendant tous ces embarras financiers, la guerre avec Charles-Quint se continuait en Alsace et même en Champagne. Les impériaux avaient pris Mouzon, et mettaient le siège devant Mézières, que défendait Bayard, enfermé dans cette ville, avec cette jeunesse aussi brave que doreé, qui suivait les goûts du maître, pour la chasse, la guerre et l'amour. La levée du siège de Mezières, est un des faits les plus glorieux pour Bayard et pour le comte de Lorges. Celui-ci conduisait le convoi militaire, dont la présence força les impériaux à la retraite. Ils s'avancèrent du côté de la Picardie, brûlant et saccageant tout sur leur passage.

Ce fut à propos de la levée du siège de Mézières que François 1er écrivit à sa mère : que Dieu s'était montré bon Français, et qu'il pensa enfin à récompenser le mérite du chevalier Bayard, alors simple lieutenant. Il lui donna une compagnie de cent lances et l'ordre de Saint-Michel.

La guerre se rapprochait du Valois, les armées

ennemies avaient déjà pénétré jusqu'aux environs de Guise et de Saint-Quentin ; le Roi s'attendait à les rencontrer dans cette partie du Vermandois, tandis que son beau-frère, le duc d'Alençon, allait reprendre Mouzon, pour revenir ensuite rejoindre François en Picardie. Nous avons dit que cette guerrre avait commencée à l'occasion du duc de Bouillon, que François 1er avait encouragé dans son expédition contre l'Empereur. Ce duc de Bouillon était de la maison de Braine, et par conséquent un des plus puissans vassaux du duché de Valois.

L'invasion des impériaux fut repoussée jusqu'aux frontières : grâces au courage de ces compagnies d'avanturiers Picards, qui s'étaient fait appeler les six mille diables, et qui reproduisaient, dans les états de l'empire, les ravages et les incendies qui avaient désolés les terres de France.

Pendant que la guerre régnait dans le Nord : en Espagne, l'amiral Bonnivet, le favori de la duchesse d'Angoulême, maintenait la gloire française, et étonnait les Espagnols par la prise de Fontarabie. En Italie au contraire, nos armes étaient malheureuses, et nous étions menacés de perdre encore cet héritage tant convoité, si longuement disputé. Le Pape Léon X, mourait de joie en apprenant notre expulsion des duchés de Parme et de Plaisance, et cette mort arrêtait un peu les progrès de l'armée confédérée, bien que Lautrec eut prévu et annoncé notre déroute générale en Italie, si la cour ne lui envoyait aucun moyen de conserver nos conquêtes, c'est-à-dire, des hommes et de l'argent.

Ce dernier mobile de toute puissance, manquait, et c'est pour le procurer que le chancelier Duprat, eut recours au pénible établissement de la vénalité des charges. Le Parlement, frappé de la déconsidération qui résulterait pour lui-même de cet abus, qui livrait aux hommes d'argent : d'abord les revenus publics, au moyen des emprunts et des rentes : enfin les fonctions les plus honorables, les plus difficiles, les seules conservatrices des anciennes franchises, en les admettant sans d'autre distinction qu'une quittance : refusa trois membres porteurs de lettres de nomination, qu'il savait achetées et payées. Non seulement la magistrature refusa, mais elles les renvoya avec mépris, et le chancelier n'osa pas afficher une immoralité complète : il excusa le Conseil du Roi sur la difficulté des temps, les besoins de la guerre. Le Parlement ne céda point à ce palliatif, il persista même dans son refus, après les lettres de Jussion, il se raidit contre cette odieuse vénalité, et il précipita, par sa courageuse conduite, l'établissement en principe de la vénalité des charges judiciaires, cette grande tache du règne de François 1er.

Pour donner une idée de la magistrature supérieure, telle que Louis XII l'avait moralement organisée, il faut lire les remontrances de ces organes de toute équité. Ils disaient à la duchesse d'Angoulême, à la régente du Royaume : que l'auguste fonction de rendre la justice, ne pourrait être remise en des mains trop pures : que celui qui achetait une charge judiciaire, ne voulait que s'enrichir, et croyait avoir le droit de vendre :

Ils disaient encore, que l'honneur, la probité, la science, disparaîtraient du sanctuaire des lois, pour faire place à la bassesse et à la soif de l'or :

Ils disaient enfin, ces magistrats du 16e siècle, que le Roi répondrait devant Dieu de toutes les injustices qui se commettraient en son nom.

Nobles et saintes paroles, que devaient étouffer la voix des courtisans, les conseils des flatteurs de Cour, les désirs imprudents de tant de royales faiblesses ! et quand il fallut enregistrer ces édits de prostitution juridique, écoutez-les, ces hommes de bronze, dire qu'ils ne pouvaient le faire sans offenser Dieu et trahir leur conscience. Ils inscrivirent à côté de leurs protestations, la volonté suprême de la monarchie la plus absolue. Ils étaient contraints !........ et il leur fallut, pour céder, pour se relâcher de leur courageux rigorisme, des raisons d'état, telles que le danger du royaume menacé par un ennemi aussi puissant que Charles d'Autriche, l'invasion prochaine, et la nécessité de la repousser.

Les garnisons de Picardie et de Champagne ravageaient toujours le Hainault et l'Artois, celles des Pays-Bas, faisaient des excursions sur les provinces de France, François 1er espéra que ces Flamands si turbulents sous les gouvernements des ducs de Bourgogne, Philippe le Bon et Charles le Téméraire, se rallieraient à lui dès qu'ils trouveraient le moyen de refuser les contributions énormes qui pesaient sur eux. Il profita du peu d'empressement de Charles-Quint, à se reconnaître vassal de la couronne de France, pour les Comtés de Flandre et d'Artois, et ses autres possessions en France, pour le faire ajourner personnellement devant la Cour des Pairs.

Les sujets de ce prince, qui relevaient de la France, devaient être déliés de tout serment de fidélité envers lui, tant que durerait sa félonie, sous peine d'être eux-mêmes, arrières-vassaux, villes, communautés et autres déclarés coupables ou rebelles.

Cet ajournement ne produisit aucun effet. Les Flamands, peuple toujours productif et industriel, trouvaient dans le commerce avec l'Angleterre, l'allié secret de Charles, un débouché pour leurs manufactures, et le commerce les rendit sourds à toutes ces avances, à toutes ces menaces. C'était l'or anglais qui payait les troupes impériales. Henri VIII s'apprêtait à la guerre lui-même, et ces apprêts étaient-il dirigés contre la France ou l'Ecosse? Lorsque François demanda des explications au beau frère de Louis XII, en lui exposant ses griefs contre Charles, à cause de son refus d'exécuter le traité de Noyon : Henri répondit que le Roi de France : en soutenant les prétentions de Robert de la Mark, de la maison de Braine : en envoyant une armée en Navarre : en rejetant les propositions faites à la conférence de Cambrai : enfin en discontinuant de payer les tributs promis à l'Angleterre, s'était déclaré infracteur de la paix, et devait s'apprêter à la guerre. L'effet suivit la menace d'Henri VIII, une descente sur les côtes de France, et le pillage de Morlaix, en Bretagne, furent le prélude de cette coalition contre François 1er. Le nouveau pape, suivant Charles et Henri, devait être le chef de cette nouvelle ligue.

L'élection du nouveau Pape, allait occuper toutes les intrigues : le choix tomba sur Adrien VI, né à Utreck, de parens obscurs, mais devenu célèbre par son préceptorat, pendant la jeunesse de Charles-Quint. C'était un nouveau triomphe pour cet Empereur, qui n'avait pas été sans influence dans cette élection inattendue, même du successeur de Léon X. Cette exaltation à la chaire de Saint Pierre, d'un homme tout dévoué à l'Espagne, rendit la guerre plus imminente, et le besoin d'argent plus pressant encore. La vente des offices, bien qu'on en inventât de nouveaux chaque jour, était pleine de lenteur pour le recouvrement des fonds, et les Suisses, nos alliés, nous faisaient rudement sentir le proverbe qui leur fut sans doute, dès ce moment appliqué (1).

Après avoir taxé les grands seigneurs et les évêques, on songea à s'emparer des trésors de l'Église; Léon X avait lui même, dans des embarras financiers, créés par les guerres et les encouragements donnés aux artistes, donné ce contagieux exemple. L'église Saint-Martin, de Tours, qui possédait une balustrade en argent massif, autour du tombeau du saint Patron, fut la première dépouillée de cet ornement, malgré l'opposition des chanoines et du Parlement, et le beau treillis fut monnoyé.

En 1522, nous avions perdu le duché de Milan, et Lautrec qui défendait l'Italie, prouvait au Roi que les quatre cent mille écus qu'il aurait dû recevoir pour assurer cette conquête, avaient été

(1) Ils disaient : *demain, argent ou bataille. Après demain, congé, choisissez.*

conservés par la Reine mère, pendant ses fonctions de régente.

La Picardie était, en même temps, dans un péril extrême; les Anglais menaçaient Boulogne et Hesdin, les efforts de Montmorency, des comtes de Guise, de Pont-Dormy, de Lorges, chassèrent les armées Anglo-Impériales et ce succès ne suffisait pas à rétablir le bon ordre menacé par une guerre devenue générale. L'anarchie en effet, était devenue complète, comme au temps de Charles V et Charles VI; à Paris et dans toute l'Ile-de-France, dans le Valois : des assassinats, des meurtres, des pilleries de gens de guerre, de routiers, devenaient de plus en plus fréquents, et les moyens répressifs ordinaires étaient insuffisants.

Les crimes n'atteignaient pas seulement les hommes d'armes les plus inférieurs : le Connétable de Bourbon, lui-même, Charles de Bourbonnais, comte de Clermont en Beauvoisis, élevé sous les yeux d'Anne de France et désigné comme l'homme le plus brave de l'armée d'Italie, après la mort de Gaston de Foix, plein d'ambition et de jalousie contre l'amiral Bonnivet, le favori de la régente, trahissait la France et son parent qui venait de le nommer Lieutenant-général du royaume.

Il avait été question, à l'époque de son veuvage, de le rapprocher plus étroitement du Roi, en lui faisant épouser Louise de Savoie, la régente : mais il avait rejeté, avec un amer dédain, la main d'une femme qu'il disait *sans pudeur* et un procès sur des possessions importantes, s'était élevé entre lui et la mère de François I*er*.

Ce procès, dans lequel il crut voir ses droits écrits dans une donation de sa femme Suzanne, contestés, lui fournit un prétexte et content de se perdre, pourvu que ce fut avec éclat, il traita avec l'Empereur pour livrer, à cet ennemi de François I*er*, la France et le Roi lui-même. Il dissimula jusqu'à la fin. Les visites du Roi, ses doutes qu'il lui expliqua, ne changèrent rien à ses projets coupables ; il ne prit la fuite que lorsque la conjuration découverte lui eut imposé l'obligation de quitter la France, en trompant la surveillance active qui le menaçait. Il se refugia en Piémont et de là en Italie.

C'était toujours du côté de Roye et de Montdidier que les Anglais et les Espagnols cherchaient à envahir notre pays ; le vieux la Trémouille leur opposait son infatigable courage, et malgré cette belle défense, ils avançaient jusqu'aux portes de Paris. Les vassaux du duché de Valois s'étaient levés pour repousser cette invasion menaçante et Robert de Sarrebruche, comte de Braîne, les arrêtait au château de Ham, où il s'était enfermé avec cinquante lances seulement, et sept cents fantassins. La Champagne était ravagée par les Lansquenets, et malgré tous ses embarras, ces doubles, ces triples armées, François Ier, attaqué partout, dans les Pyrénées, comme dans le Nord, envoyait l'amiral Bonnivet en Italie avec un corps considérable, quinze cents lances, six milles Suisses, des lansquenets, des compagnies franches, etc., etc.... tout le cortége obligé des guerres anciennes.

Adrien mourut à Rome aux acclamations du peuple qui couronnait de fleurs son médecin et l'appelait *le libérateur de la patrie*. Son or avait contribué à payer l'armée confédérée : dans son vicariat de vingt mois, il avait plutôt servi que combattu la réforme par des aveux dont Luther profita, et il était remplacé par Clément VII, beaucoup plus favorable aux intérêts de François Ier.

Le commandant des troupes confédérées, en Italie, était le Connétable de Bourbon, qui poursuivait ses projets de vengeance et c'est dans cette expédition funeste, que Bayard, voulant appuyer une retraite, fut frappé mortellement. Sa mort est connue. Chevalier et chrétien, il mourut sans reproche, faisant entendre au Connétable les paroles sévères que l'Histoire a conservées.

Dans le procès qui fut intenté aux complices du Connétable, Jean de Poitiers, comte de Saint-Vallier, fut trouvé le plus coupable. Il allait être exécuté, lorsqu'il fut sauvé par le dévouement de sa fille, la belle et célèbre Diane, dont nous parlerons plus particulièrement à propos d'Henri II. Quant au lit de justice qui fut tenu pour la condamnation du duc de Bourbon lui-même, nous dirons seulement, qu'il fournit au chancelier et au Parlement, l'occasion d'exposer leurs griefs mutuels devant le Roi et que le Connétable répondit à la citation qu'il recevait, par son entrée armée dans la Provence.

La bonne Reine, Claude de France, mourut dans l'année 1524, laissant deux fils et une fille, et tel était l'épuisement des finances ou les préoccupations de son époux, qu'il ne pût songer aux funérailles de cette vertueuse fille de Louis XII. L'Italie le réclamait et malgré les prières de sa mère, il courrait à cette funeste bataille de Pavie, entraîné par la fatalité. Le siége de Pavie dura long-temps, mais, le 25 Février 1525, François Ier perdit cette mémorable bataille, et blessé au front, renversé de son cheval, qui venait d'être tué, devint captif et rendit son épée à Lannoi, qui la reçut un genou en terre.

Le nombre des prisonniers fut considérable : parmi eux se trouvait le jeune Henri d'Albret, roi de Navarre qui était d'une importance immense pour Charles-Quint ; il n'était pas marié : sa mort, sa captivité perpétuelle, ou sa renonciation enlevaient une inquiétude que l'héritier de l'usurpation de Ferdinand devait concevoir.

Ses domestiques resolùrent de le sauver ; Vivès, son page, qui avait une taille pareille à la sienne, se coucha dans son lit pendant qu'Henri, dans sa propre livrée, traversait Pavie et fuyait avec Gassion, l'un de ses serviteurs.

François Ier, serré de plus près, ne pouvait s'évader : étroitement gardé, il ne pouvait communiquer qu'avec ses vainqueurs, en attendant que Charles-Quint eut dicté les conditions de sa rançon. Il fut transféré de Pavie à Pizzigthon, et confié à la garde d'un capitaine Espagnol d'une fidélité éprouvée. Il écrivit à Charles-Quint et en donnant des ordres pour assurer le passage de la France au courrier qui devait traverser Lyon, il remit cette lettre pour sa mère, dans laquelle il recommandait le gouvernement du royaume, le soin de ses enfans, après avoir tracé ces mots historiques : *Tout est perdu, for l'honneur !*

Le duc d'Alençon avait échappé à la mort et à la captivité, par une fuite que lui reprocha Marguerite, sa femme, la sœur de François I*', avec tant de force qu'il en mourut de honte. L'amiral Bonnivet avait échappé, par une mort glorieuse, aux reproches qu'il méritait comme instigateur de cette nouvelle entreprise. Le vieux la Trémouille, à 75 ans, percé de deux balles, avait terminé sa chevaleresque existence, et presque toute la noblesse française était, comme à Poitiers, comme à Azincourt, morte ou prisonnière.

La régente fut un instant accablée sous tant d'infortunes; mais bientôt rendue à l'impérieuse nécessité de montrer du courage, elle s'occupa de la défense des frontières, de l'ordre intérieur si difficile à établir en l'absence de tant de moyens de répression, de tant d'élémens de mécontentement public.

Le parti du Connétable pouvait se réveiller, profiter des conjonctures pénibles du royaume: le vieux Montmorency fut appelé par elle, pour opposer des moyens de gouvernement à l'anarchie menaçante, qui relevait sa tête et menaçait d'envahir toutes les classes. Des bandes de *mauvais garçons*, pénétraient la nuit dans Paris, pillaient, volaient, et leur cri de ralliement, était *Bourbon*. Les prédicateurs tonnaient en chaire, contre la régente et contre le chancelier. Prevenus ou calmés par les membres du Parlement, qui se réunirent alors à la Cour, ils se turent ; mais des placards, qui commentaient le nom si dangereux de liberté, venaient agiter le peuple, et rendre la position de Louise de Savoie plus difficile.

La famine apparaissait comme un lugubre fantôme, La Picardie était toujours menacée, et le courage de Vendôme, premier prince du sang, depuis la mort du duc d'Alençon et la fuite du Connétable, pouvait seul la défendre. Il dût cependant quitter les frontières, pour venir en aide à la régente, dont la capacité ne pouvait plus suffire aux embarras de l'administration. Louise était toujours à Lyon, : il alla la rejoindre, évitant de passer par Paris, dans la crainte de causer quelqu'agitation dans cette ville.

Le Parlement profita cependant, des malheurs de la monarchie, pour faire entendre quelques-unes de ces vérités populaires, si souvent oubliées par les gouvernemens absolus. Il attribua les progrès de l'hérésie luthérienne, à l'établissement du Concordat, à la révocation de la *Pragmatique Sanction*.

Il ne voulait pas qu'on transportat à Rome, sous le titre d'*annates,* le peu d'argent qui restait encore en France : il s'élevait contre les confiscations honteuses, les iniquités qui souillaient la justice, depuis l'introduction de la vénalité.

Il rappelait les crimes commis récemment par les gens de guerre : ceux-ci ne touchant plus leur solde régulière, se livraient au pillage et ramenaient les horreurs de la guerre civile, même pendant le gouvernement de François Ier. En 1521, le 11 Avril, un combat avait eu lieu près d'Acy-en-Multien, entre des bourgeois armés, de Meaux, et une troupe de soldats vagabonds retranchés à Acy. Les bourgeois perdirent dix-neuf des leurs et furent repoussés. Le Parlement rappelait donc la nécessité d'employer les tailles à la solde des troupes.

Pour calmer un peu cette irritation trop légitime, la Régente fit des promesses et s'occupa de lois somptuaires, afin de diminuer le mécontentement qu'une Cour dissipée et voluptueuse avait tant contribué à exciter. Les Dames ne durent plus se vêtir que de laine, les festins, les réjouissances furent supprimés, le deuil sur le visage fut même decrété par la Régente qui demanda en même temps, au Parlement, de s'assister de ses conseils.

Les disciples de Luther avaient soulevé quinze mille paysans allemands en leur prêchant l'affranchissement civil et religieux. Poussés jusqu'en France, ils menaçaient les états du duc de Lorraine, frère du duc de Guise : ce dernier, par un succès inespéré, vint rétablir la réputation d'une monarchie, dont la gloire était éclipsée par la captivité de son chef.

Les troubles en Allemagne, les embarras de Charles-Quint, ne lui permettaient pas de prendre contre François 1er, le parti extrême de le dépouiller de sa couronne : malgré une prétendue donation que Boniface VIII, en avait faite à l'Empereur Albert d'Autriche, un de ses ancêtres. Mais il voulait obtenir l'héritage de Charles-le-Téméraire, ce duché de Bourgogne, enlevé par Louis XI, à la maison dont il était devenu le chef.

Il voulait encore que le Connétable reprit ses titres et ses possessions en France, et que son allié, le Roi d'Angleterre, fut satisfait sur les sommes qui lui étaient dues par la France. Il offrait pour cimenter la réconciliation, de marier le Dauphin avec l'infante Marie de Portugal, sa nièce.

François refusa cet accommodement qui réduisait sa puissance directe, aux seuls pays compris entre la Loire, la Seine et l'Aisne, c'est-à-dire, Orléans, Paris et Soissons. Il fit assembler les États-généraux de France, et ceux-ci cédèrent toutes les prétentions sur l'Italie, à condition que l'Empereur donnerait à Henri, second fils de François 1er, l'investiture du duché de Milan, des comtés d'Ast et de l'État de Gênes, lorsque ce jeune prince aurait épousé Marie de Portugal, nièce de Charles-Quint.

La couronne perdait sa suzeraineté sur les provinces de France et d'Artois, des droits sur les chatellenies de Douai, Lille et Orchies.

Si l'Empereur voulait s'agrandir, la France ne s'opposerait à aucun de ses projets sur l'Italie. La Régente offrait, pour cimenter cette alliance, sa fille Marguerite, veuve du duc d'Alençon, à l'Empereur lui-même, et François Ier se mariait avec Éléonore, douairière de Portugal, sœur de Charles.

Enfin le duc de Bourbon épousait Rénée de France, la sœur de Claude, la fille de Louis XII, et recevait, avec une dot proportionnée à son rang, l'héritage de la maison de Bourbon.

Pendant qu'elle négociait avec Charles : la duchesse d'Angoulême sollicitait le Pape, les Suisses, les Vénitiens d'éviter le joug imminent de la puissance espagnole et autrichienne ; elle espérait qu'un coup de main pourrait, à la faveur d'une guerre, délivrer François Ier et l'enlever de ce duché de Milan, dans lequel les Français avaient des partisans. Lannoi qui gardait le royal prisonnier, prévint l'Empereur, et ce monarque habile et rusé, n'eut pas de peine à faire inspirer à François le désir de passer en Espagne, pour traiter avec lui de sa liberté ; le confiant et chevaleresque Roi de France favorisa l'adresse avec laquelle on lui fit tromper toutes les puissances d'Italie qui pouvaient le delivrer, et il commit la faute énorme de river lui-même les fers qui le retenaient entre les mains de son rival. Il quitta Pizzigthon, se rendit à Gênes, et fit voile pour Madrid.

L'Empereur, assuré de son prisonnier, cessa de le contraindre, l'enferma dans le château de Madrid, et ne pensa plus qu'à obtenir, par l'ennui d'une longue captivité, tout ce qu'il espérait enlever à la France.

Pendant que François arrivait à Madrid : la Régente envoyait sa fille Marguerite avec des pouvoirs politiques, et dans le but plus réel d'essayer si les charmes et la galanterie de la duchesse d'Alençon ne seraient pas tous puissans sur l'esprit du vainqueur. Le président de Selve qui la précédait, remontrait à Charles l'état de la chrétienté menacée par l'hérésie, et les Turcs maîtres de Belgrade, de Rhodes et de la Hongrie : il demaudait qu'il fixât la rançon du Roi, et qu'il consentît au moins à une entrevue avec lui et Mme d'Alençon. Charles fit nommer des commissaires qui devaient prolonger indéfiniment les discussions et ne rien terminer.

D'un autre côté, le Roi d'Angleterre, Henri VIII, se séparait de son alliance avec Charles, et se rapprochait de la France : il avait de nombreux griefs contre l'Empereur qui n'était pas toujours très-strict observateur de ses promesses, et il fit un traité avec la Régente, après avoir menacé Charles et lui avoir réclamé l'exécution de leurs conditions : le mariage de Marie d'Angleterre, le paiement de sommes considérables, la remise des provinces françaises promises : tous engagemens royaux, mais non observés, non remplis.

Le Pape avait contribué à ce rapprochement qui témoigne de la faute que commit le Roi, en allant à Madrid ; la puissance de l'Empire effrayait en effet tous les petits États : l'Angleterre même, craignait pour ses possessions dans les Pays-Bas! Une conspiration avortée contribua à séparer les intérêts du Pape et de l'Italie, de ceux de l'Espagne, et vint donner quelque répit aux inquiétudes que l'extérieur faisait naître. Des demandes armées menaçaient l'Empereur.

François, honteux du piége dans lequel il était tombé, retenu loin d'une sphère d'activité indispensable à sa constitution, humilié et livré dans sa solitude au repentir, à la haine, au désespoir, tomba dangereusement malade et se disposa à la mort. La présence de sa sœur sembla devenir opportune pour ses funérailles. Des idées religieuses, une communion qu'il reçut avec toute la dévotion et la piété des anciens temps, opérèrent une crise heureuse dans son état physique et servirent à faire éclater les sentimens d'intérêt que lui portait le peuple espagnol. Des prières publiques, jour et nuit, étaient adressées par les habitans de Madrid, pour sa conservation.

Charles fut ému lui-même de ces témoignages de sympathie, de l'état malheureux dans lequel il avait réduit son infortuné rival : il le visita et lui promit de le rendre à la liberté.

Plus politique que galant, il fut plus sensible à ses intérêts qu'aux grâces et aux talens de la coquette Marguerite et il continua de préférer la princesse de Portugal qui lui apportait neuf cent mille écus d'or.

Il songeait même à profiter de la présence de Marguerite pour la retenir prisonnière de guerre, après l'expiration du sauf conduit qu'elle avait reçu; lorsque le Connétable de Bourbon la prévint et lui conseilla de hater son retour en France.

François, frappé de cette nouvelle perfidie, fit éloigner sa sœur et lui remit un acte d'abdication dans lequel, après avoir rappelé que trahi par la fortune et combattant encore après la mort de son cheval, il avait du céder au nombre seul et s'était rendu prisonnier de l'Empereur. Il expliquait à ses sujets les tentatives infructueuses d'accommodement, les offres qui lui avaient été faites et qu'il avait du refuser comme contraires à la chose publique et à ses devoirs. Il terminait ses longues explications en ordonnant que le titre de Roi fut immédiatement donné à François, son fils aîné, Dauphin de France, sous la régence de la duchesse d'Angoulême, voulant que tous ceux qui lui devaient foi et hommage, soient quittes et absous de tout serment.

Cette renonciation au trône, fut datée de Madrid, du mois de Novembre 1525.

Marguerite ayant reçu, après une résistance inutile qui n'ébranla pas le sacrifice du monarque, cette généreuse condescendance à la misère du royaume : ne laissant plus, entre les mains de Charles, qu'un simple chevalier; partit avec la plus grande diligence, et arriva en France avant que ceux qui la poursuivaient aient pu l'atteindre.

Pendant que le Roi consommait cette noble abdication : les querelles du Conseil de régence et du Parlement, recommençaient avec une force dangereuse, et perpétuaient l'anarchie la plus fatale. Paris n'achetait la tranquillité, qu'en repoussant sur Pontoise, Senlis, et par conséquent sur le Valois, les troupes qui continuaient leurs affreux désordres. La maladie du Roi inquiétait tous les esprits : on le disait mort, et on exhalait les plaintes les plus amères contre la régente et le chancelier. Une discussion sérieuse s'était élevée entre les deux seuls pouvoirs organisés, à propos d'une élection ecclésiastique. On parlait d'assembler les États-généraux, lorsque la nouvelle de l'abdication du Roi, et le changement de disposition que cet acte amena dans l'esprit de l'Empereur, vint mettre un terme à tout ce désordre.

François avait fait notifier à ses plénipotenciaires, à Charles-Quint, sa renonciation au pouvoir : aux siens il recommandait de cesser leurs conférences ; à l'Empereur, il demandait une maison sans faste, mais décente, pour y terminer ses jours dans la retraite. Charles vit qu'il devait se relâcher de sa sévérité, s'il voulait obtenir quelque fruit de la victoire de Pavie : il désirait s'assurer du duché de Bourgogne, avant de donner la liberté à son captif, mais les plénipotentiaires français prétendaient que le Roi ne pouvait démembrer le royaume, sans le consentement des États-Généraux, et que ceux-ci ne décideraient rien tant que le Roi, retenu en Espagne, ne les présiderait pas.

Enfin il se détermina à le laisser retourner en France, sur la parole qu'il reviendrait se constituer prisonnier à Madrid et qu'il donnerait en attendant son retour, ses deux fils aînés en otages.

Le traité de Madrid était un des plus humiliants pour François 1er, et des plus onéreux pour la France. Avant de le signer le Roi ayant fait appeler tous les seigneurs français, protesta devant eux qu'il n'était pas libre, fit dresser un acte de protestation, en leur présence, et se décida à confirmer les dures exigences de l'Empereur.

Quelques jours après, il dût épouser Éléonore de Portugal, et devint beau-frère de son plus implacable ennemi. Au milieu des fêtes de ce mariage improvisé, la défiance, la haine implacable se couvraient du voile des protestations de tendresse et d'attachement, qui faisaient un contraste pénible avec les précautions espagnoles qui entouraient le Roi.

L'échange des otages se fit sur la Bidassoa, sans qu'il fut permis à François d'embrasser ses deux fils, et aussitôt qu'il eut touché le sol français, il s'élança sur un cheval, et se rendit avec la plus grande rapidité à Bayonne, où la Cour l'attendait. Il convoqua bientôt une assemblée; non pas d'États-Généraux : mais seulement de notables, beaucoup plus faciles à diriger que ces grandes assemblées dans lesquelles le bien public pouvait être trop largement discuté.

Il expédia au Roi d'Angleterre, une ratification du traité que la régente avait fait avec lui, et répondit aux envoyés de Rome ; qui lui offraient de la part du Saint-Père, de le délier de tous les sermens qui lui auraient été arrachés ; en exposant le parallèle de la conduite d'Édouard d'Angleterre, envers le Roi Jean, avec celle de l'Empereur à son égard. Malgré les soins de la régente, il était plongé dans une tristesse excessive, dont rien ne pouvait l'arracher : il lui fallut une nouvelle passion, pour rendre à son cœur flétri, l'ardeur que la captivité lui avait enlevé.

Mademoiselle de Heilli, la jeune et belle Anne de Pisseleu (1), l'une des plus proches voisines du château de Villers-Cotterêts, était l'une des filles d'honneur de la régente. Il s'attacha fortement à elle, et lui fit épouser pour la rapprocher de la cour, Jean de Brosse-Penthièvre, auquel il rendit l'héritage confisqué sur son père, partisan du Connétable ; il dota les deux époux du comté d'Étampes, qu'il érigea à cette occasion en Duché-Pairie.

Dans l'assemblée des notables à Cognac, les députés bourguignons, en présence de Lannoi et des envoyés espagnols, dénièrent au Roi le droit de disposer d'eux, et François 1er se trouva dans l'impossibilité de remplir un des principaux articles du traité de Madrid.

Il répondit à la proposition, que l'Empereur lui

(1) Note n° 17.

fit faire de reprendre ses fers en Espagne, en signant publiquement la ligue des souverains italiens et se disposa à la guerre.

Il congédia l'assemblée, les Espagnols fort mécontens ; et revint immédiatement à Paris, pour rétablir l'ordre, depuis si long-temps troublé. De nouveaux embarras s'étaient élevés : la réforme religieuse prêchée par les partisans de Luther, avait fait des progrès extrêmes dans la Brie, l'Isle-de-France, nos provinces les plus voisines. A Meaux, par exemple, des conférences populaires fort dangereuses, étaient établies, et éclairaien les masses. Les Cordeliers s'étaient opposés par des prédications devenues pleines de fiel, à cette dangereuse Propagande. Le Parlement avait été saisi de ces discussions et avait prononcé des condamnations capitales contre des luthériens. On en avait brûlé en la place de Grève, à Paris ; fustigé et marqué d'un fer chaud, à Meaux : aux fureurs de la guerre, aux misères de l'époque, allait se joindre le fléau des discussions religieuses.

La haine de l'Université contre les moines, disposait tous ses membres à s'infecter des principes de l'hérésie, et le Parlement était hostile à l'Université : mais hostile jusqu'à refuser au Roi, à son retour, l'élargissement d'un gentilhomme Picard, Louis Berquin, ami d'Érasme, coupable d'avoir traduit des discours de Luther.

Dans le lit de justice que le Roi tînt à la Cour du Parlement, le président Guillard, après avoir rappelé le mécontentement du monarque, le récent exil des membres les plus opposés à ses volontés; ayant osé dire que le trône s'appuyant sur la religion, la justice et la force, devenait faible, dès que le concours d'un de ces trois soutiens solidaires entr'eux, manquait ou était menacé; François fit enjoindre à la Cour de se renfermer dans l'exercice de la justice. Il rompit l'assemblée avant d'avoir écouté la réplique; car malgré le zèle du Parlement contre l'hérésie, le chancelier Duprat et la régente, ne pouvaient excuser son opposition constante à la vénalité des charges, devenue de plus en plus indispensable pour créer de nouvelles ressources et faire face aux frais de la nouvelle guerre. Le chancelier venait de recevoir du Pape, la barrette, il avait les mêmes honneurs que d'Amboise, sous Louis XII : mais il se préparait une mémoire toute différente.

Il fit rechercher, en 1526, les financiers, pour les dépouiller de leurs biens, et même de la vie, comme il fit à l'égard de Samblançay et d'Étienne Poncher, qu'il fit pendre à Montfaucon, au milieu des murmures. Le peuple, ordinairement mal disposé contre les hommes d'argent, mais certain de l'innocence de ceux-ci, les plaignit et les pleura.

Cet argent extorqué, n'arriva pas assez tôt au Pape, auquel il était destiné; François n'osait, à cause de ses enfans, déclarer une guerre ouverte à l'Empereur, et Clément, assiégé dans le château Saint-Ange, à Rome, avait dû capituler aux conditions qu'il avait plu au général espagnol de lui imposer. Encouragé par les promesses nouvelles des rois d'Angleterre et de France, il avait repris les hostilités, et le Connétable de Bourbon, qui l'attaquait avec des lansquenets et des avanturiers, allait jouir de son triomphe sur le chef spirituel de l'Église, lorsqu'une balle, au siége de Rome, le renversa dans le fossé, où il expira.

Sa mort, loin de décourager ses troupes, les excita à la vengeance et au désordre. La Cité sainte fut plus outragée par les Chrétiens, que jadis ne l'avait été la Cité impériale par les Barbares.

Le Pape retiré au château Saint-Ange, capitula une seconde fois, et fut à son tour fait prisonnier et gardé étroitement, au milieu de la peste qui dévorait à Rome, ceux que les poignards des lansquenets avaient épargné.

Il ne fut mis en liberté qu'en 1528, au moment des défis que les deux Rois d'Angleterre et de France, envoyaient à l'Empereur.

CHAPITRE XVI.

Le Pape avait pu recouvrer sa liberté, en fuyant sous le déguisement d'un marchand. Rome pendant plusieurs mois avait été livrée à la soldatesque la plus brutale ; les luthériens avaient pris une part aussi active que honteuse à ces épouvantables excès, et les arts avaient autant à déplorer que la morale, pendant l'occupation de cette cité protectrice des arts.

Henri VIII et François Ier, dans leur association, allaient adresser à l'Empereur ce défi dont nous venons de parler, et Lautrec à la tête d'une armée avait envahi de nouveau l'Italie. Pour obtenir les subsides nécessaires à sa rançon, ou à celle de ses deux fils, François Ier convoqua de nouveau, à Paris, une assemblée de Notables.

Dans cette réunion, il fit un appel à la générosité française, il expliqua la position fâcheuse du royaume, il s'accusa de ses fautes, et demanda aux trois états, un généreux concours. Il ne lui fut pas refusé. Le clergé offrit son argent; la noblesse, son épée ; le peuple, par l'organe de ses magistrats, des échevins de la capitale, le peuple, s'offrit tout entier, avec cet enthousiasme sublime que la haine de l'étranger lui inspirait. Ils offraient tous, leurs biens, leur corps, leur vie!

Le Pape devenu libre, chercha à calmer l'irritation de Charles, et à se faire un appui de ce redoutable Empereur : Henri VIII méditait son divorce avec Catherine d'Arragon, tante de Charles-Quint, et demandait au Pape de casser cette union, qui avait cessé de lui plaire. Le souverain pontife reculait devant un acte aussi coupable que celui que Borgia avait autorisé pour Louis XII. Clément, tout en recherchant l'alliance du Roi d'Espagne, ménageait les deux princes confédérés; mais il avait intérêt temporel, à relever la puissance autrichienne en Italie ; aussi encourageait-il secrétement la défection de Doria, qui menaçait de se séparer de Lautrec, notre général, et qui nous enleva Gênes, avec une audace et un bonheur remarquables.

En 1529, nous avions perdu presque tout le Milanais et l'état de Gênes : Clément avait traité avec Charles-Quint, et nous étions forcé d'accepter le traité de Madrid, sous le nom de *paix de Cambrai* ou de *paix des Dames*, après l'expiration d'une trève de huit mois, conclue dans les Pays-Bas.

C'étaient la duchesse d'Angoulème et la célèbre Marguerite, gouvernante des Pays-Bas, qui avaient conclu les articles de ce honteux pacte. A de rares exceptions près, il admettait toutes les conventions de Madrid. Les prétentions au duché de Bourgogne étaient abandonnées momentanément par Charles, et moyennant deux millions d'écus d'or au soleil, il s'engageait à rendre ses otages au Roi, c'est-à-dire les deux fils de François Ier. Il exigeait des sûretés pour le paiement intégral de cette rançon, de laquelle il recevait plus de la moitié comptant.

Malgré les plaintes des confédérés italiens, le traité de Cambrai reçut son exécution. L'Empereur fut maître de l'Italie, et le Roi de France reçut ses deux fils, en échange des trésors qu'il avait fallu réunir à grand frais, puisque la méfiance impériale alla jusqu'à spécifier le titre des monnaies qui devaient le composer. Pour ajouter un trait à cet état perpétuel de crainte, contre la bonne foi de François Ier; je dois rappeler que sur le faux bruit d'une tentative d'enlèvement des deux jeunes princes, ils furent ramenés brusquement et rapidement dans le cœur de l'Espagne, la veille du jour fixé pour leur remise.

Le mariage de Madame Renée de France, sœur de Claude, était souvent agité. François Ier ne se pressait pas de la donner au Roi d'Angleterre, qui la demandait, et dont la répudiation, toute récente, n'offrait pas une garantie bien solide. A côté de cette considération déjà puissante, il s'en élevait une qui avait bien sa force; la Reine Anne de Bretagne, profitant de la faiblesse de Louis XII, avait fait des réserves pour son duché de Bretagne, on devait craindre de remettre des titres, même légers, à un allié aussi peu sincère, que l'était Henri VIII. Le gouvernement français s'empressa donc de la marier au prince héréditaire de Ferrare, avant que Volsey, qui dirigeait l'esprit d'Henri VIII, ne l'eût trop disposé en faveur de cette alliance; ce prince était toujours épris d'Anne de Boulen, et poursuivit son projet de divorce. Le mariage de Rénée passa presqu'inapperçu. L'opposition du Pape causa la chûte du cardinal Volsey, sa mort naturelle prévint le sort plus funeste que ses ennemis lui réservaient.

Le mariage de François Ier et d'Éléonore de Castille, négocié au moment de sa délivrance, ne tarda pas à s'accomplir près de Mont-de-Marsan, comme une nécessité rigoureuse, sans pompe, ni cérémonie. Elle ramenait les deux enfans de François Ier. Sa présence était un gage de paix et de tranquillité, si nécessaires à la félicité publique : son entrée à Paris fut accueillie avec joie par les populations malheureuses qui avaient échappées à tant de fléaux successifs.

La peste et la famine avaient décimé tous les habitans des provinces voisines : la nôtre avait dû s'en ressentir avec d'autant plus de force, que pays de culture et d'abondance, elle avait été exposée à plus d'exactions et de pilleries que toutes les autres.

Carlier, qui, dans son Histoire du duché de Valois, a passé sous silence presque tout le règne de Louis XII et celui de François Ier, attribue la famine et la peste, à l'influence des saisons, qui présentèrent, pendant cinq ans, des phénomènes d'irrégularité fort remarquables. On ne vit pas, dit-il, deux jours de gelée pendant un lustre, l'été fut continuel : après la récolte de la premiere année, les arbres poussèrent des fleurs, et ces fleurs n'amenèrent aucuns fruits. Le blé recueilli, était aussi rare que difficile à conserver, en raison de sa mauvaise qualité et de la grande quantité d'insectes qui le dévoraient.

Dans le traité de Cambrai, le Roi s'était engagé à céder les comtés de Flandre et d'Artois à l'Empereur, et nous savons que Robert de la Mark, duc de Bouillon et comte de Braine, possédait plusieurs domaines dans ces contrées; il les céda moyennant un échange conclu, à Lusignan, en 1529.

La comtesse de Vendôme, Marie de Luxembourg, possédait en Flandre, les chatellenies de Lille, de Gravelines et le comté de Saint-Pol. Elle était veuve de François de Bourbon, dont nous avons parlé comme un chef de guerre habile et courageux. Elle dût, pour l'éxécution du même traité, céder au Roi ces trois portions de son domaine, et elle reçut en échange le duché de Valois, dont son mari avait été gouverneur. Cette cession portait : que le duché pourrait être racheté par le Roi : que la justice serait rendue en son nom : que les sceaux, le tabellion et les greffes seraient tenus et exercés, comme sous la domination royale; mais que les charges et emplois, seraient à la nomination de la Duchesse.

Le contrat d'engagement, est daté du 4 Mars 1529.

Ce changement de seigneur détermina l'achèvement du terrier de Valois, ébauché au commencement de la possession de François Ier, repris après la captivité, et enfin terminé sous Madame de Vendôme.

Les impôts dont les monastères avaient été frappés, les pertes qu'ils avaient subies, les ayant forcés de vendre une partie de leurs possessions; ils avaient facilement obtenu le droit, assez triste, d'aliéner leurs propriétés, pour satisfaire au décime imposé, aux taxes nécessitées par la rançon du Roi, aux pertes que la famine avaient fait éprouver dans leurs revenus.

Les terriers étaient la révision et le répertoire des redevances et des droits seigneuriaux : cette reconnaissance devenait bien indispensable, à cause des mutations successives; elle favorisait la tranquillité des nouveaux propriétaires en conservant les priviléges des anciens. C'était encore le dépôt des coutumes, des usages propres aux communes, et Carlier cite quelques exemples qui suffisent pour en donner une idée assez complète.

A Coyolles, chaque mineur avait un conseil de trois tuteurs.

A Estavigny, mouvance de Nanteuil, une foire

se tenait chaque année le 24 Août, jour de Saint-Barthélemy. Le Roi, comme duc de Valois, en avait la justice, et le seigneur de Nanteuil percevait les droits par le ministère des Gruyers. Ces Gruyers dont les charges s'étaient conservées à Nanteuil-le-Haudoin, assignaient aux merciers et aux autres marchands leurs places, et rendaient la justice, en cas de contestation. Ils avaient le profit des amendes et confiscations.

Leurs priviléges forestiers étaient conservés dans ce terrier : ainsi, ils arrivaient chez le prieur du lieu, tenu de les loger eux deux, le jour de la foire, et de nourrir eux, leurs officiers, leurs chevaux, leurs chiens et leurs oiseaux ; ils s'y rendaient en chassant. Une partie de ces priviléges existait encore en 1764.

On apprend encore, dans ce terrier, qu'en 1529, le château de Villers-Cotterêts n'était pas encore construit entièrement, et que le Roi François Ier, lorsqu'il visitait ces travaux, interrompus pendant son absence, continuait à résider dans les restes de l'ancien château de la Malemaison. Le bourg est appelé *Villers Saint-Georges*.

L'auteur de ce terrier, se nommait Viole. Les juges Gruyers du Valois, s'appelaient Cagnard et Guillaume Bontemps.

Le parc et le château de Villers-Cotterêts, s'achevèrent de 1530 en 1535, et lorsqu'ils furent près d'être terminés, on s'apperçut que l'eau manquerait dans ce séjour si commode pour la chasse et les plaisirs. On était obligé d'en aller chercher au loin, dans des barils, dans des petits tonneaux placés sur le dos des bêtes de Somme; le Roi obvia à cet inconvénient, en faisant arriver de la route du fait de Retz, la fontaine qui coule encore sur la place et qui menace de devenir insuffisante pour les besoins de la population actuelle.

Plus tranquille depuis la signature de la paix des Dames ; François I er s'occupa de fonder ces établissemens d'instruction publique, qui lui valurent le surnom de *Père des lettres*, comme les travaux continuels qu'il fit entreprendre, lui ont fait donner celui de Protecteur des arts. En même temps, qu'il poursuivait, avec un acharnement qui n'était pas sans cruauté, les sectateurs de Luther; les faisant pendre ou brûler, leur coupant la langue pour les empêcher de parler en public, tantôt redoublant cette fatale activité à l'instigation du Cardinal Duprat, tantôt la ralentissant, lorsqu'il cédait aux représentations de sa mère ou de sa sœur; il établissait le collége de France, d'abord composé de deux chaires seulement, pour les deux langues hébraïque et grecque.

C'est encore notre duché de Valois, qui fournit l'homme assez instruit pour remplir les deux chaires.

Ce fut un curé de Brumetz, près de Cerfroid, François Watable, Watebled ou Guástebled, qui fut spécialement chargé d'enseigner publiquement la langue hébraïque. Il était né à Gamaches, en Picardie ; mais il vécut fort long-temps à Brumetz, et se perfectionna, dans cette retraite, à l'étude des deux langues dont nous venons de parler. Il ne quitta pas son titre de curé, malgré sa nouvelle et honorable dignité, il faisait desservir sa paroisse, pendant son séjour à Paris, et cela se conçoit aisément, parce que les appointemens affectés au professorat, n'étaient pas toujours exactement payés. Le Roi lui donna plus tard le bénéfice de l'abbaye de Bellozane.

Dans ses leçons, ce professeur recevait des applaudissemens aussi nombreux que mérités : les Juifs s'empressaient de venir l'écouter, il traduisait les livres saints, et ce sont des notes recueillies dans ses cours, par son disciple Bertin, qui nous ont valu la bible dite de Watable, imprimée en 1545, par Robert Étienne, à Paris. Admise par l'Université de Salamanque, sans opposition ; elle fut condamnée par les docteurs de Paris, non seulement à cause des erreurs qu'elle pouvait contenir, mais en raison du nom de son imprimeur, fortement soupçonné d'hérésie. Watable ne borna pas ses travaux à cette traduction : nous aurons occasion de revenir sur cet homme remarquable, dont le nom est attaché à la première des institutions qui ont le plus illustré le règne de François Ier.

La Reine mère et Marguerite, sa fille, ne partageaient pas la haine du Roi, contre les Protestans. Toute la partie éclairée de la France, avait adopté ostensiblement ou secrétement le parti de la réforme religieuse.

Les cours publics, en réunissant des hommes instruits, augmentaient cette dangereuse tendance des esprits intelligens. Marguerite, après la mort de la duchesse de Savoie, se trouva seule pour opposer la clémence et le raisonnement, à la haine fanatique de la Sorbonne : elle fut l'objet des déclamations outrageantes, des personnifications injurieuses, dans les chaires et dans les pièces de théâtre de l'époque. Ce fut dans ces persécutions contre les hommes de lettres, contre les professeurs eux-mêmes, accusés d'hérésie, pour avoir traduit les livres saints en français, que fut enveloppé un simple étudiant, devenu bien célèbre depuis, et qui sorti de Bourges, où il avait fait son droit, évita les peines rigoureuses qu'il avait encourues en se réfugiant en Saintonge. Cet étudiant, c'était Jean Calvin.

En 1531, Madame de Savoie était morte, et cette Régente qui, long-temps malade, à Fontainebleau, était venue mourir à Gretz, en Gatinais, avait laissé une somme de *quinze cent mille écus en or,* qu'elle n'avait pas annoncée posséder, lorsqu'il avait fallu payer la rançon de son fils, ou de ses petits-fils. Elle avait préféré exiger du clergé, de la noblesse et du peuple, déjà si malheureux, de nouvelles sommes, plutôt que de racheter ses nombreuses infidélités financières, pendant les guerres d'Italie, par un acte d'amour maternel, à défaut d'autres sentimens pour la nation épuisée. Cette somme servit, à François Ier, pour continuer ses projets d'embellissemens des châteaux royaux et pour racheter les terres que la Dame de Vendôme, duchesse de Valois, possédait dans les Pays-Bas.

Il donna en même temps, à ses moyens offensifs et défensifs, une plus grande extension, ce qui inquièta son soupçonneux beau-frère qui lui fit demander une partie de sa gendarmerie; il en éprouva un refus positif; le Roi éluda de même les propositions douceureuses du Saint-Siége qui l'engageait à transformer son armée, dont on craignat l'activité, en un corps d'observation, pour la défense du Saint-Siége; dans le cas où l'infidèle, en guerre avec Charles-Quint, voudrait attaquer l'Italie. François répondit à ces menaces insidieuses de l'Empereur, aux précautions oratoires de Clément, avec toute l'énergie d'un Roi de France, et d'un Roi de France qui se souvient de sa captivité et qui ne veut pas que ses troupes aillent servir, comme auxiliaires, dans les pays où il n'a pas le droit de commander.

Il avait irrévocablement réuni la Bretagne à la France, en convoquant les grands jours du Poitou. Il avait pacifié les provinces méridionales en proie elles-mêmes, à l'anarchie, aux pillages des seigneurs, et ce fut, pendant ces opérations préliminaires, à l'entrée solennelle du Dauphin dans Rennes, comme propriétaire du duché, qu'il avait retrouvé Françoise de Foix, comtesse de Châteaubriant, dont l'épisode se trouve à la fin de ce volume (1).

Pour effrayer l'Empereur, se laver mutuellement du reproche qui leur était adressé, de laisser la Chrétienté aux prises avec le Turc, qui menaçait la Hongrie et l'Allemagne, les deux Rois de France et d'Angleterre se réunirent à Boulogne, et publièrent un accord offensif contre le Turc, soit en Allemagne soit en Italie. La grande affaire de cette entrevue était le divorce de Catherine

(1) Note n° 18.

d'Arragon, qu'exigeait toujours Henri VIII, que refusait constamment le Pape, malgré la menace faite, par Henri, d'adopter la réforme religieuse. Mais comme lui-même l'avait conbattue oralement contre Luther, Clément ne supposait pas qu'il se séparerait aussi complètement de l'Église. On sait que ses menaces furent suivies d'une complète exécution. Dans cette conférence il voulait que François se déclarât, à son tour, chef de l'Église Gallicane, et s'affranchisse de Rome. Il accepta cependant la médiation du Roi de France pour ses démêlés avec le Pape, au sujet de son mariage avec Anne de Boulen.

Les deux décimes que François voulait imposer sur le clergé et que le Pape avait refusés, ou qu'il lui faisait trop attendre, durent être payés après cette entrevue des deux monarques. Le Pape, qui voyait avec chagrin cette nouvelle conquête du pouvoir monarchique sur ses droits propres, n'osa pas trop s'en plaindre, puisqu'il avait autorisé l'Empereur à lever un impôt double. François, en demandant ces deux décimes, avait fait valoir la nécessité de défendre la religion attaquée par les Turcs et les Protestans, et c'est sans doute, par une espèce de compensation qu'il offrait ces holocaustes nombreux qui ternissent cette époque de son règne. Les Turcs en effet, s'étaient retirés, et il n'y avait plus à guerroyer contr'eux.

L'Empereur, nous le savons, redoutait son ancien captif; sa puissance impériale avait un peu pâlie; il eut recours à la diplomatie, cette arme qui lui était aussi familière que l'autre : il voulut créer une confédération en Italie, en y intéressant tous les souverains de cette partie de l'Europe. Il demanda au Pape, Catherine de Médicis, sa nièce, pour François Sforze, duc de Milan. Elle était promise au duc d'Orléans, second fils du Roi de France, plus tard, Henri II. Charles-Quint profita des droits que Catherine pouvait apporter à la France, sur le duché d'Urbin et sur Florence, pour organiser cette alliance contre François Ier, et former, aux dépens de l'Italie, une réserve pécuniaire destinée à payer une armée aussitôt que le besoin de sa politique l'exigerait.

Le schisme de l'Angleterre allait se consommer. L'Entrevue du Roi de France et de Clément, avait eu lieu à Marseille; Henri d'Orléans, second fils du Roi, épousait Catherine de Médicis, qui ne recevait qu'une très-faible dot, mais des espérances énormes qui fesaient d'Henri une puissance italienne et rendaient, à la maison de Valois, toutes les possessions de Louis d'Orléans et de Valentine ; à ces belles promesses le Pape ajoutait quatre chapeaux de cardinaux, lesquels, avec les six que la France possédait déjà, donnaient au royaume un poids immense dans les conclaves futurs. Pendant que Clément témoignait de son affection actuelle pour François Ier, il précipitait, en 1534, par son rigorisme excessif, Henri VIII à se déclarer contre lui, et il exposait le Roi de France aux reproches de ce monarque qu'il devait concilier avec Rome. La bonne harmonie ne fut cependant pas troublée entr'eux ; ils avaient besoin de s'appuyer mutuellement contre Charles-Quint.

La nécessité de se défendre sans cesse contre toutes ces inquiétudes successives, ces guerres continuelles, inspirèrent à François Ier l'idée de remplacer les troupes étrangères stipendiées, *Suisses* ou *Lansquenets,* qu'il tirait d'Allemagne, par une milice nationale, qu'il trouverait toujours disposée à combattre sans caprices et sans mutineries, comme sans alliances secrètes.

Il organisa donc, dans le royaume, sept légions d'infanterie, présentant ensemble un effectif de quarante-deux mille hommes de pied, dont douze mille arquebusiers et trente mille piquiers ou hallebardiers. La légion de Picardie, qui nous intéresse le plus, avait, comme celle de Normandie, deux cents arquebusiers sur mille soldats.

Il y avait six capitaines par légion, le premier était colonel ou commandant général, chaque capitaine avait deux lieutenans, deux enseignes, dix centeniers, quarante chefs d'escouade, quatre fourriers, six sergens de bataille, quatre tambours et deux fifres : tel était l'état-major de la légion dont tous les hommes étaient exempts de taille jusqu'à la concurrence de vingt sols.

Les capitaines étaient nommés par le Roi ; ils choisissaient ensuite, pour les grades inférieurs, parmi les hommes de la légion ou de la province. Ils prêtaient tous serment d'obéissance au Roi, à leurs officiers, de respecter les propriétés ecclésiastiques, et d'épargner les femmes enceintes, dans le sac des villes.

Des précautions étaient prises pour assurer la tranquillité pendant le séjour des troupes dans leurs garnisons, des peines sévères étaient prononcées contre les infractions à la discipline.

Malgré ces sages dispositions, les nécessités du moment firent plus souvent recourir à ces levées d'avanturiers, à ces compagnies franches qui se répandaient dans les campagnes pour piller et voler les habitans.

Les motifs de haine et de rivalité entre François et Charles, étaient bien éloignés de s'éteindre, ils se compliquaient au contraire, de jour en jour, et c'était pour se tenir constamment en état de se défendre contre l'invasion, qu'on essayait à former, en France, les légions dont je viens de parler et qui, malheureusement, n'eurent qu'une très-courte durée.

En s'unissant aux hérétiques Allemands, dans la ligue des princes Germains confédérés à Smalcalde, le Roi de France avait donné, aux partisans de la réforme, un espoir dont quelques imprudens vinrent exagérer l'importance. Jean Calvin se faisait de nombreux disciples, et la secte, qu'on appelait les *Sacrementaires*, plus téméraire, plus pressée d'amener une révolution religieuse, afficha, dans Paris, des placards contre les cérémonies du culte ou du rite romain.

Le Roi, qui, encouragé par les conseils de sa sœur, Marguerite de Navarre, toute dévouée à la réforme, s'était relâché de sa sévérité religieuse, la reprit avec une force d'autant plus vive, que le Parlement, composé d'ecclésiastiques, la Sorbonne et les remontrances des évêques amenèrent, dans son esprit, une réaction fatale aux progrès de la réforme.

Il fit ordonner des processions expiatoires, il assista à celle de Paris, une torche à la main et se fit accompagner de la Reine et de ses enfans. Il fit rechercher les auteurs de ces placards intempestifs, et fit brûler publiquement six des suspects. A ce nombre ne se bornèrent pas les exécutions religieuses, la réforme eut ses martyrs, ses confesseurs, et vit, par conséquent, augmenter le nombre de ses partisans.

L'Empereur profita de ces exécutions pour le perdre dans l'esprit des confédérés Allemands. En vain, le Roi leur fit il représenter qu'aucun Allemand n'avait péri dans ces réparations à un grand scandale, dans ces punitions de tentative de guerre religieuse : les schismatiques Allemands se détachèrent de lui.

Il avait trouvé une raison pour attaquer le duc Sforze qui possédait le Milanais, sous la protection de l'Empereur. Un de ses espions, nommé Merveille, avait été, sous un prétexte tout spécieux, mis à mort à Milan : il demanda au duc Charles de Savoie, son oncle, passage à travers le Piémont pour aller en Italie. Ce prince refusa toutes les propositions du Roi de France, et courut ainsi à sa perte : François dirigeant d'abord, ses armes contre lui.

Charles-Quint avait pris Tunis, délivré vingt mille Chrétiens réduits en esclavage par les Barbares : il continuait en Sicile ses armemens qui excitaient la jalousie et l'inquiétude de François Ier. Le Roi leva ses nouvelles légions, leur joignit six mille Lansquenets, sous la conduite du duc de Fustemberg, et allarmé des desseins du duc de Savoie, son parent, qui voulait échanger la Savoie et le

Piémont contre le Milanais et le Mont-Ferrat ; il se rendit dans le Dauphiné. Le duc de Savoie possédait déjà, de la libéralité de l'Empereur, le comté d'Ast, cette ancienne possession des ducs de Valois. Le Roi de France devait craindre qu'il ne reçût plus tard l'investiture du duché de Milan, source de toutes nos guerres. Avant d'attaquer ce prince, il voulut entrer en négociations et colora son expédition en Savoie, d'une demande de succession pour les droits qui lui revenaient de Louise de Savoie, sa mère.

Ce fut donc après le refus que le duc de Savoie fit de le satisfaire et de lui livrer passage, qu'il l'attaqua. Il ne tarda pas à s'emparer de toutes les places de la Bresse et de la Savoie. Une révolution éclata en Suisse, à Berne et à Genève, et laissa le duc Charles dans les plus grands embarras. La réforme, prêchée par Guillaume Farel, de Meaux, avait été adoptée à Genève, à Berne, à Fribourg ; mais avec les modifications que Jean Calvin, de Noyon, avait introduites dans les idées de Luther. Ce schismatique avait aboli toutes les pratiques extérieures du culte. Il possédait l'appui de Marguerite de Navarre, sœur de François Ier. Il commença à prêcher en 1534, et fit rapidement de nombreux prosélytes. En 1536, ses dogmes étaient adoptés dans toute la Suisse.

Ce fut en 1535 que le château de Villers-Cotterêts fut achevé : le Roi l'habita immédiatement et continua de l'occuper chaque année dans la belle saison. Il datait souvent ses ordonnances de cette royale retraite.

Le chancelier Duprat mourut le 8 Juillet 1535, à Nantouillet; sa charge de chancelier fut occupée par Antoine Dubourg. Le cardinal avait eu l'ambition de s'élever au Saint-Siége : il avait fait la demande, au moment de l'éxaltation d'Alexandre Farnèse, au pontificat suprême, de l'appui du Roi, pour arriver à la chaire de Saint-Pierre. Il avoua posséder quatre cent mille écus en espèces, pour assurer son élection. Le refus du Roi, la crainte qu'il eut d'être disgrâcié, de se voir dépouillé de ses biens, lui donna une indisposition d'abord légère ; mais qui prit un caractère de gravité tel, qu'il succomba après six mois de maladie. Il était devenu tellement obèse qu'il avait dû faire échancrer sa table pour placer son ventre.

Alexandre Farnèse, devenu Pape, se fit nommer Paul III.

Le premier acte d'Antoine Dubourg, fut de chercher à réformer les excès des routiers, des hommes d'armes licenciés ou inoccupés, qui, pour vivre sans travail, se livraient aux excès les plus étendus. A l'abri de nos épaisses forêts, ils infesaient les routes et empêchaient toutes les communications entre les villes les plus voisines. Le commerce était détruit par la terreur qu'ils inspiraient, et la justice était trop faible contre ces perpétuelles pilleries, qui, depuis plus d'un siècle et demi, désolaient notre province et toute la France.

Dans ces temps de pénible mémoire, on trouva que la mort prompte, comme celle qui résultait de la potence, n'était pas capable d'intimider les coupables fauteurs de tant de maux : et de là, ces établissemens de piloris dans lesquels les patiens, exposés dans une cage tournante, à la risée, à la haine même des populations, expiaient lentement et cruellement leurs mauvaises actions. Il en est resté, à Crépy, une trace irrécusable. Une des places principales de cette ville, près de l'ancien château *des Valois,* porte encore le nom de Pilori ; sans aucun doute, parce que là se faisaient les exécutions ou des expositions publiques. Le chancelier Dubourg voulut donc imiter les supplices usités dans les cercles d'Allemagne, contre les criminels, et il proposa au Roi une ordonnance destinée à porter la terreur dans les pillards effrontés qui exploitaient la France. Le Roi la signa : les douleurs des tortures de la question furent augmentées par celles *de la Roue.* On attachait fortement les criminels sur deux pièces de bois en X, garnies d'échancrures, à des intervalles plus ou moins rapprochés, l'exécuteur brisait les bras, les jambes, l'épine du dos et le cou des patiens, avec une barre de fer : puis on les déliait et on les exposait sur une roue jusqu'à ce que la mort ait terminé leurs horribles souffrances, pour le soulagement desquelles nul secours ne devait leur être porté, sous peine d'un traitement pareil. Des hommes vécurent jusqu'à dix jours dans cet effroyable état.

La dénomination de *Pilori*, donnée à la place de Crépy, les décorations qui ornent la porte intérieure dans la cour d'une maison qui sert à un pensionnat, sur le même lieu, confirment ce que Carlier, dans son Histoire, a avancé : que Crépy avait été entièrement rebâti depuis 1431. Antérieurement à cette construction, peut être, l'emplacement appelé *Justice*, sur le chemin de Nanteuil à Crépy, servait-il aux mêmes moyens de repression, mais avec une cruauté moins raffinée et un résultat plus immédiat sur la vie des coupables?

Ces malheureuses courses de voleurs, unis à des soldats sans emploi ; les guerres de François Ier, avec Charles-Quint, étant plus fréquentes que longues, complétaient la désolation du Valois, qui avait vu, depuis 1528, la peste et la famine se succéder jusqu'en 1533, et Mezeray expose ainsi le tableau de la période désastreuse qui ne se termina

qu'au commancement de 1534. Après avoir dit que, pendant cinq ans, il n'y eut pas d'hiver, que l'été occupa chacune de ces années ; qu'on ne vit pas deux jours de gelée et que les arbres, épuisés par des floraisons successives, ne rapportaient aucun fruit ; que les blés ne multipliaient pas en terre ; il ajoute : « Cette disette causa une famine uni-
« verselle ; après vînt une maladie qu'on nomma
« trousse-galand (1) ; puis, une furieuse peste, si
« bien que ces trois fléaux emportèrent plus de la
« quatrième partie de la population. »

Les négociations, entamées entre François Ier et Charles-Quint, continuaient sans plus de résultats définitifs. C'était toujours le duché de Milan qui servait de pivôt à toutes les arguties diplomatiques de Charles ; il ne voulait pas en laisser accorder l'investiture à Henri, second fils du Roi, à l'époux de Catherine de Médicis ; mais il éludait une rupture définitive, trompant Vesly, notre ambassadeur, et le cardinal de Lorraine, les amusant de vaines promesses jusqu'à ce qu'il ait fait, à Rome, son entrée triomphale, le 5 Avril 1536. Il y resta treize jours et dans un consistoire il expliqua, avec toute la finesse politique qui lui était si familière, ses démêlés avec le Roi de France. Il termina sa longue et injurieuse harangue, en offrant le duché de Milan

(1) Cholera-morbus.

au duc d'Angoulême, sous la condition de remettre le duc de Savoie en possession de ses états ; en cas de refus de François Ier, il lui proposait un duel dans une île ou sur un bateau, et enfin l'alternative d'une guerre sanglante et fatale : toutes ses armées étant disposées à attaquer la France, en Picardie et en Provence.

François Ier répondit aux accusations, aux invectives par une lettre apologétique qu'il adressa au Saint-Père ; il se disposa à se défendre contre l'invasion menaçante ; tandis que Paul III cherchait à éviter la guerre imminente entre les deux monarques.

Enfin, le 25 Juillet 1536, Charles-Quint fit entrer son armée en Provence et se logea à Saint-Laurent, premier bourg français sur les frontières de la Savoie ; il revendiquait la Provence comme lui ayant été cédée par le Connétable, Charles de Bourbon. L'Histoire des opérations défensives de François Ier, nous écarterait trop loin de nos études ; nous nous bornerons à dire que, pendant cette guerre, le 12 Août, le Dauphin, Louis de France, mourut à Tournon, près de son père, d'un verre d'eau qu'il avait bue à Valence. Montecuculi, gentilhomme de Ferrare, et médecin, accusé de l'avoir empoisonné, fut mis à la question ; il avoua avoir cédé aux sollicitations de deux ministres de Charles-Quint ; tandis que les impériaux accusaient l'ambition de Catherine de Médicis, qui, par cette mort, devenait héritière de ce beau royaume de France.

Montecuculi fut tiré à quatre chevaux. Henri d'Orléans prit le titre de Dauphin et le duc d'Angoulême, Charles, devint à son tour duc d'Orléans. La douleur de François Ier en perdant, à 23 ans, son fils aîné, prince aussi brave que bon, fut extrême, elle effaça entièrement celle qu'il éprouvait déjà, comme Roi, de la prise de la ville de Guise, en Picardie, par les impériaux, commandés par le comte Henri de Nassau. Ce succès des armées de Charles-Quint, et le siége de Péronne (1), alarma fortement les habitans de Paris, le courage du Cardinal du Bellay, les mesures qu'il prit, pour écarter le retour de la famine, rassurèrent les Parisiens qui organisèrent eux-mêmes des moyens de défense, une forte artillerie et un corps de dix mille hommes.

Cette tentative de Charles-Quint n'eut cependant pas le succès qu'il s'était promis et qu'il avait ménagé de longue main ; il se retira de la Provence avec une perte et des désastres nombreux. La Picardie ne tarda pas, à son tour, par la levée du siége de Péronne, à se remettre de ses pénibles

(1) Note n° 19.

anxiétés. Le Roi d'Écosse ayant manifesté la volonté de secourir François Ier, pendant cette invasion, en lui amenant seize mille hommes, reçût en mariage Magdelaine de France, fille aînée du Roi, les noces furent célébrées le 1er Janvier 1537; mais elle mourut dans la même année. Cette alliance acheva de détacher Henri VIII de tout lien d'amitié avec François Ier. Catherine d'Arragon, qu'il avait répudiée, était morte, il avait fait trancher la tête d'Anne de Bourbon, l'Empereur se rapprocha de lui avec facilité.

Pendant cette année, 1537, le Roi, pour détruire l'influence que la harangue de Charles, au Consistoire de Rome, aurait pû exercer sur quelques esprits en Italie et en Flandre, le fit ajourner à son Parlement, pour entendre déclarer nuls les traités de Madrid et de Cambrai, et le forcer à se reconnaître homme-lige du Roi, pour les comtés de Flandre, d'Artois et de Charolais.

Charles-Quint répondit à cette citation en faisant envahir de nouveau la Picardie par des troupes flamandes, celles-ci s'avancèrent jusqu'aux portes de Saint-Pôl et s'emparèrent de cette ville. La garnison fut massacrée presque toute entière. Le Roi envoya le Dauphin Henri pour s'opposer aux progrès des impériaux et confia la conduite de la guerre défensive au maréchal de Montmorency.

L'arrivée opportune de ce secours, devenu urgent, décida les Flamands, qui assiégaient Térouenne, à se retirer, en acceptant une trève de trois mois, entre la France et les Pays-Bas. Henri, Dauphin de France, eut de nouvelles occasions de se signaler dans le Piémont, sous les conseils du maréchal. Une trève, semblable à celle qui avait momentanément, écarté les Flamands, fut conclue entre le Roi et le marquis du Guast, pour tous les pays ultra-montains, elle fut publiée à Carmagnolés, le 28 Novembre 1537, et devait durer jusqu'au 24 Mars de l'année suivante. Elle fut plus tard prolongée pour le 6 Mai.

A la suite de cette campagne, le Roi revint en France et éleva, en Février 1538, le maréchal de Montmorency à la dignité de Connétable.

Ces deux trèves firent espérer une paix nécessaire à l'humanité désolée de tant de guerres : la Reine Éléonore épousait le Roi, le Pape s'entremettait avec zèle pour éteindre ces divisions qui nuisaient à la Chrétienté menacée par les schismes d'Henri VIII, de Luther, de Calvin et par l'alliance de François Ier avec les Turcs, en guerre contre Charles-Quint. Une réunion fut arrêtée, à Nice, le Pape était chargé des négociations entre les deux rivaux qui ne se rencontraient jamais. Il n'en résulta qu'une trève de neuf années. L'Empereur promit alors de visiter son beau-frère et il le fit à Aigues-Mortes; ils dînèrent ensemble et s'embrassèrent plusieurs fois publiquement. La foule crût à ces protestations d'amitié et l'espoir de la tranquillité vint renaître.

Cette espérance devait, bientôt s'évanouir; Charles-Quint avait besoin d'appaiser une sédition qui couvait en Flandre et le passage par la France lui était nécessaire. L'esprit tout chevaleresque de François Ier, ne pouvait soupçonner la ruse de son perpétuel ennemi.

Le Connétable le lui fit accorder sans condition.

CHAPITRE XVII.

L'entrevue d'Aigues-Mortes avait été tellement cordiale en apparence, que « les spectateurs dou- » tant si ce qu'ils voyaient n'était pas un rêve, ad- « miraient, les uns, que deux princes qui avaient « paru se haïr mortellement quelques mois aupara- « vant, et qui avaient encore tant de sujets de se « défier l'un de l'autre, fussent devenus tout-à- « coup des amis si tendres; les autres, pourquoi il « avait fallu que plus de deux cent mille hommes,

« fussent égorgés avant qu'on s'avisât d'une récon-
« ciliation qui tenait à si peu de chose (1). »

François Ier déclara de suite que cette trêve de dix ans qu'il venait de conclure, équivalait à une paix définitive, et Charles ne voulut pas rester en arrière de tant d'offres généreuses. La sincérité seule lui manquait : à travers toutes ces belles promesses, il laissa échapper quelques mots sur les moyens de conserver la Navarre et d'acquérir le Béarn, le comté de Foix et une partie de la Gascogne, en faisant épouser l'héritière de ce royaume par son fils, le prince des Asturies. Ce moyen de conciliation enlevait encore à la France, ses riches provinces du Midi, et François Ier exposa des raisons qui parurent satisfaire Charles. Celui-ci se réserva intérieurement le droit de terminer par une négociation avec Marguerite, sœur du Roi, ce mariage que le Roi lui refusait.

Rusé diplomate; l'Empereur laissait, en quittant Aigues-Mortes, un appui solide à la Cour de François Ier. Le Connétable, Anne de Montmorency, dont la fortune s'élevait chaque jour, homme infatigable et austère, autant qu'insatiable de titres d'honneurs et de richesses, se laissa dominer par ce profond politique, et lui sacrifia l'éclat, la puissance de son pays. C'est ainsi qu'il fit, sur les con-

(1) Garnier.

seils de l'ambassadeur espagnol, séparer la France de la ligue allemande et de l'alliance anglaise, déjà si faibles, mais qu'il était nécessaire de conserver; c'est ainsi que dans la révolte des Gantois, des Flamands, qui voulaient se donner à la France : il offrit au contraire à l'Empereur, des troupes pour le remettre en possession de ce comté de Flandre, pour lequel il avait refusé de se déclarer vassal de la couronne.

Étrange effet des passions humaines, soif d'un sourire impérial, besoin de flatterie aveugle, le Connétable, oubliant les graves intérêts qui lui étaient confiés, admis à cette entrevue d'Aigues-Mortes et à l'entretien secret des deux Rois : regardant la trève comme son ouvrage, croyant son honneur intéressé à la maintenir; ajoutait encore aux maux que l'imprudente, mais chevaleresque générosité de son maître, préparait à la France. Il se borna à faire ratifier, par écrit, les promesses de cession du duché de Milan, en faveur du mariage du duc d'Orléans avec la Princesse d'Espagne, fille aînée, ou avec la nièce de l'Empereur, la fille du Roi des Romains ; il se borna à des projets écrits, d'un mariage très-reculé, entre Philippe d'Espagne et Marguerite, la plus jeune des filles de François Ier : enfin il se contenta de faire insérer dans cette convention, la manifestation du *désir* de voir la paix se perpétuer, jusques dans les générations futures des deux princes.

Charles endormit la prudence du premier ministre français ; au point de lui faire croire à un partage possible de l'Angleterre, entre le Roi d'Écosse, le Roi de France et l'Empereur, avec la Tamise pour limite, entre ces deux derniers souverains. Il avait écarté du conseil, les ministres qui ne se prêtaient pas à ses vues. L'absence de tout avis opposé dans la conduite des affaires, acheva de séparer entièrement Henri VIII de François Ier, et détacha complètement les confédérés allemands, qui s'unirent étroitement à l'Angleterre : tandis que Charles cherchait à reprendre Turin, pour le duc de Savoie, au moyen d'une conjuration qu'il soudoyait, et continuait à détruire l'influence française en Italie.

Renfermer la France dans les limites les moins étendues, la détacher de toutes ses alliances, tel était le but de l'Empereur, aidé des efforts du Connétable, qui concourait, à son insçu, à ce fatal projet.

L'état de paix ou de trève qui suivit cette entrevue des deux rivaux, permit à François Ier d'introduire dans la justice du Royaume, des améliorations notoires et devenues indispensables.

L'ordonnance de Villers Cotterêts qui réformait

les tribunaux et leur langage, est une page du règne de François, qui vient compenser le reproche que l'histoire lui adresse d'avoir établi la vénalité des charges judiciaires. La plus utile des introductions fut donc le changement d'idiome dans les procédures, jusqu'à lors rédigées dans un latin aussi grossier que ridicule.

L'esprit français, toujours le même, ayant atteint de ridicule cette coutume, fit sentir le besoin de remplacer le latin par la langue nationale.

Un seigneur, dit Carlier, faisait retirer ses bottes dans le coin de la salle d'audience, au moment où le jugement qui le *déboûtait* de ses prétentions était prononcé : le juge prononçait gravement les mots sacramentels, *debotavit et debotat*, et les assistans, frappés de ce rapport entre les deux actions, sentirent avec les juges la nécessité de ne plus faire parler à la justice un langage que les parties n'entendaient pas.

Guillaume Poyet, fils d'un avocat d'Angers, avait remplacé le chancelier Dubourg, c'était une créature du Connétable et son premier commis. Ce fut lui qui dressa les 192 articles de l'ordonnance de Villers-Cotterêts; elle fut signée au mois d'Août 1539.

François Ier ne se borna pas à ces améliorations générales, il ordonna, dans le même temps, la réformation des coutumes de Valois. Nous avons vu dans le XII chapitre, quelles étaient les introductions déjà établies sous Louis XII : le Roi nomma de nouveaux commissaires, et les fit examiner.

André Gaillard maître des requêtes et Nicole Thibaud, furent chargés non seulement de donner une forme permanente à des usages déjà établis : mais encore de rappeler à un certain nombre de chefs, les dispositions particulières à chacune des six chatellenies du Valois, pour en faire un corps de jurisprudence municipale, et éviter les contradictions choquantes qu'elles présentaient entr'elles.

Les États de la province furent donc assemblés par les soins de ces commissaires, le 16 Septembre 1539, à Crépy, dans la grand'salle de l'auditoire, et chaque corps y parût par députation. Cette réunion était composée non seulement du baillage du Valois, mais encore les Députés de Senlis et de Clermont en Beauvoisis, vinrent grossir la masse des lumières, appelées à cette importante réforme.

Toutes les puissances ecclésiastiques étaient venues, ou s'étaient fait représenter dans ces travaux qui furent aussi longs qu'animés par des discussions importantes. L'évêque de Senlis, l'abbé de Saint-Jean-des-Vignes de Soissons, monastère qui dépendait du Valois, les supérieurs de Saint-Yved.

de Braine, de Chartreuve, les prieurs de Saint-Remy, de Saint-Vulgis de La Ferté-Milon, de Saint-Adrien de Béthizy, le ministre de Saint-Nicolas de Verberie ; les Députés du doyen, chanoines et chapitre du Mont Notre-Dame ; les doyens ruraux d'Acy, de Vivières, etc., etc., et plusieurs curés assistèrent à ces états. Le fameux Watable se fit remplacer par un fondé de pouvoir.

La noblesse, les seigneurs, les officiers de justice et les principaux bourgeois des six châtellenies, complétaient cette asssemblée. Un nouveau coutumier fut établi par chapitres et par articles, au nombre de 197. Il fut imprimé en 1540, dans un volume in-quarto, et ce volume comprend, en même temps, les coutumes de Clermont et de Senlis. La dernière édition et la plus répandue, est celle de 1631, commentée par Laurent Bouchel, avocat au Parlement de Paris. Sur 900 pages quelle renferme, 500 intéressent le seul duché de Valois, le reste est divisé inégalement entre Senlis et Clermont.

Ces coutumes, abrogées par la nouvelle jurisprudence, n'offrent pas assez d'intérêt pour être rapportées dans ce volume ; mais nous devons nous rappeler que les rudimens de l'État civil, furent enfin jetés au milieu de ces 192 articles ; la difficulté de constater l'heure de la mort des bénéficiers, de constater l'âge des mineurs dont les biens devaient être administrés; la nécessité de rendre à la religion, tous ceux qui s'en écartaient, firent ordonner aux monastères, aux chapitres, aux curés, de tenir un registre des sépultures de toutes les personnes bénéficiées, destiné à faire foi en justice.

Les curés devaient en avoir un autre sur lequel ils inscrivaient, en bonne forme, les baptêmes de tous les enfans, avec l'heure et le jour de leur naissance. Chaque année ce double registre devait être remis, au baillage le plus voisin, pour qu'il put être consulté au besoin (1).

Ces bonnes et utiles dispositions ne furent cependant pas entièrement exécutées, puisqu'en 1584, les officiers du siége de Bethizy ordonnèrent que les curés des paroisses, tiendraient registre de tous les baptêmes, mariages et enterremens, célébrés dans leurs églises. Tous ne se rendirent pas à ce vœu. L'usage n'en devint général qu'en 1668. Louis XIV, dans un édit daté de Fontainebleau, en 1691, créa des offices de greffiers conservateurs de ces registres.

Il est extraordinaire que des améliorations aussi sages, des besoins aussi urgens, aient mis un siê-

(1) Garnier.

cle et demi à s'établir régulièrement et que notre législation moderne ait cru devoir établir des peines contre la négligence des parens, à faire constater l'état-civil de leurs enfans.

Nanteuil-le-Haudoin reçut, à son tour, une réforme à propos de cette assemblée d'États. Le seigneur de ce lieu, Henri de Lenoncourt, capitaine de cinquante hommes d'armes des ordonnances du Roi, gentilhomme ordinaire de la chambre, avait été nommé député de la noblesse de la province, dont il était gouverneur-bailli. C'était un seigneur puissant et surtout favorisé de la belle Anne de Pisseleu, duchesse d'Étampes. François Ier lui faisait de fréquentes visites avec cette Dame. Il avait imité la magnificence du maître et fait de nombreuses et riches constructions dans son château. La Gruerie (1) de Nanteuil possédait des droits fort obscurs : elle s'étendait dans une espace d'environ deux mille six cent cinquante-et un arpens de bois. Les redevances, attachées à ces dépendances, étaient aussi bizarres que nombreuses ; ainsi, les habitans de Rouvres, en Mul-

---

(1) Les mots *gruerie* et *gruyer* viendraient, suivant Sainte-Foix, de la même racine celtique que *druïde*, c'est-à-dire, des mots *drus* ou *deru* qui signifient encore, en Breton, *un chéne* ou *du chéne*. On appela longs-temps les officiers forestiers les *Druyers*. On dit du bois en *grume*.

tien, devaient à chacun des gruyers de Crépy et de Nanteuil, trente-deux poules par an, un minot de blé et la cage pour élever et nourrir les poulets. Le moulin Bannier de Duvy, devait, tous les ans, le lendemain de Noël, aux-mêmes, trois pains blancs tenant ensemble, de la valeur de deux *nerets* et un neret fiché dans chaque pain et il était indispensable que les pains tinssent ensemble, sous peine d'amende, etc., etc., etc.

Le Roi nomma pour commissaire Jean Milès, lieutenant-général des eaux et forêts de France, qui s'adjoignit deux aides et un nommé Jean Mignon, *maître peintre de Paris*, pour la levée et la figure du plan.

Henri de Lenoncourt assista aux longues opérations des trois commissaires et au bornage de cette partie de ses domaines. Il profita de la faveur dont il jouissait, pour ajouter un nouveau titre à sa seigneurie de Nanteuil. Vers 1443, il obtint, du Roi, l'érection de sa terre en Comté, et François Ier vint l'investir lui-même de ce nouveau titre, au milieu des 54 possesseurs de fiefs qui relevaient de la terre de Nanteuil.

Le mauvais état de la santé du Roi, ne lui permettait pas toujours de faire, en un seul trajet, la route de Paris à Villers-Cotterêts ; Nanteuil était toujours son lieu de repos. Il y résida même quelques jours et data plusieurs actes du château de Nanteuil. Outre cette belle terre, la famille de Broyes, qui s'était unie aux seigneurs de Lenoncourt, possédait un château à Pacy, en Valois, au-dessus de La Ferté-Milon : ce château, dont il reste des traces encore assez curieuses, devint bientôt la seule propriété des Lenoncourt. Les Guise achetèrent Nanteuil après la mort d'Henri de Lenoncourt, et y préparèrent la ligue.

* En 1543, la mère de Marguerite de Broyes, épouse du nouveau comte de Nanteuil, mourut et voulut être enterrée dans l'église de Pacy, qu'elle avait fait reconstruire à ses frais. Sa mort fut une cause de division des deux seigneuries de Pacy et de Nanteuil, réunies depuis près d'un siècle. Le petit château de Pacy avait, pour annexe, la loge Tristan, et pour mouvance, le château de Bournonville avec quelques fiefs.

La maladie du Roi, fruit de ses excès galans avec *la belle Féronnière*, simple bourgeoise de Paris, avait pris un caractère allarmant, et l'éloignant des affaires, de son entourage habituel même, laissait au Connétable, toutes les occasions d'être agréable à l'Empereur, devenu veuf. Il supposa qu'une alliance entre Charles-Quint et Marguerite de France, promise au prince des Asturies, cimenterait cette paix à laquelle il voulait tout sacrifier.

Charles repoussa les avances du Connétable ; mais il voulut obtenir, par son entremise, une trêve avec les Turcs, pour avoir le temps de soumettre, sans inquiétude, les Gantois : Soliman répondit qu'il y consentirait aisément, dès que l'Empereur aurait remis au Roi de France, toutes ses possessions usurpées. Charles retira, dès lors, toute proposition d'accommodement avec le Turc, qui se montrait meilleur Français que le Connétable.

Il fut plus heureux lorsqu'il voulut traverser la France, pour combattre les habitans de Gand, révoltés contre leur gouvernante. Elle avait fait arrêter injustement, leurs plus riches marchands, pour obtenir des impôts qu'ils refusaient. Ils avaient intéressé, dans leurs plaintes, plusieurs villes de Flandre, du Hainault et du Brabant. Ils s'offrirent tous à la France, souscrivant au dernier arrêt du Parlement de Paris, qui les déliaient de l'obéissance à leur souverain, comme vassal félon et rebelle. Toutes les belles et riches provinces de la Flandre, pouvaient ainsi être acquises et compenser les pertes que nous avions faites.

Le Connétable, sourd à toutes les considérations d'État, malgré les conjectures embarrassantes dans lesquelles allait se trouver Charles-Quint, non seulement lui fit remettre les propositions des Gantois ; mais lui offrit encore des troupes françaises, et l'Empereur se borna à accepter le passage qui lui était offert. Il refusa cependant les deux otages que le Roi lui envoyait pour garantie de sa parole, et paraissant plutôt accorder que recevoir, il se disposa à venir en France, continuant à promettre ce duché de Milan, amorce toujours perfide.

Les deux fils de François Ier, le Connétable, le reçurent à Bayonne; des ordres avaient été donnés pour que sa réception fut digne de l'hôte qui le recevait, il était reçu en triomphe dans chaque ville qu'il traversait. Le Roi était venu, malgré sa maladie jusqu'à Chatelleraut. Le 1er Janvier 1540, l'Empereur Charles-Quint recevait les félicitations du Parlement de Paris, entrait dans notre Capitale avec une pompe magnifique. Il continua à traverser la France au milieu des acclamations universelles. Le Roi l'accompagna jusqu'à Saint-Quentin, et ses deux fils jusqu'à Valenciennes.

L'étonnement que cette confiance de l'Empereur, l'aveuglement du Roi, sa crédulité causaient, était grand. Les ennemis du Connétable, cherchaient à lever le voile qui couvrait les yeux du monarque et ils hasardèrent quelques représentations. La duchesse d'Etampes, qui n'aimait pas le premier ministre, avait, elle-même, conseillé au Roi, de profiter du séjour de Charles, pour faire révoquer le traité de Madrid. L'Empereur, auquel François Ier le dit en présence d'Anne de Pisseleu, se la rendit plus favorable, en lui offrant, avec autant d'adresse que de galanterie, une bague d'un très-grand prix. Charles-Quint visitait quelquefois le Connétable à Montmorency. Le Dauphin, qui désirait avoir le duché de Milan, promis à son frère, par les négociations; le Roi de Navarre, époux de Marguerite, qui voulait obtenir son royaume; le duc de Vendôme, dont les possessions, dans les Pays-Bas, avaient été usurpées par la politique envahissante de l'Empereur, résolurent de l'arrêter à l'insçu du Roi. Ils comptaient se faire pardonner cette démarche en faveur de ses utiles conséquences : les coupables étant son héritier, son beau-frère et le premier prince du sang. Le Connétable, auquel Henri avait fait confidence de ce projet, lui fit changer de dispositions en lui remontrant combien le caractère de son père serait affecté de ce parjure, de ce manque de foi. Charles-Quint précipita son départ, et le désordre des Pays-Bas, l'impossibilité dans laquelle Ferdinand, roi des Romains, disait se trouver pour venir à Metz, lui servit d'excuse. C'était devant ce prince que tous les arrangemens devaient enfin être conclus.

Les Gantois furent rapidement soumis; leurs

principaux chefs, exécutés ou bannis ; la ville, mise à une forte amende ; les priviléges abolis, et le Roi des Romains qui n'avait pu venir à Metz, se trouva, en même temps que l'Empereur, dans les Pays-Bas, pour l'aider à obtenir ce résultat. C'est après cet acte que la mauvaise volonté de Charles commença à paraître de nouveau. Il allégua le refus positif de son frère, quant à ce qui concernait le mariage de sa nièce et la cession du duché de Milan ; mais il offrit, en compensation, sa propre fille et les dix-sept provinces Flamandes, qu'il venait de reconquérir, à condition que le duc d'Orléans serait élevé sous ses yeux.

Le Conseil pensa qu'il voulait un otage, gagner du temps, fausser un jour sa parole tant de fois donnée inutilement : on craignit d'élever près du trône de Henri II, un vassal aussi puissant que long-temps l'avait été cette maison de Bourgogne, jadis si difficile à éteindre, et la Cour divisée en deux camps, dirigée par deux femmes, également belles et dangereuses, était dans un embarras extrême pour accepter ou refuser des offres aussi inattendues.

Anne de Pisseleu détestait Diane de Poitiers, venue de Brézé, grand sénéchal de Normandie. Selon Brantôme, Diane de Saint-Vallier, avait sauvé la vie de son père, compromis dans la conspiration du duc de Bourbon, au prix du sacrifice qui devait le mieux plaire au Roi. Elle était devenue à l'âge de 40 ans, la maîtresse du Dauphin, qui n'en avait que 18, et garda, jusqu'à la mort de ce prince, devenu Roi, le plus grand empire sur son cœur. Supérieure à la royale favorite, sous le rapport de la naissance, et peut être de la beauté, malgré son âge, puisqu'à 60 ans, elle était encore *belle à voir* (1), elle affectait envers Anne de Pisseleu, une indifférence pire que la haine, et la duchesse d'Étampes cherchait à élever d'autant plus la puissance du duc d'Orléans, que celui-ci pourrait un jour devenir son protecteur ; lorsque la tombe, cet impitoyable gouffre, aurait en recouvrant le Roi actuel, assuré le règne de sa rivale.

Ces germes de division intérieure, avaient pris racine jusques dans le cœur des deux jeunes princes, et c'était pour mieux les exploiter, que Charles-Quint faisait cette proposition destinée à augmenter l'ambition du second des fils du Roi de France, en même temps qu'elle excitait la jalousie d'Henri, par la préférence que le Roi semblait accorder à son frère (2).

Le Conseil n'aperçut cependant qu'une nouvelle tromperie diplomatique, dans ce changement

(1) Brantôme.
(2) Garnier.

des conditions du traité, et le Roi qui était venu jusqu'à la frontière, pour conclure, se retira à Compiègne, honteux d'avoir été dupé par son beau-frère. Il accusa cependant son conseil, et fit condamner l'amiral de Brion, à 70,000 écus d'amende et à la prison. Anne de Pisseleu, sa parente, l'en fit sortir deux ans après.

Guillaume Poyet eut son tour : il fut privé de la charge de chancelier et enfermé dans la grosse tour de Bourges, jusqu'à ce qu'il eut payé la forte amende à laquelle il avait été condamné ; enfin le Connétable lui-même, en 1542, disgracié, dût se retirer à Écouen, et fit construire, pendant sa retraite, le magnifique château que Bernard Palizzi décora des beaux vitraux de la Psiché, des arabesques sur des dessins de Leroux (*Il Rosso*), et enfin de beaux tableaux en faïence, des beaux pavages émaillés, fruit de son génie aussi inventif que profond.

François Ier confia la direction des affaires au cardinal de Tournon, au chancelier Montholon et à l'amiral Annebaut, ne voulant pas, disait-il, avoir des ministres trop capables.

Les deux années 1540 et 1541, se passèrent en négociations, en dispositions également hostiles ; car en 1542, la guerre reprit avec force entre l'Empereur et François 1er. Le mariage de Jeanne d'Albret, fille de Marguerite de Navarre, avec le duc de Clèves, Guillaume de Lamark, avait été précipité par François Ier ; le Roi craignait que les négociations de l'Empereur avec sa sœur, Marguerite de Navarre et Henri d'Albret, ne soient suivies de l'union de la jeune princesse, alors âgée de 11 ans, avec Philippe, prince des Asturies ; il accepta donc le duc de Clèves pour son neveu. Malgré les protestations de son beau-frère et de sa sœur, la cérémonie eut lieu à Chatelleraut, avec une telle profusion, qu'il devint nécessaire d'augmenter les droits sur la Gabelle. Les nôces furent appelées *salées,* par le pauvre peuple qui souffrait le plus de cette augmentation de droits. Le mariage ne put être consommé, à cause de la jeunesse de la fiancée; mais François 1er avait acquis un allié qui n'était pas sans importance, pour le couvrir du côté de l'Allemagne.

En 1542, le meurtre des deux ambassadeurs (1), que le Roi envoyait à Constantinople et à Venise, fut exécuté par l'ordre du marquis du Guàst, un des séides de l'Empereur. Charles pût ainsi empêcher une attaque de Soliman, contre lui, et détruire l'effet de l'alliance des Vénitiens, que François demandait par leur entremise. Ce crime qui

(1) César Frégose et Antoine de Rincoln.

reste comme une honte attachée au règne de ce grand souverain, détermina François Ier à en appeler aux armes, après avoir, dans une procession générale, demandé l'assistance du Dieu des armées.

CHAPITRE XVIII.

La guerre éclata de nouveau entre François Ier et Charles-Quint, en 1542. Par l'entremise du duc de Clèves, auquel il avait donné le duché de Nevers; le Roi de France avait intéressé dans sa querelle, Christian III, Roi de Danemarck, et le fameux Gustave Wasa, Roi de Suède. Son ambassadeur du Bellay publia donc un manifeste, dans lequel il exposait toutes les raisons de François, pour justifier sa déclaration de guerre, et on attaqua de suite l'Empereur, dans ses deux villes les plus éloignées. Antoine de Bourbon, duc de Vendôme, dirigeait la première des trois armées de François Ier : le duc d'Orléans, second fils de France, sous les yeux de Claude de Lorraine, duc de Guise, avait le commandement de la seconde, qui comptait parmi ses officiers, les deux Lamark, princes de Sedan et de Bouillon, comtes de Braine. Elle devait opérer dans les Pays-Bas, et attaquer le Luxembourg ; tandis que la troisième, plus forte que les deux premières, avait pour chef le Dauphin, Henry, et pour lieutenants-généraux, Claude d'Annebaut, maréchal de France, et Montpezat, lieutenant du Connétable : elle devait défendre le Languedoc et attaquer Perpignan. Les premières opérations furent heureuses : le duc d'Orléans s'était emparé rapidement du duché de Luxembourg. Le siége de Perpignan, auquel il avait voulu assister aussi, fut moins heureux : il fut levé, et cette partie de l'armée, obligée de quitter l'attaque pour se mettre en défense contre les Espagnols.

Pendant toute cette année et celle qui la suivit, la guerre se fit plutôt par des libelles, que par des armées : le Pape Paul III, cherchait à concilier ces implacables rivaux ; c'était un assaut d'injures, d'attaques, de défenses mutuelles ; nous devons cependant convenir que la politique de François Ier, était plus loyale que celle de Charles. Le Saint-Père effrayé des progrès du Calvinisme, cherchait à les calmer : il avait besoin de la pacification de l'Europe chrétienne, pour y parvenir : or, les dispositions des deux grandes puissances, n'étaient pas très-propres à un état de paix aussi désirable. L'Angleterre était entièrement séparée de la communion romaine. La France, elle-même, était inondée de prédicateurs dangereux, qui, à l'exemple de Calvin, s'emparaient de tous les professeurs pauvres, des imprimeurs surtout, et des libraires; de tous les possesseurs enfin, des moyens de développer et d'éclairer l'intelligence.

Envain le Roi voulut-il s'opposer à ce débordement de satyres, de traités dogmatiques, de controverses dangereuses; Genève et les possessions de la Reine de Navarre recueillaient les bannis, les suspects et la guerre appelant bientôt l'attention du monarque sur des intérêts plus matériels, augmentaient les moyens d'impunité, l'audace des missionnaires de la réforme.

Il partageait lui-même ce goût pour l'ironie et la satyre, qui semblait de mode : car il répondait aux titres fastueux de Charles-Quint, en s'instituant en tête de ses écrits apologétiques : seigneur de Gonesse et de Vanvres, près de Paris.

En 1543, François 1er recommença lui-même,

les opérations militaires, dont il avait chargé le duc d'Orléans dans le duché de Luxembourg. Il passa tout l'été à fortifier Landrecies, et pendant qu'il établissait des moyens de défense, le duc de Clèves était contraint d'embrasser le parti de l'Empereur et d'accepter une nouvelle proposition de mariage avec une fille de Ferdinand, une nièce de Charles-Quint, pour prix de sa défection. La princesse de Navarre qu'il délaissait, et dont le mariage fut déclaré nul par le Pape, épousa en 1548, Antoine de Bourbon, duc de Vendôme : elle devint mère d'Henri IV.

L'empereur était étroitement uni avec Henri VIII et il recevait du monarque anglais, un renfort de dix mille hommes, pour assiéger Landrecies, qu'il investissait depuis trois mois. La garnison fort malheureuse, pût être, au moyen d'un coup de main habile et heureux, remplacée par la troupe commandée par Jacques de Coucy, seigneur de Vervins, et le siége fut levé après avoir vu cette campagne ne produire d'autre resultat que la défection du duc de Clèves et l'occupation de Cambrai, ville libre et démocratique, par une garnison espagnole. Charles-Quint, pour s'assurer l'entière soumission de cette ville, fit construire une citadelle aux dépens des habitans, et leur persuada qu'elle devait les défendre contre les Français; ce ne fut qu'après sa construction, qu'ils s'apperçurent qu'elle pouvait aussi bien servir à les soumettre.

L'année suivante présenta plusieurs phénomènes célestes, qui, en raison de l'époque, agitèrent assez le monde pour qu'ils soient rappelés dans la devise du premier fils du Dauphin ; il naquit le 20 Janvier 1544. Il y eut cette année une éclipse de soleil et trois de lune. François, fils d'Henri II, prit donc pour devise : *Inter eclipses exorior*. Le froid était excessif, et le vin, dit Mezeray, se coupait à coup de haches.

Charles-Quint avait tellement agi sur le corps germanique, que les alliés des Français et les ambassadeurs de notre nation, étaient écartés de la diète de Spire : la guerre devenait générale contre François Ier. Heureusement que la victoire du duc d'Enghein, à Cerisolles, le 14 Avril 1544, vint ranimer les espérances de nos troupes et les consoler de leurs pertes successives, en leur livrant le Piémont.

La ligue d'Henri VIII et de Charles-Quint, franchissait le Rhin et se dirigeait vers la Champagne, sous la conduite de l'Empereur, altéré de conquête et de vengeance. Saint-Dizier le retint heureusement pendant plus de six semaines, malgré le mauvais état de ses fortifications ; le Roi faisait, pendant ce siége, diriger ses forces sur Vitry et

Châlons. Pendant le siége de cette dernière ville, le capitaine Lalande, qui avait défendu Landrecies et Saint-Dizier, avec autant de bravoure que de vraie gloire, mourut; et cette perte était compensée par celle que les impériaux éprouvèrent en la personne du prince d'Orange, un de leurs chefs les plus puissans. Des assauts nombreux et longs, puisqu'ils duraient plus de sept heures, témoignaient des bonnes mesures prises par le duc de Nevers, le comte de Sancerre, pour défendre la ville, et décourageaient les troupes allemandes et espagnoles, que le comte d'Aumale, au dehors, harcelait avec une vigueur incroyable. Une ruse du ministre espagnol, fit consentir les deux premiers capitaines, à une suspension d'armes de douze jours, et enfin à la reddition de la place.

Henri VIII attaquait la Picardie pendant que les opérations de Charles-Quint avaient lieu sur la Marne. Les deux princes ne se concertèrent pas assez : le Dauphin serrait de près les troupes impériales qui s'étaient fort avancées, et commençaient à manquer de vivres, malgré les avis que lui faisait donner Anne de Pisseleu, dont nous avons déjà raconté la rivalité avec Diane de Saint-Vallier; la maîtresse du Roi trahissait ainsi les vrais intérêts du royaume, pour faire accomplir le mariage du duc d'Orléans et de la fille de Charles-

Quint. Ce fut par les mêmes intelligences, qu'il s'empara des villes d'Épernay et de Château-Thierry, où il trouva des vivres en abondance : ce qui le sauva d'une destruction totale (1).

Pendant que le gros de son armée défilait le long de la Marne et s'avançait vers Paris, des détachemens couraient le pays et l'un d'eux se présenta devant Neuilly-Saint-Front, pour s'en rendre maître. Le château avait été reconstruit dans le commencement de ce siècle, il pouvait se défendre, les fossés étaient neufs, les tours bien réparées.

Sa garnison, formée, sans doute, de troupes régulières, aidées des milices bourgeoises, étaient commandées par un capitaine, dont Carlier n'a pu retrouver le nom. L'attaque et la défense furent également vives ; mais les assiégeans dûrent se retirer avec perte. Le Roi accorda, en reconnaissance, aux habitans, des permissions de chasse et de pêche, des droits d'usage dans les forêts voisines et confirma leur droit de *franc-alleu* dont ils jouissaient déjà.

La marche de Charles-Quint, sur Paris, était rapide et menaçante : la capitale en fut effrayée, les coureurs de l'armée espagnole étaient venus jusqu'à Meaux. Les habitans de Paris fuyaient, em-

(1) Mézeray.

portant leurs effets, et le Dauphin vint, avec une armée, pour défendre la ville menacée, et rassurer les Parisiens. En même temps un nouveau corps d'armée, composé de troupes fraîches, venait des limites de la Brie, rejoindre celui du Dauphin, tandis que douze mille Suisses, et le soulèvement des populations, des milices bourgeoises inquiétaient, par leur présence, l'Empereur, trop éloigné du Roi d'Angleterre, pour en attendre du renfort. Le Roi, le duc de Guise, le Dauphin, étaient réunis et cherchaient à mettre de l'ordre dans ces hordes indisciplinées, qui, par leurs brigandages, avaient forcés les habitans de Lagny à leur fermer les portes de leur ville. Les malheureux bourgeois avaient payé cher cette résistance aux avanturiers français, le comte de Mont Gommery les avait décimés comme rebelles.

La position était critique pour les deux partis; le désordre de la peur régnait parmi les habitans de l'Ile-de-France; l'invasion de toute la Champagne et d'une partie de la Brie et du Valois, affaiblissait l'armée espagnole qui diminuait à vue d'œil; la perte d'une bataille pouvait livrer la personne de Charles-Quint, à son ancien prisonnier. Le gain, au contraire, lui ouvrait la capitale du royaume. Henri VIII assiégeait toujours Boulogne et Montreuil, et ne se montrait pas pressé de dégager son allié. Les pluies d'automne allaient arriver et lui couper la retraite, la famine pouvait renaître ; et Charles se repentit d'avoir pénétré aussi loin, avec des ressources insuffisantes.

Il se replia sur le Soissonnais : il vint loger au château de Villers-Cotteréts, et de là passa à Soissons.

Il établit son quartier général à Saint-Jean-des-Vignes, monastère qui, enfermé maintenant dans l'intérieur de la ville, dépendait, au 16ᵉ siècle, du duché de Valois, ainsi que le faubourg de Crise, de la même ville. Entre Soissons et Villers-Cotterêts, dans la plaine qui précède la forêt, il avait laissé quelques corps avancés.

Ainsi retanché, il eut recours à ses moyens habituels, à la diplomatie. Il avait conservé des relations secrètes avec la Reine Éléonore et la duchesse d'Étampes : par l'entremise d'un dominicain espagnol, il fit entamer des négociations de paix. Elles furent suivies de succès et se terminèrent la même année, par la paix de Crépy ; malgré les protestations du Dauphin, qui la trouvait trop avantageuse pour son frère, le duc d'Orléans, et malgré l'ardeur de nos troupes qui brulaient d'en venir aux mains, et de se venger de Pavie, ou de retrouver les souvenirs de Marignan et de Cerisolles.

On stipula que le duc d'Orléans épouserait, dans un an, au plus tard, ou la nièce ou la fille de l'Empereur ; que dans quatre mois le choix de Charles-Quint, sur l'accordée, serait fixé : que la première aurait le duché de Milan ; la seconde, les Pays-Bas, la Hollande et la Franche-Comté : l'apanage du duc d'Orléans devait se composer des duchés de Bourbonnais et d'Alençon, jusqu'à la concurrence de cent mille livres de rente.

Le Roi renonçait à Naples, au Rousillon, au Luxembourg, aux châtellenies de Lille, Douai et Orchies : il abandonnait toute suzeraineté sur les provinces de Flandre et d'Artois, et remettait, aussitôt le mariage de son fils, le duc de Savoie en possession des terres qu'il lui avait enlevées, etc., etc., etc.

Cette paix mécontenta la France et les Parisiens surtout, qui voyaient se préparer, entre les deux frères, une guerre civile, la signature du Dauphin ayant été forcée. Le Roi avait cru pouvoir sauver, par cette paix si prompte, sa ville de Boulogne, toujours assiégée ; mais elle était rendue depuis deux jours, lorsque Henri de France vint avec un secours, et malgré les efforts qu'il fit pour reprendre cette place, l'Anglais continua de la posséder.

La paix de Crépy a été cause d'une discussion historique sur la localité qui fut le siége de ces négociations. Mezeray, Garnier, Blanchard, disent que ce fut à *Crépy* en *Laonnois,* de Thou, a écrit *Crépy,* et ses traducteurs ont ajoutés en *Valois*, dans la table des matières. Muldrac, qui vivait un siècle après, dit que le lieu du congrès fut *Crépy en Valois,* Noblot et des géographes ont nommé le même lieu. La tradition, en 1764, le désignait encore, et l'abbé Carlier a fait imprimer, pour établir cette opinon, les réflexions qui suivent :

« . . . . . La position des deux armées semble décider la question. Les troupes du Roi occupaient le Parisis, la Brie en partie, et le Servais, jusqu'à Senlis et même jusqu'au fort château de Montespilloy, à peu de distance de la capitale du Valois. »

« L'armée de l'Empereur couvrait une grande partie du Soissonnais, jusqu'à Villers-Cotterêts. Il était maître de Soissons, et logeait à Saint-Jean-des-Vignes. Les choses étant ainsi ; pourquoi aller chercher, pour rendez-vous, un bourg du Laonnois, situé à neuf lieues derrière Soissons, relativement à la position de François Ier, plutôt que de choisir un poste qui n'était occupé de personne, une ville qui fait la juste séparation des deux corps d'armées? »

La paix fut donc signée à Crépy en Valois, les considérations de Carlier, pour donner la préférance à cette dernière ville, paraissent concluantes : elle fut signée avant que les deux armées n'aient levé leurs camps, et Charles-Quint emmena en otage quatre seigneurs Français, se retira en Flandre, et reçut bientôt la visite d'Anne de Pisseleu et de la Reine, sa propre sœur. Les Flamands virent avec un vif mécontement, qu'il affectait d'entourer de plus d'hommages, d'honneurs plus grands, la duchesse d'Étampes, outrageant ainsi les droits de la nature et de la morale.

Le négociateur de la paix de Crépy, Guzman, le moine Jacobin, reçut la récompense de ses travaux diplomatiques. François Ier le nomma abbé titulaire de Long-Pont, il se fit Bernardin pour remplir ce bénifice, et l'occupa dans la même année, 1544. Il gouverna pendant six ans et remplaça le cardinal du Bellay, premier abbé commendataire de Long-Pont. Ce dernier succédait à Pierre d'Arragon, dernier abbé régulier de ce monastère, mort en 1531, et qui, pendant 17 ans, avait, par une bonne administration, réparé les maux que la guerre avait causés à l'abbaye. Il avait rétabli la bibliothéque, renouvelé les ornemens de l'église, et augmenté le bâtiment des hôtes, et reconstruit les bâtimens incendiés.

Le nouvel abbé ne suivit pas ces exemples d'économie désintéressée : au contraire, il dépouilla la maison et l'église de son argenterie, il détourna du trésor, des autels même, beaucoup d'objets précieux. Les moines crûrent d'abord qu'il remettrait, à la communauté, le montant des ventes qu'il faisait ; mais lorsqu'ils virent qu'il se l'appropriait, ils se plaignirent au Roi, Henri II, en 1550, et Guzman évita, par la fuite, la punition qu'il méritait. Guillaume, archevêque d'Embrun, reçut, en commende, cette riche abbaye ; et plus tard, en 1563, Hippolite d'Est, cardinal de Ferrare, possédait le même benéfice. Nous reviendrons sur ces mutations, en parlant des commendes en général.

Le monastère de Saint-Jean-des-Vignes, ainsi que nous l'avons vu dans ce chapitre, appartenait au duché de Valois, ou plutôt il en ressortissait. Voici en peu de mots l'historique de cette merveilleuse production artistique dont il ne reste plus que le portail, le réfectoire des moines, transformé en magasin de blé, pour la garnison, et les ruines du cloître, dans lesquelles les curieux, les artistes, peuvent encore retrouver les transformations successives de l'architecture, pendant les 15e et 16e siècles.

Au 11e siècle, suivant Carlier, il y avait, près de Soissons, la paroisse de Saint-Jean-du-Mont, dont le curé prenait la dénomination de *Cardinal*, c'est-à-dire, qu'il déservait une cure *matrice*, dans laquelle tous les sacremens, le baptême surtout, pouvaient être administrés. Autour de ce cardinal, se groupaient des prêtres inférieurs qui partageaint les exercices religieux et les bénéfices de la cure. Ceux-ci s'augmentèrent, lorsque Hugues, de Château-Thierry, sur les remontrances de Thibaut de Pierrefonds, évêque de Soissons, eut restitué les biens ecclésiastiques qu'il avait usurpés. C'était des droits sur cinq églises, il les accorda aux clercs et au cardinal de Saint-Jean-du Mont. Philippe Ier en 1076, autorisa cet acte ainsi que la donation d'un clos de vignes situé près de la primitive église. Le chapitre se transforma bientôt, en monastère. Odon en fut le premier abbé.

Ce fut dans le 13e siècle, que le cœur, aujourd'hui détruit, fut construit par les soins de Raoul de Chésy. Cet abbé demanda au Pape Grégoire IX, une bulle pour fixer l'âge des profès à 20 ans. Pendant les guerres d'Édouard d'Angleterre, au 14e siècle, cette communauté souffrit beaucoup de la peste et de la guerre; malgré ses pertes elle fut entourée de murs et d'ouvrages fortifiés. La nef fut commencée par Michel de Bôves, abbé de Saint-Jean. Une fondation pieuse, de mille florins d'or, servit à ces divers usages.

Enfin, en 1400, Jean Mignot, vingtième abbé régulier, continuait la nef et commençait le magnifique portail; la nef fut terminée en 1478, année de la dédicace de l'église.

A l'époque de la paix de Crépy, Jean de Lafontaine, de Louâtre augmenta et distribua les bâtimens réguliers d'une manière commode ; ses distributions se reconnaissent encore, en ce qu'ils ont un cachet italien qui annonce l'époque dite de la *renaissance* : les communications, entre cette abbaye et la ville, furent établies sous le règne de Henry II, par Pierre Bazin, qui mourut en 1564.

La paix, préparée à Saint-Jean-des-Vignes, signée dans le château de Crépy abandonné depuis le règne de François Ier, engagea ce prince à une descente en Angleterre, pour soutenir les efforts de Marguerite de Lorraine, veuve du Roi d'Écosse.

L'Angleterre avait déjà l'empire des mers, et ce fut sans doute, pour le lui disputer, que François Ier réunit, dans le seul hiver de 1545, cent cinquante gros navires, soixante vaisseaux d'une dimension moindre, et vingt-cinq galères.

Le siége de Boulogne avait été aussi long que fatal, le duc d'Orléans, fils du Roi, était mort de la peste et Charles-Quint profitait de cet affaiblissement de ses deux puissans rivaux pour affermir son pouvoir en Allemagne ; il était degagé par la mort du duc d'Orléans des conditions du traité de Crépy; Henry VIII et François Ier sentirent la nécessité de se rapprocher.

La santé du Roi était chancelante, son armée et celle d'Henri VIII, étaient également affaiblies; ils firent donc la paix. Le Roi d'Angleterre s'engagea à rendre, huit ans après, la ville de Boulogne, moyennant 800,000 écus d'or, payables par huitièmes.

L'année 1546 se termina par de nouveaux édits, de nouvelles persécutions contre les Protestans ; il chercha cependant à rendre la justice plus équitable et à réformer les abus que la vénalité avait introduits et qu'il avouait avec une naïveté remarquable.

Il se préparait à ces réformes en même temps qu'à une défense vigoureuse contre Charles-Quint, lorsque la mort de son allié Henri VIII, arrivée le 28 février 1547, vient détruire ses combinaisons politiques; un mois après, le 31 mars, il succomba lui-même, à sa maladie invétérée, à la fièvre lente qui le minait, au chagrin d'avoir perdu son fils et un monarque pour lequel il avait toujours eu une affection réelle.

Il mourut au château de Rambouillet, et fut vingt jours à lutter contre la mort; il fit venir son fils Henri, lui recommanda de craindre le Connétable de Montmorency, d'écarter de l'administration, les princes Lorrains, dont il commençait à redouter l'ambition, et lui recommanda ses trois favoris, le cardinal de Tournon, le secrétaire Bayard, et surtout l'amiral Annebaut, en considération de son mérite et de sa probité.

Il mourut à 53 ans, après un règne de 32; et malgré les fortifications qu'il avait récemment établies aux frontières de Champagne et de Bourgogne, on trouva dans ses coffres une somme de quatre cent mille écus et un quartier à toucher le lendemain de sa mort. Il était devenu aussi économe qu'il avait été prodigue et dissipateur.

Les travaux qu'il fit exécuter sont immenses, Chambord, Madrid, dans le bois de Boulogne, Saint-Germain-en-Laye, Fontainebleau, Villers-Cotterêts, Folembray, etc., etc. La ville de Terouenne, détruite sous le règne de Louis XII, celle de Vitry-le-François, brûlée par un détachement de troupes impériales, enfin, celle du Hâvre, témoignent qu'il sut aussi créer d'utiles constructions.

Sa devise est connue dans le Valois; la Salamandre, et les mots *nutrisco* et *extinguo*, je *m'y nourris* et je *l'éteins*, sont trop souvent répétés pour que je fasse de longs commentaires sur les sculptures qui les reproduisent. Je signalerai cependant aux curieux, étrangers à notre province, les deux escaliers du château de Villers-Cotterêts, malgré l'épais badigeon qui recouvre leurs découpures, et que son usage actuel nécessite sans doute. La partie réservée à la maison de détention et la chapelle, sont des ouvrages exécutés sous le règne de Henri II. Les chiffres de Diane, les croissans multipliés le prouvent suffisamment.

François Ier en mourant, laissa un seul fils, Henri II et une seule fille, Marguerite de France, qui épousa Philibert, duc de Savoie. La reine Éléonore se retira dans les Pays-Bas, auprès de son frère ; elle n'avait pas eu d'enfans pendant ses 17 années de mariage. Elle mourut en Espagne, l'an 1558, âgée de plus de 60 ans.

Elle céda le trône à l'impérieuse, la hautaine Catherine de Médicis, la Reine artificieuse et cruelle, autant que soumise et patiente, dans son intérieur, avec Henri II dont elle supportait, sans se plaindre bien haut, les galanteries connues avec Diane de Poitiers.

La duchesse d'Étampes n'ayant plus d'appui à la Cour, méprisée même de son mari, se retira dans une de ses maisons, au château de Noue sans doute, embrassa le Calvinisme, et vécut dans la retraite la plus profonde.

CHAPITRE XIX.

HENRI II.

Le Duché de Valois resta réuni à la couronne à l'avènement de ce prince au trône, il avait un motif puissant pour aimer la résidence de Villers-Cotterêts ; le château était achevé et accompagné de tous les ornemens que le feu roi y avait rassemblés à grands frais, il fit construire la chapelle qui sert de dortoir ou d'infirmerie aujourd'hui, et ajouta les bâtimens qui portent son chiffre, vis-à-vis l'église.

L'année même de son avènement, il réunit les deux charges de procureur du Roi du Baillage du Valois et de celle de procureur du Roi, au siége de la maîtrise des eaux et forêts du Valois.

Il avait 28 ans lorsqu'il occupa le trône et tout entier aux conseils de Montmorency qu'Anne de Pisseleu avait fait jadis exiler de la cour, il la poursuivit à son tour elle et ses créatures qu'il éloigna du roi. Le cardinal de Tournon fut privé de son abbaye de Saint-Jean-des-Vignes, Annebaut lui-même dût se démettre de son titre de Maréchal de France, et bientôt le Connétable de Montmorency, le comte d'Aumale, héritier du duché de Guise, Jacques d'Albon Saint-André, furent appelés aux charges les plus importantes de l'administration, malgré les avis que François Ier mourant, avait donnés à son fils.

Le Connétable était premier ministre, grand favori de Diane devant laquelle tout pliait, jusqu'à la Reine. Il avait fait décorer son propre château d'Écouen, et fit orner les châteaux royaux de ces emblêmes qu'on retrouve sans cesse sur les édifices du milieu de XVIe siècle, sur les monnaies même, tant la majesté du trône dispensait des règles de la morale.

Les croissans enlacés, les H et les D unis ou les D barrés, la couronne de France, planant sur le médaillon de Diane, sa devise : *donec totum impleat orbem*, qu'on pourrait traduire, suivant l'auteur de la notice sur l'hôtel de Cluny, par ces mots: *jusqu'à ce que ma maîtresse soit Reine,* tous ces ornemens, répétés avec une profusion remarquable, témoignent de la flatterie des courtisans, de celle des ministres, des artistes, des architectes, de Philibert Delorme par exemple, pour la favorite plus âgée, de près de 20 ans, que son royal esclave.

Le Roi ne voulait se faire sacrer que dans le mois de Juillet, pour laisser le temps de faire de plus beaux préparatifs. Il prit, en se rendant à Reims, possession de son château de Villers-Cotterêts, il y passa quelques jours, fit une entrée solennelle à Compiègne : enfin, se rendit à Reims, où il reçut l'onction, le 25 Juillet 1547. On disait qu'il ressemblait, physiquement, à son grand-père.

A son retour de Reims, il passa quelques jours à Villers-Cotterêts ; il affectionna pendant la durée de son règne cette résidence et en fit son séjour presqu'habituel ; les princes Lorrains, les Guise se préparaient à cette époque cette carrière ambitieuse qui les rendit si puissans et si dangereux pour notre pays. Le vieux duc de Guise avait été présenter au Connétable, ses six fils, en le priant de leur servir de père, et ceux-ci avaient cherché à s'appuyer en même temps sur la faveur de la grande Sénéchale. François de Lorraine, l'aîné, avait dû épouser une des filles de la favorite; mais la perspective d'un mariage avec Anne d'Est, petite fille de Louis XII, l'avait engagé à substituer son troisième frère, le comte d'Aumale, en faveur duquel le Roi établit un duché-pairie au même lieu. L'amour du Roi pour Diane de Saint-Vallier, était tel qu'il lui fit don du produit de la confirmation des offices et priviléges qui se payaient à chaque avènement au trône. Ces fonds, dans leur origine, avaient été établis pour payer les frais d'inhumation du Roi défunt et pourvoir aux dépenses du couronnement, du sacre du nouveau Roi. François Ier avait consenti à les céder à sa mère, il en était excusé par sa piété filiale; mais on murmura généralement lorsqu'on vit Henri II en disposer pour sa maîtresse. A cette prodigalité, il ajouta bientôt le don du comté de Valentinois, qu'il érigea en duché. Il fit encore bâtir, pour elle, au bord de l'Eure, ce château d'Anet, monument de l'aveugle et durable passion du Roi, pour cette Armide qui, pendant 23 ans, le subjugua. Enfin, à ces riches cadeaux, il ajouta les dépouilles sanglantes, les confiscations des biens des Protestans condamnés à mort, exécutés en la place de Grève, ou qui fuyaient à Genève une persécution plus cruelle encore que celle de François I*er*.

Les deux premières années du règne de Henri II se passèrent en voyages, en tournois, en fêtes et en carrousels ; au commencement de 1549, la reine était accouchée d'un second fils, qu'on nomma Louis. Les astrologues, dont elle était entourée, lui avaient prédit une longue et glorieuse vie. Il mourut deux ans après.

Les charges judiciaires reçurent dans le Valois, comme partout, une augmentation ; ainsi à Folembray, en 1552, au mois d'Août, le Roi créa deux nouvelles charges de sergens au baillage de Valois ; au mois d'Octobre de la même année, à Reims, il en institua un autre, ce qui en porta le nombre à cinq.

François I*er* avait donné au capitaine de ses chasses, à Villers-Cotterêts, le droit de connaître et juger les délits forestiers dans la forêt de Retz ; au mois de Juin 1553, Henri II rendit au grand-maître des eaux et forêts du Valois, le droit *exclusif* d'examiner les délits commis dans les forêts du duché. Une autre déclaration du mois de Mai 1554, datée de Compiègne, règle les devoirs du contrôleur des domaines du duché.

La guerre devint imminente, de nouveaux édits

bursaux, de nouvelles aliénations du domaine, de nouveaux emprunts forcés, vinrent combler les vides du trésor et payer les préparatifs de dépense et d'attaque; on créa de nouvelles charges, de nouveaux priviléges achetés et payés; les anciens titulaires Gruyers, capitaines, concierges des châteaux, des forêts, furent dans la nécessité d'acheter de nouveau, le droit d'exercer les fonctions dont ils étaient revêtus.

Ce fut dans ces circonstances que le parlement effrayé des mesures prises contre les religionnaires (1), proposa dans des remontrances, d'indiquer au Roi des moyens plus réguliers et plus chrétiens, qui pouvaient être employés pour détruire l'hérésie.

En effet, le 15 Octobre 1555, le Président Séguier et le Conseiller Duprat, se rendirent à Villers-Cotterêts et demandèrent une audience au Roi. On les prévint de ses mauvaises dispositions contre le parlement et le surlendemain 17, le président Séguier prononça une longue mercuriale qu'il termina par une apostrophe aux membres du Conseil; il leur dit : que grâce à l'édit, leurs disgrâces futures, si elles leur étaient réservées, ne les verraient pas jouir de leurs épargnes, de leurs richesses accu-

(1) Il s'agissait d'établir l'inquisition.

mulées pendant leur temps de faveur ; mais que leurs ennemis, surs d'obtenir du Roi, la confiscation de leurs biens, sauraient trouver un inquisiteur et deux témoins ; et fussent-ils des Saints, qu'ils seraient brûlés comme hérétiques. Après ces vérités, que les voûtes de Villers Cotterêts auraient dû si souvent répéter, le Connétable, qui n'avait pas oublié sa disgrâce récente, changea de couleur, les autres conseillers reculèrent effrayés, et le Roi, interdit et confus, promit d'examiner de nouveau cette question dans son Conseil.

Un événement, d'une gravité fort extraordinaire, se préparait pendant cette discusion sur l'inquisition : l'Empereur Charles-Quint, fatigué, malade, voyant le terme d'une paix générale s'éloigner encore, ayant rappelé son fils Philippe, faisait assembler le 24 Novembre, dans une salle de son palais, les députés de toutes les provinces des Pays-Bas, et là, faisait lire, par un de ses secrétaires, l'acte de son abdication.

Il ne voulut pas se séparer du monde, avant d'avoir donné à son fils les leçons de diplomatie que nécessitaient les circonstances, et lui fit signer, avec Henri II, une trêve de cinq ans, persuadé que, sur la foi de ce traité, le Roi de France, dissipateur et prodigue, licencierait son armée et s'affaiblirait par conséquent.

L'amiral Coligny fut le négociateur de cette trève conclue le 5 février 1756; il vint à la Cour de Philippe et de l'Empereur à Bruxelles, il trouva l'empereur dans un retrait tendu de noir à cause de la mort de sa mère, Jeanne-la-Folle. Charles-Quint avait déjà dépouillé tous les ornemens impériaux, et perclus par la goutte, cloué sur un fauteuil, il eut peine à dénouer les fils de soie qui servaient, à cette époque, à fermer les lettres. Il rappela à Coligny, qu'il descendait, par son aïeule, du sang illustre des Valois, se montra fier de telle parenté, et bien qu'il se disposât déjà, à se faire moine, il s'informa de la santé de la duchesse de Valentinois, de celle du Connétable. Lorsque le cortége se retira de son modeste appartement, il se fit placer à la fenêtre, afin de voir, une dernière fois, cette pompe royale et de montrer encore, à tous ces seigneurs Français, le vainqueur de François I*er*.

Ainsi que Charles-Quint l'avait prévu, Henri II se hâta de licencier ses troupes, pour se livrer à ses prodigalités accoutumées; c'était principalement dans son château de Villers-Cotterêts qu'il se livrait à toute la dissipation de la cour célébrée par Brantôme. En 1555, parmi les nombreuses pièces datées de Villers-Cotterêts, se trouve la confirmation du privilége de l'abbaye de St-Jean-des-Vignes. Le Parlement commençait à se diviser, et le Conseil favorisait cette séparation intestine, bien que la guerre eût éclatée de nouveau, peu de temps après cette trève. Le pape Paul IV avait obtenu le secours de la France, pour reprendre des terres du Saint-Siége, usurpées par Charles-Quint. Le duc de Guise eut le commandement de l'armée d'Italie qu'on se hâta de former; il arriva à Turin le 25 Janvier 1556, l'année ne commençait alors que le jour de Pâques.

Henri II, pour parer à l'échec causé par la perte de la bataille de Saint-Quentin, ordonna immédiatement, sous peine de mort, à tous ses officiers, de se rendre en armes à Noyon, et à tous les nobles du royaume, sous peine de dégradation, de se rendre dans la ville de Laon, ou d'y envoyer un homme équipé à leurs frais. On garnit de suite toutes les villes voisines frappées d'épouvante, et les populations du Valois tremblèrent de se voir de nouveau exposées à une invasion. L'armée victorieuse continua le siége de Saint-Quentin, et cette ville tomba, le 26 Août, entre les mains du duc de Savoie qui l'emporta d'assaut, malgré la vive résistance de l'amiral qui devint, à son tour, prisonnier avec ses principaux officiers.

L'armée des vainqueurs n'était pas dans un état d'harmonie assez complet, pour attaquer le royaume et pénétrer dans le Valois.

Les Anglais se fatiguaient de servir un prince étranger; les Espagnols vivaient en mauvaise intelligence avec les Allemands, et ceux-ci désertaient chaque jour, pour se rendre à l'armée du duc de Nevers. Des corps entiers lui firent même offrir leurs services, il les refusa par prudence; mais l'armée de Philippe II dût quitter la Picardie et rentrer dans les Pays-Bas.

Le duc de Guise fut déclaré lieutenant-général du royaume, et le duc de Nevers le vit profiter des mesures sages qu'il avait prises dans ces circonstances si difficiles. Il consentit à servir, en second sous ses ordres. Les armées furent réunies dans un camp retranché sur l'Oise, et le projet d'attaque, contre Calais, fut proposé dans un Conseil secret présidé par le Roi. Senarpont, auteur du projet, l'expliqua, le coup de main fut décidé. Il réussit parfaitement; les Anglais qui, depuis 1347, possédaient cette ville, la perdirent sans retour; bientôt Guines, Thionville cédèrent aux troupes françaises commandées par le duc de Guise, et nous consolèrent de l'occupation de St-Quentin.

Le duc de Guise, en 1556, s'était fait vendre, par un odieux abus de sa faveur, le comté de Nanteuil-le Haudoin.

Après la mort de Henri de Lenoncourt, le favori de François Ier, sa veuve, Marguerite de Broyes, avait épousé Georges d'Arres, seigneur de Venterolles. François, duc de Guise, craignit que le fils de cette Dame, Robert de Lenoncourt, ne profitât du séjour habituel du Roi Henri II, à Villers-Cotterêts, pour reprendre, au moyen du voisinage, le degré de faveur dont son père avait joui sous le règne précédent et pendant la puissance de la duchesse d'Étampes. Il força donc la veuve du seigneur de Lenoncourt, à lui rendre ce comté, et il fut aidé dans cette transaction par le Connétable de Montmorency, qui lui fit faire la remise de tous les droits de mutation que cette nouvelle acquisition entraînait. Le principal de cette vente, s'élevait à à deux cent soixante mille livres; suivant le contrat, cette somme compensait à peine, celle que le seigneur de Lenoncourt avait dépensée en embellissemens.

Devenu propriétaire de Nanteuil, il reçut dans son château, Henri II qui y fit quelques séjours; on y tint des Conseils d'État, et le Roi data quelques édits de cette demeure.

La faveur dont jouissaient les princes Lorrains, augmentait d'autant plus, que leur rival le Connétable était captif depuis la bataille de Saint-Quentin, à laquelle il avait assisté, et ils l'augmentèrent en accomplissant le mariage de Marie d'Écosse, leur nièce, et du Dauphin. Catherine de Médicis était cependant mal disposée pour cette union ; elle y mettait chaque jour de nouveaux obstacles, le don de Mantes et de Meulan dont on accrut ses revenus particuliers, levèrent son opposition, et le mariage fut conclu. Il ne dissipait pas toutes les inquiétudes que leur donnait du fond de sa prison le Connétable ; Henri lui portait la plus sincère affection ; il lui écrivait souvent avec la duchesse de Valentinois, et ils signaient leurs lettres communes par ces mots : *vos anciens et meilleurs amis, Diane et Henri*. Diane appuyait de tout son pouvoir, le crédit un peu affaibli de Montmorency, et le faisait prévenir de tout ce qui se faisait à la Cour contre lui.

L'avènement d'Élisabeth, la dangereuse ennemie de Marie-Stuart, au trône d'Angleterre, interrompit quelque temps les conférences pour la paix générale commencée en 1558 : mais elles reprirent et furent suivies, en 1559, du traité dit de *Cateau-Cambresis*, qui pacifia les deux fils de François Ier et de Charles-Quint.

Cet acte fut signé le 3 Avril 1539 ; le Roi de France recouvrait Saint-Quentin, le Catelet, Ham et le territoire de l'ancienne ville de Terouenne à jamais détruite. Son évêché était divisé entre Boulogne et Saint-Omer. Philippe II reprenait le comté de Charolais, les villes de Mariembourg, Thionville, Danvillers, Montmedi, Valence et le

Milanais; il épousait Élisabeth, fille de Henri II, avec une dot de 400,000 écus.

Le duc Emmanuel épousait Marguerite, duchesse de Berry, sœur du Roi Henri, et reprenait la Bresse, la Savoie et le Bugey, le Piémont, avec quelques réserves.

Nous perdions encore l'Ile de Corse, rendue aux Génois, Cazal et le mont Ferrare[1], toutes nos possessions d'Italie enfin, le fruit des travaux de Guise et Brissac; la principauté d'Orange était le partage de Guillaume de Nassau, et l'évêque de Liége reprenait Bovines et le duché de Bouillon, sauf les droits de la maison de Lamarck, admise à les faire valoir.

Les droits d'Antoine de Bourbon et de Jeanne d'Albret, sur la Navarre, étaient méconnus; il voulut en appeler aux armes, son expédition fut infructueuse. Cette paix termina la carrière diplomatique du Connétable, et mécontenta la nation épuisée par des sacrifices aussi longs et aussi inutiles. Un peu d'encre et des intérêts particuliers enlevaient à la France, ce que le sang de ses nombreux soldats avait si péniblement conquis.

Au moment où la paix allait donner une nouvelle impulsion aux dissensions religieuses, et comme Henri II allait faire suivre les procès des nombreux hérétiques ou suspects d'hérésie qu'il soupçonnait dans son parlement, un évènement inattendu vint le frapper.

Pendant les fêtes occasionnées par la paix et par le double mariage qui en était la suite, on avait dressé dans la rue Saint-Antoine, un magnifique tournoi ; les quatre tenans étaient le Roi, le duc de Guise, le prince de Ferrare, et le duc de Nemours. Les passes et les courses étaient finies, le Roi se retirait le 9 Juillet, lorsqu'il aperçut deux lances entières ; il en prit une et envoya l'autre à Montgommeri, capitaine de ses gardes. Celui-ci refusa long-temps l'honneur que le Roi lui faisait, les Reines elles-mêmes le prièrent de cesser ce jeu qui les effrayait, et de se borner à la gloire qu'il venait d'acquérir. Henri insista et donna l'ordre absolu à son capitaine de se mettre en défense; celui-ci obéit; le choc des deux champions fut si terrible, que la visière du Roi s'étant soulevée, un éclat de lance pénétra dans l'œil gauche du Roi et le renversa de son cheval. On l'emporta évanoui dans le Palais des Tournelles. On eut un instan l'espoir de le sauver, mais il expira le lendemain, 10 Juillet 1559, sans avoir pu reprendre sa connaissance.

Il était âgé de 41 ans, et laissa de son mariage avec Catherine de Médicis quatre fils et trois filles. Les trois premiers de ses fils régnèrent successivement, sous les noms de François II, Charles IX et Henri III; François, duc d'Alençon et d'Anjou, le quatrième fils, mourut sans postérité en 1584.

Les trois filles furent Elisabeth, mariée à Philippe II, fils de Charles-Quint; Claude qui épousa Charles II, duc de Lorraine, et la célèbre Marguerite, duchesse de Valois, la première femme du Roi Henri IV.

Ses distractions avec les dames de la Cour et la célèbre Diane de Poitiers, ne compromirent donc pas la succession au trône, et assurèrent à la Reine douairière, une régence qu'elle rendit fatale au pays qui l'avait adoptée.

vendit, sous les noms de Rauquelot, Charles IX ; Henri III ; François, duc d'Alençon et d'Anjou, le quatrième fils, mourut sans postérité en 1584. Les trois filles furent : Elisabeth, mariée à Philippe II, fils de Charles-Quint ; Claude qui épousa Charles II, duc de Lorraine, et la célèbre Marguerite, duchesse de Valois, la première femme du Roi Henri IV.

Ses distractions avec les dames de la Cour et la célèbre Diane de Poitiers, ne compromirent donc pas la succession au trône, et assurèrent à la Reine douairière, une régence qu'elle rendit fatale au royaume l'ayant adoptée.

CHAPITRE XX.

FRANÇOIS II. — CHARLES IX.

Le règne de François II ne dura que dix-sept mois, et pendant ce court espace de temps, il est remarquable par le commencement des guerres de religion, qui éclatèrent à propos de la conjuration dite *d'Amboise*.

Dès le début du règne de François II qui, âgé de 16 ans, prince faible et maladif, était incapable de gouverner ; le duc de Guise et le cardinal de Lorraine, ses oncles, par Marie de Lorraine, mère de Marie-Stuart, prirent les rênes du gouvernement.

Les voyages du Roi, à Nanteuil, devinrent fréquens. La Cour y résida souvent en se rendant à Villers-Cotterêts, et cette puissance du duc de Guise, lui inspira l'idée de s'emparer du comté de Dammartin, comme il avait extorqué celui de Nanteuil. La basse-cour de ce dernier château, dépendait de Dammartin, il voulait rendre sa propriété indépendante, et en acquérir une nouvelle. Philippe de Lenoncourt, évêque d'Auxerre, oncle de Robert (1), que le duc de Guise avait dépouillé de son héritage, voulut profiter de la faction des princes du sang, pour faire rendre au prince Lorrain, le domaine de Nanteuil. Il lui intenta un procès qui demeura sans effet.

Le comté de Dammartin fournit encore matière à un autre procès. Philippe de Boulainvilliers avait vendu, au Connétable de Montmorency disgrâcié de nouveau, ses droits sur ce comté ; Oudard de Rambières, frère utérin de Philippe, avait, d'un autre côté, vendu les siens au duc de Guise. Ce der-

---

(1) Robert de Lenoncourt avait épousé Josseline de Pisseleu, sœur de la belle duchesse d'Étampes.

nier qui voulait établir dans ce château, le cardinal de Lorraine, engagea Boulainvillers à revenir sur le marché conclu. Le Connétable changea ses dispositions au moyen d'une somme de 10,000 écus. Un procès naquit de ce conflit, et il occupa toutes les Cours de justice qui eurent le crédit de le faire plaider sous les noms des vendeurs. Il s'éteignit bientôt, à l'amiable ; le Connétable conserva Dammartin. Nanteuil devint indépendant.

Entre les deux factions opposées des Guise et du Connétable, l'une reprochant aux mécontens de perdre la religion, et ceux-ci accusant les Guise de projets d'usurpation, Catherine de Médicis, *femme*, *Italienne*, *Florentine*, se défiait plus souvent des Guise, qu'elle ne haïssait Montmorency. Jalouse elle-même, de cette conduite absolue du gouvernement, elle cherchait à leur créer des embarras, tantôt encourageant les Protestans ou leurs amis, l'amiral de Coligny, le Connétable, le prince de Condé qui s'était déclaré chef de la religion réformée, tantôt allumant les bûchers, rachetant par des actes d'une sévérité odieuse, de duplicité coupable, sa capricieuse indulgence.

Elle aspirait à cette régence complète, qu'elle posséda fatalement sous le règne de Charles IX.

François II mourut à Orléans, le 5 Décembre

1560, après un règne bien court, mais pendant lequel le procureur du Roi et le receveur du duché de Valois qui avait été offert à la reine mère, voulurent priver les Mathurins de Verberie, de leurs droits de foire et de marché, le Parlement rendit un arrêt en faveur des Mathurins. Charles IX succéda à son frère ; il avait 10 ans, et François en avait environ dix-sept lorsqu'il mourut ; la régence échut à Catherine de Médicis qui, perdant de vue, dans ce moment, l'objet principal, pour le soin de son ambition, je veux dire les obsèques de son fils, ne commanda aucune disposition, et François II n'eut pas même de regrets officiels.

La nécessité de faire face aux dépenses nouvelles d'une installation royale, les dettes dont la couronne était grêvée, firent introduire de nouveaux retranchemens dans le luxe de la maison royale. La vénerie du Roi fut supprimée, les appointemens de ses officiers, et même des membres des Parlemens, furent diminués d'un quart, les pensions furent réduites. Les dettes de la couronne montaient à plus de quarante-trois millions, empruntés à gros intérêts, et à plus de vingt-deux millions d'aliénations de domaine, de dotations et d'anticipations sur les prochains revenus.

On faisait les apprêts de la cérémonie du sacre, la Reine-Mère avait pris le titre de *duchesse de*

Valois en même temps que celui de régente, elle cherchait également à contenir le duc de Guise et le Connétable, ces deux anciens rivaux, et le château de Villers-Cotterêts était aussi commode que favorable à ses projets de bascule politique.

Le Connétable était à Chantilly, le duc de Guise habitait Nanteuil : tous deux, en 1561, mécontens également de Catherine (1), renouèrent des relations amicales, à propos du mariage du fils du Connétable, avec l'héritière d'Humières. Ils correspondaient souvent; Carlier ajoute que la formule du Connétable était très respectueuse; il appelait le duc : *Monseigneur*. Celui-ci l'appelait : *Monsieur*.

La Reine-Mère, au moment du sacre, vint habiter Nanteuil avec le Roi, et, de là, l'emmena à Reims, où le cardinal de Lorraine lui fit l'onction sainte, le 15 Mai 1561; le cardinal vint avec son frère, habiter Nanteuil. C'est alors qu'ils préparèrent la ligue.

Le duc de Guise fut le chef du triumvirat qui commença cette association. Le maréchal de Saint-

---

(1) Catherine encourageait les Protestans, avait séparé l'amiral de Coligny du Connétable, et présenté aux États de Paris, en 1561, ce dernier, comme ayant le plus abusé de la prodigalité du Roi Henri II.

Pendant l'essai du Concile, à Poissy, le duc de Guise et ses collègues au triumvirat convoquèrent à Nanteuil, une assemblée solennelle. La réunion fut nombreuse, on y discuta contre les Protestans et surtout contre l'amiral, dont la faveur allait en augmentant sans cesse. Cette assemblée provoqua, de la part de la régente, qui y était intéressée, comme suzeraine du Valois, un édit, daté de Vincennes, le 2 Juin 1562, dans lequel on excluait des charges judiciaires, dans les baillages de Valois, de Senlis, de Coucy et de Vitry, les sujets dévoués à la nouvelle religion.

Catherine se fit ratifier la donation du duché de Valois, comme douairière, en 1562; elle le possédait comme présent depuis la mort de Henri II. Les lettres patentes sont datées du 14 Mai, et renferment, en outre, le don du Bourbonnais, des comtés de Soissons et de Meaux. Le baillage demeura royal, et les juridictions particulières à Crépy, et la Ferté-Milon, furent conservées dans leur ancienne forme. La Justice, jusqu'en 1565, se rendit au nom du Roi; ce ne fut qu'à cette époque qu'elle demanda que son nom fut joint à celui de son fils, dans les intitulés; le procureur du Roi s'y opposa ; elle fit lever cette opposition en 1566, et les lettres de Charles IX ordonnèrent aux officiers du baillage de Valois, de se qualifier de

André, qui avait le plus à perdre si les réformés avaient le dessus, avait décidé le Connétable à en faire partie.

Une foule de seigneurs vint trouver le duc à Nanteuil, il leur fit voir combien la religion était menacée par la faveur dont jouissait l'amiral Coligny, combien les Huguenots augmentaient en nombre et en influence.

Déjà le Valois s'était laissé envahir par les doctrines anti-romaines. Une troupe de religionnaires vint loger à Chouy, près La Ferté-Milon. Ils ne commirent aucun excès sur les habitans; mais ils attaquèrent deux prêtres et les firent mourir dans les tourmens.

L'année suivante vit une scène grave éclater près de notre petite province. La princesse de Condé avait quitté Meaux, pour aller habiter le château de Muret, construction romaine fort curieuse, près de Thau et d'Hartennes. C'était le jour de Pâques, 1562; elle rencontra, à Lizy-sur-Ourcq, une procession; ses pages raillèrent les ecclésiastiques et les assistans les poursuivirent avec des pierres, jusqu'à la litière de leur maitresse qui, effrayée, se trouva indisposée et accoucha à Gandelu, de deux enfans, dont l'un ne vécut que deux jours, l'autre fut cardinal, et mourut à 31 ans. Après être relevée de ses couches, elle se retira à Muret.

« *lieutenant, procureur, etc., pour le Roi et pour la Reine douairière, duchesse de Valois.* »

Elle porta, à l'administration de cette province, le plus grand soin, l'attention la plus complète, elle s'occupa surtout de la belle forêt de Retz, elle la fit diviser en dix-neuf garderies, fit percer onze belles routes, tant pour l'agrément et les chasses que pour l'exploitation des bois, la sûreté des moyens de conservation et la distinction des triages.

Elle fit réparer les édifices endommagés par les guerres, et s'occupa même de la tour ovale de Bethisy et de son château. Les guerres de religion qu'elle prévoyait, et peut-être qu'elle fomentait, rendaient ces précautions opportunes.

Un des monumens les plus beaux de son administration, bien qu'il n'ait été terminé que dans notre siècle, doit perpétuer le souvenir de cette duchesse de Valois.

L'établissement de la navigation de l'Ourcq, pour le transport des bois à Paris, était réclamé depuis plusieurs siècles, dit Carlier, on en avait agité, sous François 1er, le projet; mais il n'avait pas reçu de commencement d'exécution. Le Roi, par une ordonnance du 13 décembre 1528, accordait aux échevins de Paris, le droit d'entreprendre et de faire toutes les avances nécessaires à cette canalisation.

En 1562, Catherine prit une dernière résolution ; en deux ans elle termina ce qui avait à peine été ébauché depuis l'enregistrement de la concession de François Ier. En 1564, la rivière était navigable, elle portait des bateaux en forme de flûtes, et les premiers qui arrivèrent à Paris, furent reçus avec de grandes démonstrations de joie. Ils étaient chargés de bois. Il y avait eu, à La Ferté-Milon, des réjouissances publiques, au départ ; on joua à cette occasion, *l'Histoire de Sainte-Marguerite*, dans la grande cour du château. A l'arrivée, le prévôt des marchands, les échevins furent présens, et on tira le canon. Les conducteurs de bateaux furent régalés, la duchesse de Valois fit cadeau, au prévôt des marchands, de deux bateaux de bois. Sauval en parle comme d'un fait merveilleux.

Les guerres de religion interrompirent la navigation et les travaux de conservation de ce beau moyen de communication ; en 1580, la rivière n'était plus navigable. Cet état dura jusqu'en 1632.

Cependant, en 1571, on agita le projet de continuer cette canalisation, jusqu'à l'abbaye de Long-Pont ; on voulait canaliser le rû de Savières, depuis ce monastère jusqu'au Port-aux-Perches, où il se jette dans l'Ourcq ; ce projet n'a pas été exécuté.

La Ferté-Milon reçut une autre preuve de la munificence de la Reine-Mère. Elle fit construire l'église paroissiale de Notre-Dame, qui n'était qu'une toute petite chapelle. Le sanctuaire, d'un goût tout-à-fait italien, rappelle la fondatrice de cette église remarquable seulement par ses vitraux antérieurs à la fondation de Catherine de Médicis.

La Reine-Mère ne borna pas, à ces travaux importans, à la reconstruction du sanctuaire de l'église de La Ferté Milon, sa sollicitude pour son duché. Elle établit à Crépy un collége pour l'enseignement des langues mortes; ce collége eut jadis quelque réputation. L'agriculture prit de nouveaux développemens, les terres si long-temps abandonnées reprirent leur précieuse fécondité. La duchesse de Valois, sur l'avis du procureur et de l'avocat du roi au baillage de Valois, exempta les terres nouvellement défrichées, des dîmes et de toutes redevances, excepté celles du cens; les laboureurs ne se pressèrent pas, malgré ces avantages, de reprendre leurs travaux, le peu de tranquillité dont jouissait le royaume en fut sans doute la cause. En 1567, cependant, l'abondance qui s'annonçait fut contrariée par un phénomène assez facile à expliquer; les bleds après une jachère de trois quarts de siècles, devinrent trop forts, versèrent, et la moisson arrivée, on ne trouva plus que de la paille. Le bled desséché dans l'épi par un vent impétueux, fut ramassé égrené sur le sol, et cette année fut appelée l'année des *blés grugés*, ou l'*année aux ramons*.

En 1563, la guerre civile était devenue générale. Pour ce qui nous intéresse le plus, nous nous bornerons à dire qu'en Champagne et en Picardie, la commotion fut moins forte que dans le midi, les gentilshommes de ces provinces ayant presque tous suivi le prince et l'amiral à Orléans, les églises réformées se trouvaient sans appui ; elles ne tentèrent que des efforts bien vite comprimés à Meaux, par exemple, et à Troyes. A Abbeville et à Amiens, les hérétiques furent massacrés par les catholiques, avant qu'ils eussent pu s'organiser pour dévaster les églises, piller les monastères, violer les tombeaux et briser les statues. Il aurait fallu pour pacifier la France, autant d'armées que de provinces, et le parlement, saisi des plaintes mutuelles des deux partis, ne trouvait aucun remède à ces affreux excès qui laissaient encore loin d'eux les atrocités des Bourguignons et des Armagnacs.

Le duc de Guise pressait le siége d'Orléans et il allait s'emparer de cette ville, lorsqu'il reçut, le 18 Février 1563, un coup de pistolet qui le fit mourir au bout de quatre jours. Son assassin Poltrot de Merey s'était vanté dans une assemblée, de délivrer l'église réformée de son plus dangereux ennemi. Il s'était introduit comme espion de l'amiral, dans l'armée catholique. Il accusa Coligny de complicité dans cet acte, ainsi que Théodore de Béze dans ses premiers interrogatoires, se rétracta en partie pendant les tortures et fut tiré par quatre chevaux et tenaillé en expiation de son crime. Des chansons huguenotes le présentèrent comme martyr.

La mort du duc de Guise fit passer le château et le comté de Nanteuil à son fils, Henri de Lorraine, jeune encore ; les Guise continuèrent leurs assemblées politiques, dans cette partie de notre duché.

En 1564, une ordonnance royale voulut abolir l'usage de prendre le jour de Pâques pour le premier jour de l'an et ce ne fut qu'en 1567 que le parlement consentit à adopter le calendrier du Pape Grégoire.

Pendant quelques années, les guerres religieuses s'assoupirent, le fameux triumvirat était détruit, le chef surtout des catholiques n'excitait plus par sa présence ceux-ci à l'intolérance. Elles reparurent en 1567 avec une intensité effrayante ; les Huguenots, sous les ordres du prince de Condé, de l'amiral Coligny avaient voulu s'emparer du Roi et de la duchesse de Valois à Monceaux. Prévenue à temps, Catherine se refugia à Meaux avec son fils, les religionnaires vinrent assiéger Soissons ; cette ville tomba le 27 Septembre 1567 en leur pouvoir, toute la partie du Valois qui avoisine cette antique capitale devint bientôt le but de leurs hostilités. Les monastères, les églises surtout se ressentirent cruellement de leur présence.

Quelques jours après la prise de Soissons, les réformés vinrent tenter un coup de main sur La Ferté-Milon, ils espéraient surprendre par la terreur de leur premier succès, les habitans et la garnison de cette forteresse.

Leur trajet de Soissons à La Ferté-Milon fut marqué par tout ce que la guerre civile, la guerre de religion peut offrir de plus hideux, de plus pénible : toutes les églises de nos villages sont encore criblées des balles huguenotes, celle d'Oigny surtout, en porte des marques nombreuses.

Les monastères nombreux que la richesse du sol, la beauté des lieux avaient fixés dans cette contrée, furent pendant environ quatre mois le théâtre des excès les plus déplorables.

Pendant trois jours entiers, le monastère de Valsery vit ses Moines torturés, assommés, ou brûlés vifs...

A Longpont, les habitans du Palais Abbatial redoutant un traitement pareil, l'avaient abandonné et s'étaient retirés à La Ferté-Milon, après avoir caché leurs effets les plus précieux....

Les Huguenots brûlèrent l'Abbaye, en démontèrent les charpentes pour rendre cette œuvre plus complète..., souillèrent l'église et détruisirent le plus complètement possible tout ce qui rappelait le culte des images.

La célèbre Chartreuse de Bourfontaine était devenue le réfuge des Catholiques qui s'organisèrent dans cette closerie et se choisirent un capitaine..

Attaqués par les Huguenots, après quelques instans d'un combat trop inégal, ils auraient tous péri par le fer ou le feu, si la soif du pillage n'avait été plus puissante encore que la fureur des partis; maîtres de ce couvent si riche, les vainqueurs s'emparèrent de tout ce qui leur sembla de quelque valeur, brisèrent les images, brûlèrent les reliques et se retirèrent après avoir égorgé trois prêtres et deux religieux au milieu de l'église.

Un monument remarquable, le cœur de Philippe de Valois enfermé dans une boîte de plomb ornée de sculptures, fut complètement détruit par ces pillards.

On peut juger de cette perte par une description qu'on nous a laissée de cette boîte.

Deux anges en argent la supportaient, plusieurs groupes de Chérubins en bronze ou en cuivre argenté soutenaient l'arcade du sanctuaire sous lequel reposait ce fragment d'un fondateur de cet établissement.

Tout fut détruit. ....

En même-temps que ces modernes Mahomets prêchaient leurs doctrines, le glaive à la main, à Cœuvres, un moyen plus persuasif s'était établi, et l'humanité cette fois n'a pas à déplorer les efforts du fameux prédicant Helin qui, aidé de Versoris, un autre ministre, augmenta par sa mission, par son éloquence, les ressources du parti Protestant. Ces deux zélateurs infatigables contribuèrent puissamment à l'approvisionnement de la garnison de Soissons qui, sans leurs excursions dans les villages, eût été prise par la famine.

Au mois de Novembre, le siége de La Ferté-Milon fut levé et les assiégeans éprouvèrent une perte immense suivant quelques historiens ; suivant d'autres, il n'y eut pas d'attaque.

Il serait plus probable que les religionnaires passèrent à La Ferté-Milon, logèrent à la chaussée, prêchèrent à l'église de Saint-Nicolas et que la garnison Catholique enfermée dans le château de la ville, protégée par ses murailles épaisses, ne s'effraya nullement de cette petite armée qui ne tarda pas à se faire détruire à Saint-Denis, le 10 Novembre avec le reste de l'armée du prince de Condé.

Les débris rentrèrent à Soissons et se divisèrent pour passer leur quartier d'hiver à Vic-sur-Aisne, à Braine et à Chaulny.

Les reistres étaient à Marolles près La Ferté-Milon, leur chef était le duc de Sasqs.

Le Mont-Notre-Dame situé entre Braine et Rheims, avait souvent inquiété les religionnaires; des signaux de cette Forteresse avaient souvent éclairé les habitans des vallées sur les projets ou les marches des Protestans; ceux-ci prirent leurs mesures avec soin et s'en rendirent maîtres. Après avoir brûlé le château, démantelé les tours, ils descendirent dans les villages dont ils détruisirent toutes les maisons.

A deux lieues de là, la petite ville de Fismes fut obligée de capituler le 25 Février 1568, et malgré le texte de la capitulation, qui assurait aux bourgeois qui avaient défendu la ville avec courage, leur existence et leurs biens, moyennant une rançon, la ville une fois livrée, fut abandonnée au pillage.

Le 2 Mars suivant, la paix fut signée entre les deux partis; cette paix avait été ménagée par les ambassadeurs d'Angleterre et de Florence; les religionnaires cédèrent Soissons, Vic-sur-Aisne, Braîne et Fismes, et le Valois put respirer enfin après les maux qui l'avaient désolé; bien que cette paix n'ait duré que six mois, les hostilités ne furent pas reprises dans le Valois. La défaite de Condé à Jarnac, le 13 Mars 1569, la mort que lui donna Montesquiou, la bataille de Moncontour le 3 Décembre de la même année, que remporta sur Coligny, le duc d'Anjou, alors lieutenant-général du royaume, plus tard, Henri III et enfin la paix de 1570, la paix de Saint-Germain-en-Laie trop avantageuse aux Protestans, puisqu'elle servit de prétexte à la Saint-Barthélemy, vinrent calmer un peu les souffrances de la province qui fait l'objet de ces études historiques.

Le mariage de Charles IX eut lieu le 26 Novembre à Mézières; il épousa Elisabeth d'Autriche, fille de Maximilien II; il fallait à Catherine de Médicis une reine de France, incapable de gêner ses projets de gouvernement, elle avait réussi à la rencontrer dans Elisabeth. Après avoir passé quelque temps à Chantilly, les deux époux et toute la Cour vinrent habiter le château de Villers-Cotterêts au milieu de la fête et des divertissemens de la chasse.

Charles IX, le 23 décembre 1570, signa à Villers-Cotterêts l'acte de cession qui donnait la ville de Montargis dans l'Orléanais à madame Anne d'Est, duchesse de Nemours.

En 1571, il reçut à Villers-Cotterêts les députés de la Confession d'Augsbourg qui venaient le féliciter sur son mariage et l'exhorter à faire observer religieusement les conditions de la paix précédente;

dans une seconde audience, il leur donna de nouvelles assurances et les renvoya comblés de présens.

Un an avant la Saint-Barthélemy !...

C'est dans cette année 1571 que les préliminaires du mariage de Henri IV avec Marguerite de Valois, sœur de Charles IX, furent posés. Les conditions furent déterminées le 11 Avril 1572; Jeanne d'Albret mourut avant le mariage de son fils et Marguerite qui recevait du roi de France une dot de 300 mille écus d'or, épousa le roi de Navarre cinq jours avant cette odieuse journée.

Les représailles des Moines furent cruelles, le Valois fut ensanglanté de nouveau par la fureur des partis, et Catherine de Médicis, imitant l'astuce de Louis XI comme elle savait égaler la cruauté de de ce roi, fit en 1573, le 21 Juillet, justifier près des princes d'Allemagne par l'entremise de Gaspard de Schomberg, son fils Charles IX, de ce massacre auquel il avait pris une part si active.

Gaspard de Schomberg était un officier allemand que Charles IX avait attaché à son service; brave et capable, il fut chargé par Catherine de former avec les princes d'Allemagne, une alliance offensive et défensive, il devait en outre justifier Charles IX et préparer pour le duc d'Anjou cette négociation qui, plus tard, le rendit roi de Pologne.

Il réussit sur ces différens points et fut délégué

pour accompagner ce prince lorsqu'il reçut cette couronne.

En 1572, un incendie réduisit en cendres quarante maisons d'une des principales rues de La Ferté-Milon; cet incendie fut causé par la négligence de la femme d'un chanvrier nommé Nicolas Moyen.

Les propriétaires des maisons intentèrent un procès à cet homme qui fut condamné à donner une indemnité à chacun des plaignans; cette somme devant, d'après le jugement, être employée à faire reconstruire une maison, un historien a fait judicieusement observer que cet homme devait exercer une profession fort lucrative.... ou la main d'œuvre être excessivement bon marché.

C'est dans la même année 1572 ou en 1571 que, d'après de Thou, on trouva dans la forêt de Cuise un homme qui avait été nourri parmi les loups; il était vêtu comme ces animaux, il hurlait de même, sa course était extrêmement rapide, sa force musculaire étonnante, il étranglait les chiens, les dévorait, il aurait pu faire éprouver un traitement pareil aux hommes, lorsqu'il fut pris... Depuis long-temps, il parcourait les forêts de Cuise et de Retz.... On le présenta à Charles IX ; on ne dit pas ce qu'il devint ensuite.

L'année 1573 a été des plus malheureuses pour le Valois; la disette, fruit de ces massacres civils, se fit sentir ; la nécessité d'approvisionner Paris qui vint augmenter ce fléau et l'agiotage qui s'exerçait comme de nos jours, forcèrent le roi à donner dans le mois d'Octobre 1573, une ordonnance qui défendait l'exportation du bled. On tenta aussi de diminuer le luxe des habillemens, Charles IX fit encore quelques réglemens qui furent datés de Villers-Cotterêts pendant ce mois d'Octobre.

Il mourut le 30 mai suivant, au château de Vincennes, à l'âge de 24 ans, après un règne de 13 ans et demi; il eut de sa femme Elisabeth une fille qui mourut à l'âge de 5 ans.

Il avait de Marie Touchet, sa maîtresse, deux fils, dont un seul vécut sous le nom de Charles de Valois, comte d'Auvergne et d'Angoulême.

Tel était l'état du Valois à l'avènement du roi Henri III qui, sacré depuis trois mois roi de Pologne, quitta clandestinement son royaume pour prendre la couronne de France qui lui devint si fatale.

Le Valois resta malgré ce changement de règne, sous le gouvernement particulier de Catherine de Médicis.

CHAPITRE XXI.

HENRI III.

Le nom du duc d'Anjou était célèbre par la valeur qu'il avait montrée dans les journées de Jarnac et de Moncontour ; on avait, lorsqu'il parvint au trône, en 1574, une haute idée de son rare mérite, et rien ne pouvait affaiblir cette bonne opinion, dit l'historien Maimbourg, si ce n'était le cruel massacre de la Saint-Barthélemy dont il avait été l'un des principaux auteurs; aussi à son retour de Pologne, l'empereur Maximilien, le doge de Venise, et en France, de Thou et de Harlay, présidens du parlement, les avocats généraux Pibrac et Duménil lui conseillèrent-ils de faire oublier la part qu'il avait prise à cette affreuse journée par une paix si longuement souhaitée; mais le chancelier de Birague(1), abbé de notre Long-Pont, le cardinal de Lorraine et son neveu le duc de Guise, la reine Catherine surtout le poussèrent à cette guerre qui lui devint si fatale.

Henri III avait alors 23 à 24 ans, et comme s'il se fut dépouillé, en recevant la couronne, de tout ce qu'on admirait en lui, il se plongea dans les délices d'une honteuse oisiveté avec les favoris et les *Mignons* qui furent bientôt le scandale de toute la France et qui sont aujourd'hui la honte de notre histoire. Ses inconcevables changemens de débauches en processions, de dévotion ridicule en mascarades bruyantes, ses ridicules occupations le rendirent bientôt odieux

---

(1) On lit cependant dans Sainte-Foix (*Histoire de l'ordre du Saint-Esprit*), que l'auteur d'une vie, en latin, de l'amiral de Coligny, a rapporté que ce chancelier disait souvent : « *Que ce n'était point par la voie des armes, mais par* » *la main des cuisiniers, qu'on pourrait venir à bout des* » *Huguenots.* »

à ses sujets des deux religions, et favorisèrent les projets ambitieux que le chef de la maison de Lorraine avait adoptés et lui imposèrent la nécessité du crime qui termina les états de Blois.

Le nouveau duc de Guise nous intéresse d'autant plus que les conférences de Nanteuil avaient préparé cette ligue fameuse que le gouverneur de Péronne, Jacques d'Humières fit signer aux gentilshommes picards pour conserver ses gouvernemens. Une paix accordée en 1576, allait faire donner au prince de Condé le gouvernement de Picardie. Le duc de Guise avait environ trente ans, sa taille, sa tenue, étaient également héroïques, et il avait *un mot toujours prêt pour le gentilhomme qui venait le voir, un autre pour le bourgeois qui, le cœur gros de l'honneur qu'il avait reçu, s'en retournait le conter dans sa famille.* Malgré sa blessure, la perte d'un œil à Château-Thierry, par un coup de pistolet en 1575, son extérieur était prévenant et digne, ses manières libérales et d'une apparence pleine de franchise, sa prudence dans les conseils, sa hardiesse dans l'exécution l'avaient rendu un objet de comparaison d'autant plus dangereux pour le roi, qu'il trouvait les peuples lassés du gouvernement, Catherine heureuse que les choses se troublassent, pour devenir nécessaire, et les princes du sang, étaient suspects à la multitude, soit pour avoir favorisé les Huguenots, soit pour être devenus calvinistes comme le roi de Navarre et le prince de Condé. Les admirateurs de son père crurent donc retrouver en lui le capitaine qui avait rendu Calais à la France, tandis qu'en réalité il était plus ambitieux, mais moins digne que la victime de Poltrot, de l'admiration générale.

Je voudrais pouvoir mettre en entier sous les yeux du lecteur, un tableau aussi rapide que consciencieux des évènemens que fit naître l'association dont le duc de Guise fut l'auteur et le chef avoué. On le trouve sous le titre *d'abrégé de l'histoire de la ligue,* dans l'édition de la satyre Menippée, imprimée en 1714 à Ratisbonnne, chez les héritiers de Mathias Kerner, avec les notes de Dupuy et les remarques de Duchat et de Godefroy. Je me borne à quelques extraits : l'auteur, après avoir rappelé que la ligue du bien public sous Louis XI, n'avait produit aucun résultat pour le public, que celle de Jules II en 1512, contre la France, avait été dirigée pour servir la vengeance de ce Pape contre le concile de Pise, dit que la religion ne fut qu'un prétexte pour celle qui fit mourir Henri III et que « le soulagement du peuple ne fut proposé que comme un moyen propre de réussir ; les femmes y jouèrent leur rôle pour se venger du mépris où elles étaient à la Cour du roi Henri.

» La ligue avait été proposée au concile de Trente, par le cardinal de Lorraine; la mort du duc François de Guise en 1563, avait arrêté ses projets et il avait dû en suspendre l'exécution jusqu'à ce que son neveu Henri fût en âge d'être mis à la tête du parti qui se disait religieux.

» Le duc et le cardinal, les neveux, n'abandonnèrent pas les vastes desseins de leur oncle; le mépris dans lequel était tombé Henri III devait les engager à profiter de conjonctures aussi favorables à leurs projets.

» Le roi eut la faiblesse de se déclarer chef d'une ligue Catholique contre ceux qui demandaient la réforme des abus introduits dans la religion; mais prévoyant qu'il aurait une peine infinie à soutenir le parti qu'il avait embrassé, il accorda le 8 Septembre 1577 un nouvel édit de pacification.

» Malgré les remontrances du parlement contre le style et les propositions de la bulle d'excommunication du roi de Navarre et de ses adhérens, Henri III continua à marcher dans la fatale route et n'accorda que quinze jours aux hérétiques pour se faire instruire ou pour sortir du royaume.

» Cela donna occasion à une guerre désavantageuse de ce prince qui en ressentit les effets au milieu de la ville de Paris, où la faction des seize, qui commençait à se former, l'obligea d'en sortir honteusement, après la journée des barricades, le 12 Mai 1588 où on avait dessein de l'arrêter pour l'enfermer dans un monastère, le reste de ses jours. »

Il est nécessaire d'ajouter à ce récit que ce qui rendait la tentative du duc de Guise plus certaine, c'était l'empoisonnement du prince de Condé qui affaiblissait par sa mort le parti Huguenot. Je dois dire aussi que les *seize* tiraient leur dénomination, non pas de leur nombre, mais des seize quartiers de la ville de Paris, dans lesquels ils répandaient par le prosélitisme excité, par les déclamations furibondes des prédicateurs, des Moines tous opposés au malheureux prince que sa faiblesse venait de convaincre de ses fautes et qui chercha à retenir la couronne chancelante en convoquant les états à Blois, en faisant assassiner le duc de Guise et son frère le cardinal, les attirant près de lui par une feinte réconciliation et enfin en se réunissant au roi de Navarre avec l'aide duquel il vint assiéger Paris dont il allait se rendre maître, lorsqu'il succomba sous le couteau du Jacobin Clément.

Ces faits trop rapidement racontés sans doute, expliqueront les changemens introduits dans le duché de Valois pendant cette affreuse période.

Les Guise cédèrent au roi leur château de Nanteuil peu de temps après son sacre, Louis, Cardinal de Guise, l'avait couronné le 13 Février 1575 et pour ceux qui tiennent aux pressentimens, je rappellerai que Pierre de l'Étoile dit qu'en recevant la couronne, Henri dit assez haut qu'elle le blessait et qu'elle lui roula deux fois sur la tête comme si elle eût voulu tomber. En 1576, le roi possédait le comté de Nanteuil et le refusait à d'Adjacetto qui le faisait demander par le cardinal de Guise pour 200,000 livres; il le donna à Gaspard de Schomberg, officier allemand dont nous avons déjà parlé, qui à son retour de Pologne, épousa la dame de Roche Posay, Jeanne Castanier, veuve de Henri Clutin, ambassadeur à Rome.

Schomberg prit possession sur la fin de 1578, année même du duel de Quélus Maugiron et Livarot contre d'Entragues, Riberac et Schomberg son frère, sans doute, du château de Nanteuil-le Haudoin et y fixa sa résidence; il y fit de nombreuses constructions, il ajouta aux bâtimens déjà somptueux, l'aile droite et une galerie ornée de peintures. Cet officier survécut à Henri III et resta fidèle au service de son successeur. En 1585, il se rendait en Allemagne pour louer des reistres, lorsqu'il fut arrêté à Bricy par le jeune Lenoncourt, d'après les ordres du duc de Lorraine; il mourut d'une attaque d'apoplexie en revenant d'un conseil qui se tint à Conflans, le 16 Mars 1599, relativement à l'édit de Nantes; il était âgé de 59 ans. Carlier en fait l'éloge suivant:

« Sage militaire, politique accompli, jamais la
» feinte, la ruse et les déguisemens n'avaient eu
» part à ses actions: le respect que l'on portait à
» la droiture, à la probité lui donnait plus de crédit,
» plus d'empire sur les esprits, que ce bas artifice
» qui est si souvent l'âme des négociations. Il se
» montra dans toutes les rencontres, bienfaisant,
» éloquent, populaire. »

Il laissa de son mariage avec Jeanne Castanier, deux fils et trois filles; Henri, l'aîné, était né à Paris le 27 Juillet 1575 et avait été nommé par le roi et sa sœur Marguerite de Valois, reine de Navarre; il succéda à son père dans le comté de Nanteuil. L'aînée des filles se nommait Catherine, du nom de la reine mère, sa marraine, elle épousa Louis de Barbançon, seigneur de Cony. Le fils cadet de Schomberg, Annibal, fut tué en Hongrie en 1694.

La terre de Neuilly fut engagée en 1578 par Catherine de Médicis à Claude Lelièvre, Marchand et Bourgeois de Paris, moyennant une somme de 8,000 écus d'or sol, à faculté de rachat dans le contrat d'engagement passé devant un notaire de Toulouse, le 30 Octobre 1578; Catherine porte le titre de reine de France, mère du roi, et duc de Valois; l'acte comprenait dans ce prix les domaines d'Oulchy-le-Château et d'Oulchy-la-Ville, le Parlement l'enregistra le 12 Mai 1581, cette terre passa par alliance sans doute dans la famille des Pinards (1) et enfin dans celle de Schomberg ; Henri de Schomberg était Seigneur de Neuilly et d'Oulchy en même temps que comte de Nanteuil.

Catherine s'occupait beaucoup de l'administration de son duché de Valois, elle fit de Crépy le siége d'une élection, c'est-à-dire qu'elle nomma un directeur des aides. Jadis ces directeurs étaient élus par les états des provinces ; à mesure que les franchises des communes furent modifiées, le pouvoir royal ou seigneurial eut toujours tendance à augmenter. Ces élus qui devaient répartir les tailles et conserver la solde des gens de guerre, furent nommés par les rois ou les ducs de Valois et conservèrent seulement leur ancienne dénomination. Le siége d'élection établi à Crépy fut supprimé trois ans après par Henri III, et rétabli dans une époque plus reculée.

Dans le même temps, un incendie assez considérable éclata dans la forteresse de Béthizy.

En 1582, la reine mère ayant reçu de son fils le

(1) Claude Pinard, marquis de Louvois, était à cette époque propriétaire de la baronnie de Cramailles.

duché d'Orléans et d'autres titres seigneuriaux, abandonna à sa fille Marguerite de Valois, femme de Henri, roi de Navarre, le duché de Valois et des lettres patentes du 8 Juillet 1582, investit cette dame, outre notre province, des comtés de Clermont en Beauvoisis, de Senlis et d'Étampes. Ce fut une perte, dit Carlier, pour le duché de Valois. « Avec un cœur plus tendre, un esprit plus orné, « des mœurs plus douces, elle fit moins de bien « que la reine sa mère. » Elle protégea cependant les sciences et les lettres; Bergeron de Bethizy, un des hommes les plus savans de l'époque, lui dédia son *Valois Royal*, sorte d'introduction à un ouvrage beaucoup plus complet qu'il méditait.

Le calendrier Grégorien fut adopté dans cette année 1582, d'après un édit du roi Henri III. Une réforme d'une importance encore plus grande s'introduisait dans le Valois. En 1584, les officiers du siége de Bethizy établirent un rudiment d'état civil. Ils ordonnèrent que les curés des paroisses de la chatellenie, tiendraient registres des baptêmes, mariages et enterremens célébrés dans leurs églises; c'était du reste un moyen de connaître et d'intimider les familles Protestantes. Il fallut plus de cent ans pour que cette mesure devint générale en France.

L'année 1584 fut remarquable par son abondance de vin; il se vendait deux liards la pinte. Le bled manqua tout-à-fait au contraire l'année suivante ; le pichet de la Ferté-Milon s'y vendait 6 francs 10 sous.

La terre de Cœuvres fut érigée en marquisat, en faveur d'Antoine d'Estrées, grand-maître de l'artillerie de France, c'était une faveur méritée et qu'il justifia plus tard sous Henri IV, par la belle défense de Noyon contre le duc de Mayenne.

La guerre civile ne tarda pas à parcourir notre duché, les ligueurs voulurent s'emparer en 1588 et 1589 de Senlis, et pour se préparer à cette capture, ils occupèrent les villes de Crépy, Pont Sainte-Maxence, Creil et les châteaux de Pierrefonds et de La Ferté-Milon, abandonnés par leurs garnisons faute de munition. Le siége de Senlis fut long et fécond en événemens. Les ligueurs occupèrent Senlis une première fois, en Février 1589, ils en furent bientôt chassés par les habitans aidés du sieur de Thoré et de quelques troupes à sa suite. Les ligueurs investirent de nouveau Senlis le 6 Mai. Le sieur Thoré aidé du secours de Gilles des Ursins qui lui amena cent cavaliers avait pu le défendre long-temps contre des forces supérieures et une grosse artillerie. Il allait capituler, lorsque le duc de Longueville et Lanoue qui s'étaient réunis à Verberie, attaquèrent à l'improviste les assiégeans et les défirent complètement. Ceux-ci prirent la fuite avec une rapidité qui leur valut une chanson célèbre dans ce temps-là ; voici le premier couplet :

> A chacun nature donne
> Des pieds pour le secourir ;
> Les pieds sauvent la personne,
> Il n'est que de bien courir. etc. (1)

La reine mère mourut le 5 du mois de Janvier 1589, à Blois, à l'âge de 72 ans ; six mois après, le roi lui-même succomba à Saint-Cloud, sous le couteau de Jacques Clément, au moment où ses affaires prenaient une tournure plus favorable.

Henri III mourut le 31 Juillet, âgé de 39 ans 11 mois, il en avait régné seize ; il n'eut pas d'enfant de Louise de Lorraine son épouse, elle lui survécut douze ans ; avec lui s'éteignit la branche mâle de la maison des Valois qui avait régné 261 ans. Depuis Philippe VI, elle avait donné 13 rois à la France.

Après son assassinat, il n'y avait plus de cette branche que la duchesse de Valois, reine de Navarre et qui allait devenir reine de France.

(1) Les *Mémoires de la Ligue* sont en opposition avec Carlier ; ils appellent cette bataille la journée de Chantilly, sans doute à cause du rapprochement des deux localités.

Le corps du roi fut transporté à Compiègne et il demeura jusqu'en 1610 dans l'église de Sainte-Corneille. On le transfera de là à Saint-Denis avec les restes de Catherine de Médicis.

Henri de Bourbon, roi de Navarre, fils unique d'Antoine et de Jeanne d'Albret, devait succéder à Henri III ; il descendait de Saint-Louis par Robert de France, comte de Clermont en Beauvoisis. Robert, était frère de Philippe le Hardi, père de Charles de Valois, et aïeul de Philippe de Valois.

Son mariage avec la duchesse de Valois et un traité entre Henri III et ce prince, affermissaient aux yeux de ses partisans, les droits à la couronne dont la différence de religion semblait l'éloigner.

CHAPITRE XXII ET DERNIER.

HENRI IV.

Les ligueurs exaltèrent l'action du Jacobin Clément et le présentèrent comme un martyr. Leurs espérances devinrent plus fortes, après cet événement, toute l'armée royale ne voulant pas reconnaître pour roi de France un Huguenot. Ils possédaient encore dans le Valois, la plus grande partie des châteaux forts et des forteresses. Pierrefonds avait, pour commander sa garnison, un nommé Rieux, fils d'un maréchal-ferrant du Valois. Cet homme célébre par ses brigandages est devenu tout-à-fait historique par le discours que l'auteur de la satyre Menippée, met dans sa bouche aux états de la ligue ; il profitait de son poste pour se livrer avec impunité à tous ses brigandages.

Un de ses imitateurs s'empara du château de La Ferté-Milon, avec une troupe de gens sans aveu et ne tarda pas à se laisser surprendre par les habitans de la ville, qui profitèrent des souterrains pour attaquer et détruire cette garnison de pillards qu'ils passèrent toute entière au fil de l'épée; ne pouvant garder eux-mêmes cette forteresse, ils l'offrirent aux troupes régulières de la ligue, et Antoine de St-Chamant vint l'occuper à son tour, mais au grand préjudice des bourgeois qui subirent, dit Carlier, le sort de la chienne qui avait prêté son logement à sa voisine. St-Chamant se fit donner en même temps le commandement supérieur de Pierrefonds occupé toujours par Rieux. Tout le pays était traversé par des troupes ennemies, et des gendarmes d'Henry IV étaient établis dans la chaussée, sans oser attaquer la ville et le château. De ces allées et venues continuelles de troupes de toutes espèces et de toutes nations, il résulta une peste qui n'eut pas une durée bien longue, heureusement.

Les troupes du Roi attaquèrent la garnison de ligueurs, établie à Vic-sur-Aisne, et sous les ordres du sieur d'Humières, s'emparèrent de ce château, après un assaut des plus meurtriers. Rien ne fut épargné, les maisons et les églises elles-mêmes furent pillées, la châsse de Sainte-Léocadie couverte de lames d'argent, fut brisée et les reliques de la Sainte, recueillies par un royaliste plus dévot, furent remises par lui au curé d'Haramont, qui les transféra au couvent de Longprez, où il y avait une sœur religieuse.

Le duc de Parme envoyé par le roi d'Espagne au secours de la ligue, visita les points occupés par les ligueurs dans le Valois, et augmenta leurs garnisons. Henry IV suivait de près ce prince, et un de ses partisans vint assiéger Braine ; il traita avec les habitans qui redoutaient le siége et qui lui donnèrent deux cents écus pour qu'il passât outre. Le Béarnais avait plus besoin d'argent pour ses troupes que de places fortes.

A Pontavert, les deux armées ennemies se trouvèrent en présence ; mais Henri IV trop peu nombreux, fut réduit à opérer une retraite qu'il sut exécuter avec une grande habileté. Le duc de Parme le quitta au moment où il atteignait Longueval. Le roi vint coucher à Pont-Arcy, où il attendit jusqu'au lendemain les renforts qui lui eussent fait gagner la bataille.

En 1591, le 8 Avril, le duc de Mayenne, chef de la ligue, accorda aux habitans de la Ferté-Milon, une décharge d'impôts pendant trois ans, en raison des malheurs « éprouvés par cette ville dont les « faubourgs étaient ravagés, les maisons tombées « bas, démolies et inhabitées ou abandonnées par « les principaux habitans, tant à raison de leur mort « que de l'absence des meilleurs et plus riches. »

L'année suivante, la ville de Crépy éprouva un nouveau désastre : les compagnies bourgeoises avaient chassé les ligueurs et reconnu le mari de leur duchesse, comme seul prince auquel ils devaient obéissance. Les partisans du duc de Mayenne revinrent en force, surprirent la ville et renouvellèrent toutes les calamités que cette ville avait éprouvées en 1431, ils en rasèrent les fortifications et traitèrent avec la dernière inhumanité les compagnies bourgeoises. Les habitans obtinrent cependant du duc de Mayenne, des lettres de neutralité datées de Soissons, le 13 Septembre 1592, fondées sur ce que cette ville était sujette de la reine de Navarre, fille unique de France, et qu'elle lui avait été délaissée pour partie de son douaire; cette lettre annonce qu'en trois ans, la ville a été prise, pillée et ravagée quatre fois.

Henri IV leur en accorda une pareille datée de Lagny, le 22 Septembre de la même année, sur les mêmes motifs, et leur permit en outre de trafiquer aux villes voisines tant ennemies qu'amies, sans qu'ils pussent être pris et arrêtés ou déclarés prisonniers de bonne guerre.

Le duc d'Epernon vint d'après un ordre du roi, faire une sommation à la garnison de La Ferté-Milon. Le commandant St-Chamant refusa de livrer la place à un envoyé d'un roi Huguenot et annonça que quand même Henri IV abjurerait ses erreurs, il ne se soumettrait qu'à la condition que la religion réformée serait exclue à perpétuité de la Ferté-Milon et de son territoire. Le duc d'Epernon n'osa risquer le siége et se porta sur Pierrefonds qu'il assiégea, croyant tirer meilleur parti d'un chef de routiers comme Rieux que d'un guerrier comme St-Chamant. L'artillerie du roi quoique d'un gros calibre, laissant dormir en paix le commandant du château, le duc d'Epernon s'engagea dans le vallon qui sépare la plaine de la hauteur et dressa de nouvelles batteries qui endommagèrent les tours. Rieux se réveilla, démonta en un instant l'artillerie du duc et le força de regagner la plaine; celui-ci ne se découragea pas, il revint plusieurs fois à la charge, mais sans succès; enfin honteux de céder à un brigand, il tenta un dernier coup de main, prit les dispositions les plus hardies et ne rapporta de cette tentative nouvelle qu'un coup de feu au menton qui le mit hors de combat et lui fit lever le siége. C'était au mois de Mars 1591.

La férocité et l'insolence de Rieux augmentèrent ; il abandonnait souvent son château pour porter secours aux ligueurs des environs, il vint même jusqu'à Noyon, pendant que le roi en faisait le siége, il jeta dans cette place 500 cavaliers ayant chacun un fantassin en croupe.

Henri IV attribuant à la blessure du duc d'Epernon la levée du siége de Pierrefonds, envoya devant ce château le maréchal de Biron avec une grosse artillerie; le maréchal plaça ses batteries le mieux qu'il put et commença l'attaque par une canonnade terrible à laquelle Rieux répondit par un feu soutenu de 800 coups de canon qui furent tirés par les royalistes ; cinq seulement portèrent jusqu'aux tours, les autres *blanchirent* les *murailles* de la terrasse, Rieux démontait toutes les batteries du maréchal, et celui-ci leva à son tour ce siége inutile vers le mois de septembre.

L'audace de Rieux devait croître après ce nouvel échec des troupes royales; il connaissait les mauvaises dispositions du roi à son égard, Henri IV n'ayant pas voulu le comprendre dans la capitulation de Noyon; il avait dû fuire la nuit par-dessus les murailles et arriver déguisé à son château; il résolut donc de s'emparer du roi et prépara une embuscade contre ce monarque. Henri IV, au mois de Janvier 1593, vint à Compiègne rendre visite à la marquise de Beaufort; Rieux qui en fut averti, se proposa de l'enlever à son retour; il plaça sur son passage le duc d'Aumale et 500 chevaux. Un paysan aperçut le détachement et annonça à Compiègne l'arrivée de l'avant-garde des ligueurs; le roi craignant d'être attaqué dans une place ouverte, partit de nuit et arriva à Senlis.

Rieux ne tarda pas à tomber lui-même dans un piége pareil : il devait attaquer deux voitures publiques sur le grand chemin ; le commandant de Compiègne sortit secrètement avec un détachement suffisant pour l'envelopper avec les siens et s'empara de lui. Henri IV, à cette nouvelle, fit nommer des commissaires pour le juger, il fut pendu à Compiègne, à la fin de l'été 1593. Son nom est resté dans le pays comme sobriquet, et l'on dit encore les Rieux de Pierrefonds.

Henri IV avait abjuré solennellement à St-Denis, le dimanche, 25 Juillet 1593 et il conclut une trève de trois mois avec les chefs de la ligue. Malgré cette abjuration, Pierrefonds et la Ferté-Milon ne s'étaient pas soumis à son autorité. Après la prise de Rieux, St-Chamant alla prendre le commandement de Pierrefonds, laissant un lieutenant dans la forteresse qu'il quittait. En 1594, le roi qui allait faire le siége de Laon, voulut en même temps réduire les deux châteaux dont nous parlons : François des Ursins vint assiéger Pierrefonds et après quelques attaques infructueuses il traita avec St-Chamant qui ne pouvant conserver deux châteaux forts, consentit à livrer l'un pour conserver l'autre; il stipula une somme ou fit un échange de terres avec François des Ursins et se retira à La Ferté-Milon avec ses troupes, ses munitions et ses effets. Le roi ratifia ce traité le 3 Août 1594; Par un accommodement particulier, St-Chamant lui remit la ville de Château-Thierry, qu'il avait enlevée au fils de Pinard de Cramailles.

Le maréchal de Biron fut à son tour chargé de soumettre La Ferté-Milon à la puissance royale. St-Chamant parut si peu effrayé des préparatifs du siége, qu'il envoya de ses partisans jusqu'aux portes de Paris, qui obéissait au roi depuis le mois de mars, s'emparer du fils du maréchal de Biron. Le duc de Biron l'aîné prit quelques cavaliers, poursuivit les ravisseurs jusqu'à Livry, délivra son frère après avoir défait le détachement de St-Chamant, et fait des prisonniers qui furent décapités.

Henri IV substitua le duc de Biron, au maréchal, dans la conduite du siége qui n'avançait pas, et cette subtitution servit à prouver la force du château et la valeur de St-Chamant. Le duc convertit alors le siége en blocus, et lorsqu'il fut décapité en 1602, on lui reprochait cette inaction dans une chanson, dont le refrain était : « *Biron, Biron, gratte bien ton menton, tu ne verras plus la Ferté-Milon.* »

Biron fit part au roi de l'état du siége et de la résistance qu'il éprouvait; Henri IV vint lui-même reconnaître la place et conduisit le siége; sous ses ordres, une grande brêche fut pratiquée aux murs de la ville, plusieurs assauts furent tentés et repoussés avec un courage égal ; mais St-Chamant fut contraint d'abandonner la ville et de se retirer dans le château.

Le roi put se convaincre de l'habileté de St-Chamant et des difficultés qu'il faudrait surmonter pour le contraindre à céder le château bien autrement fortifié que la ville; aussi, eut-il recours aux négociations. St-Chamant céda, mais à des conditions fort avantageuses pour sa fortune. Il entra au service du roi qui le visita plusieurs fois dans son château de Méry, et lui donna, par engagement, la ville et la seigneurie de Guise.

François des Ursins conserva la capitainerie de Pierrefonds.

Henri IV fit tomber sur la ville et le château de La Ferté tout le ressentiment qu'il éprouvait des humiliations successives que ses armes avaient éprouvées. Le 10 Octobre 1594, peu de temps après la capitulation, il ordonna la destruction de ce chef-d'œuvre de Louis d'Orléans; il donna une commission au sieur de Belleau, dans laquelle il expose que le château n'ayant jamais été achevé, les différents siéges l'ayant ruiné et son inutilité pour la défense du royaume étant reconnue, tandis qu'il pouvait offrir un asile aux factieux ou aux vagabonds, il devient urgent dans l'intérêt même des habitants du lieu, de le détruire entièrement. Il termina cette commission en ordonnant à toutes les paroisses des environs de trois lieues à la ronde de prendre part au travail, suivant les rôles qui seraient établis par les trésoriers de France!

Les habitans de la Ferté-Milon ne parurent pas sensibles à cette marque d'intérêt du roi ; ils regrettèrent avec raison leur beau château, et pensèrent qu'une garnison régulière eût pu les garantir des factieux et des brigands ; pour les consoler, Henri IV leur envoya une brigade de maréchaussée.

Trois jours après avoir reçu l'avis de cette commission, les travaux de démolition commencèrent. Ils furent confiés à un capitaine nommé Laruine. Jamais, dit Carlier, surnom ne fut mieux mérité. Vingt-et-une paroisses prirent part aux travaux qui durèrent quarante-huit jours pleins, tout était fini le 23 décembre 1594. On conserva le frontispice qui regarde le couchant, et un long mur du côté du midi, on détruisit le reste jusqu'aux fondations pour qu'on ne fût pas tenté de reconstruire sur l'ancien plan, on ne toucha pas aux fortifications de la haute ville.

Voici au reste la description que donne Carlier de ce château :

Le corps de l'édifice présentait quatre faces qui n'étaient pas toutes régulières et dont les restes de Pierrefonds peuvent donner une idée ; les gros murs de ces faces avaient quatre-vingt-quatre pieds de haut sur dix, quinze et dix-huit d'épaisseur, ils étaient garnis de créneaux et de meurtrières et soutenus de grosses tours par intervalles. Le frontispice n'a rien de régulier que deux tours saillantes qui accompagnent la porte d'entrée. Trois rangs de fenêtres les unes au-dessus des autres éclairaient les appartemens de ces deux masses ; la tour saillante du côté gauche tenait à un corps-de-logis de trois étages, qui lui-même était contigü à une grosse tour carrée qu'on nommait la Tour du Roi. Carlier pense que cette tour appartenait au premier château, antérieur à celui de Louis d'Orléans. Le bas-relief du frontispice représente un roi assis, un coude appuyé sur un siége, la main posée sur un globe. Une femme décorée de tous les attributs de la plus haute distinction, se prosterne devant le roi ; le bas de sa robe est soutenu par deux génies, un troisième descend du ciel et couronne ce tableau qui est d'une belle conservation et d'une exécution très pure. Les deux statues mutilées qui sont de chaque côté, dans des niches, ne sont pas moins remarquables. Au bas est une légende en lettres gothiques qui ne peut être lue à cause de l'éloignement et de la hauteur.

Pendant qu'il faisait démolir ce monument, le roi rétablissait les fortifications de Crépy et il attachait son chiffre à chacune de ces constructions.

Il confirmait, en même temps, les priviléges des religieux de Bourfontaine et nommait Antoine d'Estrées, marquis de Cœuvres, au gouvernement de l'Ile de France.

La ligue commencée à Nanteuil vint expirer à Soissons où s'était retiré le duc de Mayenne. Edouville, capitaine de Crépy, tomba le 5 février 1595 dans une embuscade qu'avait préparée contre lui Conac qui commandait dans Soissons, à une demi-lieue de Crépy, dans un endroit appelé La Folie. Le capitaine fit retraite jusqu'à Crépy, et il attaqua à son tour son ennemi avec l'aide du sieur de Moussy qui lui amena un renfort de cavalerie. Conac battit en retraite, et vint au bois de Tillet où il avait caché deux cents arquebusiers; une habile manœuvre d'Edouville rendit ce secours inutile, et il poursuivit les ligueurs jusqu'à Villers-Cotterêts où ils avaient un camp retranché, il fit même Conac prisonnier près de la barrière du château. La perte des ligueurs fut considérable. De Thou la présente comme complète. Ce coup de main força le duc de Mayenne à demander une trêve au roi. En 1596, il avait fait la paix avec Henry IV, mais la guerre avec l'Espagne continuait.

Les Espagnols s'emparèrent d'Amiens en 1597, et la paix générale fut signée à Vervins le 2 mai 1598, à la satisfaction de tous. Il y eut à cette occasion des réjouissances dans tout le Valois, des feux de joie et des processions solennelles, et bien justifiées sans doute, par la fin d'une guerre si longue et si cruelle.

Le Valois, depuis l'assassinat d'Henri III, avait été rempli de tant de troubles et de guerres, que ni le roi, ni Marguerite n'avaient pu y séjourner; ils y vinrent au contraire souvent après la tranquillité et Henry récompensa le zèle de ses serviteurs de notre province.

En 1597, il érigea en Chatellenie la terre de May en Multien, en faveur de Louis Potier, baron de Gèvres et la terre de Silly-la-Poterie fut décorée du même titre en 1598, en faveur de Nicolas Potier, seigneur de Blérancourt.

La même année, le 18 août, Gaspard de Schomberg acheta les terres d'Oulchy et de Neuilly-Saint-Front, qui avaient été enlevées aux Pinard, par suite d'une disgrâce que Claude Pinard, secrétaire d'état, avait encourue. Il était dans son château de Cramailles, au moment où Mayenne vint assiéger Château-Thierry. Il avait laissé le commandement de cette ville, qui lui avait été confié, à son fils. Craignant pour ses riches possessions du Valois, il lui recommanda de ne pas irriter l'assiégeant par une résistance trop opiniâtre. Saint-Chamant s'empara de la ville, grâce à l'obéissance du fils aux avis de son père et le parlement les condamna à mort tous les deux. Henri IV leur pardonna et leva la confiscation de leurs biens. Le père revint habiter Cramailles où il mourut en 1608. Le fils céda, en 1596, Oulchy et Neuilly à un Bernois, nommé Diesbach qui subrogea Schomberg à ses droits. Le contrat d'acquisition fut écrit sur papier timbré, chose nouvelle à cette époque.

Après la mort de Gaspard de Schomberg, son fils Henry posséda ces deux fiefs.

Depuis long-temps, Henri IV et Marguerite de Valois vivaient complètement séparés; elle avait jusqu'alors refusé son consentement au divorce par haine pour la duchesse de Beaufort qu'Henri voulait épouser ; mais la mort de cette dame, arrivée au mois d'Avril 1599, la détermina, et elle demanda elle-même au Pape, la nullité de son mariage. Les commissaires nommés par le Saint-Père, cédèrent facilement aux désirs des deux époux royaux, et Henri IV conserva à Marguerite, son titre de duchesse de Valois.

Cette donation n'avait antérieurement apporté aucun changement dans l'administration de la justice, telle que François Ier l'avait établie. Elle se rendait au nom du roi et de la duchesse de Valois. Disons pour terminer ces études avec le siècle, qu'en 1606, Charles de Valois, comte d'Angoulême, fils naturel de Charles IX et de Marie Touchet, prétendit que le duché de Valois lui appartenait par une donation spéciale du roi Henri III. Le parlement par un arrêté du 17 Juin de cette année, le déclara déchu de ses prétentions, et confirma le titre et la propriété de Marguerite.

A la suite de cette décision, elle fit une donation regulière au roi et au dauphin, fils de Marie de Médicis qu'Henri avait épousée le 17 Décembre 1600, des terres de son duché, à condition qu'elles ne seraient pas réunies à la couronne et sous la réserve de l'usufruit. Enfin, le 6 Mars 1610, elle fit une nouvelle donation au dauphin seul, à la charge d'une pension. Pendant deux mois, Louis fut donc duc de Valois. A son avènement au trône, Louis XIII rendit à Marguerite, son duché et elle en jouit jusqu'à sa mort arrivée le 27 Mars 1615.

Nous avons maintenant peu de choses à ajouter pour nous éclairer sur les changemens qui s'étaient introduits dans les arts, les habitudes, les mœurs et les lumières de nos populations depuis l'avènement de François Ier, date de la *Renaissance*. Les arts puissamment encouragés par les deux rois, François Ier et Henri II, continuèrent à couvrir notre sol de leurs miraculeuses productions, la France devint rivale de Rome et de Florence. le château de Fère-en-Tardenois présente malgré ses ruines une preuve de la puissance des architectes de cette époque: la galerie en viaduc établie par le Connétable Anne de Montmorency à 30 mètres d'élévation, sur une étendue de 52 mètres, est supportée par cinq arcades d'une hardiesse imposante et d'un goût plein de correction. L'entrée de cette galerie a remplacé l'ancien pont-levis du château bâti par Robert de Dreux, en 1206, et dont il ne reste plus que les tours ruinées. Les restes de la chapelle portent la date de 1572, et appartiennent à cette époque de notre histoire.

Les sculptures de Philibert de Lorme, de Jacques le Chantre, de Jean de Bourges, de Germain Pilon, de Jean Goujon sont connues.

La peinture fit des progrès rapides, Léonard de Vinci venu en France à la sollicitation de François Ier, donna publiquement des leçons de peinture. C'était d'ailleurs le siècle de Raphaël et de Michel-Ange, des Corrége et de tant d'autres artistes immortels ; la France compta elle-même quelques artistes célèbres en ce genre.

Jean Cousin peignait sur verre avec beaucoup de succès.

Dans le XVIe siècle, ce genre de peinture fut très en vogue, et Bernard Palizzy qui nous a laissé ses mémoires, ne contribua pas peu à répandre ce bel art qui donnait aux églises un aspect religieux plus solennel.

Les émaux de cette époque sont nombreux ; François Ier avait commandé à Léonard de Limoges, vingt tableaux en émail, de *cinq pieds de hauteur*, pour orner son château de Madrid dans le bois de Boulogne ; on y travaillait encore lorsque mourut Henri II.

Le luxe des costumes dans les cours galantes

des derniers Valois, était porté au plus haut degré de raffinement. Les petits maîtres mettaient du rouge et des mouches, les femmes se chargeaient de perles et de bijoux. Sous Henri IV, les fraises qui dégagèrent toute la gorge, acquirent un développement considérable.

Les mœurs étaient généralement dissolues, les œuvres de Rabelais, de Brantôme, les prédications des réformés en font foi.

L'astrologie fut en grand honneur. Catherine de Médicis encourageait tous les faiseurs d'horoscopes, tous les diseurs de bonne aventure. On écrivait beaucoup sur les sorciers et contr'eux, on les brûlait lorsque leurs maléfices étaient réputés dangereux. Il y avait dans le Duché de Valois plus de six cents sorciers sans comprendre les *sabatiers* du menu peuple. Jeanne Harvillers de Verberie qui faisait voir le diable, fut brûlée vive aux acclamations de la populace, le dernier jour d'avril 1578.

La langue française reçut un développement et une clarté qu'elle n'avait pas encore eus; au langage de Rabelais succéda bientôt celui que nous avons eu sous Louis XIV.

Corneille, Racine, Molière et Lafontaine allaient profiter de ce riche héritage.

FIN.

NOTES.

N° 1, page 54.

Braine possédait encore un autre monument historique d'une rare curiosité. C'était son église qui renfermait encore au XVIIe siècle les tombeaux de ses anciens comtes et seigneurs dont Saint-Ived était le Saint Denis.

Ces tombeaux ornés de sculpture en bronze et en marbre ont été mutilés une première fois par les Espagnols.

— La révolution de 93 acheva cette dévastation.

N° 2, page 57.

Jeanne d'Arc était très diserte. Elle avait soutenu à Poitiers une discussion très longue avec les docteurs en théologie chargés de l'examiner sur ses doctrines et sa foi religieuses.

N°s 3 et 4, page 65.

Journal du siége d'Orléans imprimé mot à mot sur le manuscrit d'un bourgeois de cette ville.

N° 5, page 71.

VALEUR D'UNE LIVRE TOURNOIS A DIFFÉRENTES ÉPOQUES.

Pendant la seconde race, 77 fr. 78 c.
Sous Louis-le-Jeune, en 1180, elle était de 19 fr. 68 c.
Sous Charles VI, de 1380 à 1422, de 7 fr. 2 c.
Sous Henri III, de 1574 à 1589, de 2 fr. 61 c.

N° 6, page 72.

Les rois de France possédaient anciennement le domaine de Vez. Philippe-Auguste en fit don en 1214 à Raoul d'Estrées, ainsi que du moulin sis audit lieu.

CARLIER, *pièces justificatives.*

N° 7, page 75.

L'administration du département de l'Oise a fait consolider la flèche de Saint-Thomas qui est le seul des monumens historiques que possède encore Crépy.

N° 8, *page* 80.

« Il n'y avait plus d'argent dans le trésor du roi ni dans
» la bourse des sujets. « Tant de la pécune du roi que de la
» mienne il n'y avait pas en tout, chez moi, quatre écus. »
» Racontait Renault de Bouligny, son trésorier. »

(BARANTE.)

N° 9, *page* 96.

Le péage différait du droit de travers en ce que le premier se percevait sur toutes les marchandises qui passaient sur le chemin royal au lieu que le *travers* était dû seulement par le sujet qui transportait ses meubles et marchandises hors du territoire de son seigneur. (CARLIER.)

N° 10, *page* 105.

On le nomme dans l'histoire *le Bâtard* des Vertus, et je n'ai pu trouver le lieu où il périt.

N° 11, *page* 107.

(*Une faute d'impression a donné à cette note le chiffre* 5.)

Les curieux doivent regretter la destruction de l'église de Sainte-Agathe de Crépy qui offrait les transformations successives de l'architecture des différentes époques depuis les VIIIe et IXe siècles jusqu'au XVIe,

N° 12, *page* 114.

Au XIIIe siècle, les possesseurs de Nanteuil étaient issus des comtes du Vexin.

N° 13, *page* 120.

Par une tradition qui s'est propagée de siècle en siècle, on pense généralement qu'à la place de l'église et du donjon de Martimont, il y avait un temple dédié à Mars; l'église de Martimont était une des plus anciennes du diocèse de Soissons.

N° 14. *Page* 196.

Nicolas Clemangis avait quitté la chartreuse de Val-Profonde pour venir à Bourg-Fontaine.

N° 15, *page* 211.

On lit sur un pilier de l'église de Dampleux qu'un homme d'armes du château de Pacy en Valois était venu un jour dans l'église enlever les tours des lits des pauvres malades et qu'il injuria une sainte femme qui lui reprochait ce vol sacrilége. Huit jours après, suivant le récit, cet homme malade à son tour, vint prier Dieu dans la même église et fut soudain transporté dans la forêt de Retz, où il fut retrouvé mort peu de jours après, mais les chairs avaient disparu et les os sonnaient comme des noix dans ses vêtemens.

Ce fait ce serait passé de 1420 à 1430.

N° 16, *page* 236.

Les chaussées Brunehaut existent encore sur quelques points du Valois et sont attribuées aux Romains, bien qu'elles paraissent à Carlier avoir été continuées par les Gaulois.

N° 17, *page* 335.

Son père, Guillaume de Pisseleu épousa successivement trois femmes dont il eut trente enfans. Anne naquit du second mariage. Cette famille datait du XIVe siècle, le chef Jean de Pisseleu était fauconnier du roi en 1343.

N° 19, *page* 364.

Péronne était défendue par le maréchal de la Mark, le comte de Dammartin, de Moyencourt et le duc de Guise. Les opérations du siége furent très vives, très meurtrières, et le comte de Dammartin périt dans une mine.

N° 18, *page* 351.

ÉPITAPHE DE LA COMTESSE DE CHATEAUBRIANT.

Icy dessoubz, cy gist en peu d'espace
De fermeté la montaigne et la masse ;
En amitié seul chef-d'œuvre parfaict
Qui rand chacun trouver ung tel effect
Si vertueux que ung chacun y passe.
Celle a souffert qu'en son vivant l'aimasse
A quel record que le temps point n'efface !
L'âme est en hault, du beau corps c'en est faict
    Icy dessoubz.

Ha ! triste prière, ains as-tu tant d'audace
De m'empescher celle tout belle face,
En me rendant malheureux et deffaict ?
Car tout digne œuvre en rien n'avait m'effaict
Qu'on l'enfermast avec sa bonne grâce,
    Ici dessoubz.   FRANÇOIS 1er.

N°   *page* 216.
Rondel.

Allez vous-en, allez, allez,
Soucy, soin et mélancolie ;
Me cuidez-vous toute ma vie
Gouverner, comme fait avez ?
Je vous promets que non ferez ;
Raison aura sur vous maistrie ;
Allez vous-en, allez, allez,
Soucy, soin et mélancolie.
 Si jamais plus vous retournez
Avecque votre compagnie
Je prie à Dieu qu'il vous maudie,
Et le jour que vous en reviendrez :
Allez vous-en, allez, allez,
Soucy, soin et mélancolie.

Rondel.

Petit mercier, petit panier !
Pourtant si je n'ai marchandise
Qui soit du tout à votre guise
Ne blasmez pour ce mon mestier ;
Je gagne denier à denier :
C'est loin du trésor de Venise,
Petit mercier, petit panier.
 Et tandis qu'il est jour ouvrier,
Le temps perds, quand à vous devise,
Je vais parfuire mon emprise,
Et parmi les rues crier :
Petit mercier, petit panier ! CHARLES D'ORLÉANS.

Ventris.

Ventris, possesseur génitif,
Du fruit, gouverneur substantif,
Reçut glorieuse portée,
Quand Dieu le père, impératif,
Transmit son fils, verbe passif,
En vous, sans viril conjonctif......
 (*Missel à l'usage de Reims.*)

A DIANE DE POITIERS.

Plus ferme foy ne fut oncques jurée
A nouveau prince, ô ma belle princesse
Que mon amour, qui vous sera sans cesse
Contre le temps et la mort assurée,
De fossés creux ou de tour bien murée
N'a pas besoin de mon cœur la forteresse
Dont je vous fis dame, reine et maitresse,
Parce qu'elle est d'éternelle durée
Trésor ne peut sur elle de vainqueur :
Un si vil prix n'acquiert un gentil cœur. HENRI II.

TABLE DES MATIÈRES.

CHAPITRE PREMIER.
Règne de Charles VI.

	Pages.
Le comté de Valois est érigé en duché	2
Assassinat du duc de Valois, Louis d'Orléans.	5
Possessions de son héritier le duc Charles.	7
Ligue des Armagnacs.	7
Armagnacs excommuniés.	10
Formation du corps des bouchers.	11

CHAPITRE II.

Bosquiaux, capitaine de Pierrefonds.	15
Crépy soumis au comte de Saint-Pol.	16
Villers-Cotterêts et La Ferté-Milon soumis au même.	17
Les Anglais en Normandie.	19
Le Valois rentre sous la domination du duc Charles.	19
Siége de Compiègne.	23
Siége de Soissons.	25
Longpont, Valsery pillés par les Bourguignons.	25 et 26

CHAPITRE III.

Les Anglais en Normandie.	32
Bataille d'Azincourt.	34
Le duc de Valois prisonnier.	35
Bosquiaux gouverne le duché.	35
Prise de Nanteuil-le-Haudouin.	37
— Compiègne par Bosquiaux.	38
Le sire de Gamaches à Montespilloy.	44

	Pages.
Capitulations des forteresses du Valois.	46
Jean Alboud à Cerfroid.	47
Mort du roi d'Angleterre.	48
— de Charles VI	49
Supplice de Bosquiaux.	49

CHAPITRE IV.

Avènement de Charles VII.	51
Jean de Luxembourg dans le Valois.	52
Destruction du château de Braine.	53
Assises du Valois.	55
Le roi à Soissons.	57
— à Crépy.	57
La Pucelle devant Montespilloy.	59
Journée de Senlis.	61
Siége de Compiègne.	63
Prise de Jeanne d'Arc.	65
Levée du siége de Compiègne.	67

CHAPITRE V.

La guerre continue dans le Valois.	69
Les monastères de Coincy, de Val-Chrétien pillés.	70
Destruction de Crépy.	71
— du château de Béthizy.	77
— de Chavercy et d'Oulchy.	78
Le connétable de Richemont dans le Valois.	81

CHAPITRE VI.

Traité d'Arras.	83

	Pages.
Mort d'Isabeau de Bavière.	85
Le connétable prend Compiègne.	88
Siége de Meaux.	90
Négociations pour la délivrance du duc Charles de Valois.	92
Mariage du duc de Valois.	95
Lévignan vendu par le duc.	96
Il vient à Crépy. État de cette ville en 1445. Réparations faites aux forteresses du Valois.	98

CHAPITRE VII.

Etienne et Jean Fusiller, de Crépy, conseils du duc de Valois.	99
Maîtrise de la forêt de Retz, rétablie en 1445.	100
Administration judiciaire et coutumes du duché.	100
Grands jours du Valois.	103
Greniers de la recette générale, transférés de Crépy à Verberie.	103
L'agriculture se rétablit à Nanteuil.	103
Exécution judiciaire du Bâtard des Vertus.	105
Détails sur les travaux entrepris à Crépy.	107
État dans lequel se trouvait Villers-Cotterêts en 1455.	109
Origine de Neuilly-St-Front.	112
Origine de Nanteuil.	114
Lieux où se rendaient la justice dans le Valois.	115
Sur le village de Vez.	115
Vivières et Ste-Clotilde.	119
Ambleny, Courtieux et Martimont.	120

CHAPITRE VIII.

Règne de Louis XI.

La Ferté-Milon et son fort château.	121
Mort de Charles VII.	124
Mort du duc Charles de Valois.	125
Reliques de l'église de St-Aubin, de Crépy.	127
Marie de Clèves amène le nouveau duc Louis d'Orléans à Crépy.	128
Les fermiers de Glagnes.	130
Mariage du duc de Valois.	132
Mort de Louis XI.	139

CHAPITRE IX.

Avènement de Charles VIII.

Le duc Louis d'Orléans prend possession du duché.	143
Alliance de notre duc avec les autres princes contre Mme de Baujeu.	147
Il se retire en Bretagne.	148
Le duché de Valois est saisi en 1489.	151
St-Aubin du Cormier. Le duc Louis est fait prisonnier.	152
Anne de Bretagne.	154
Négociations pour son mariage.	155
Le duc de Valois devient libre	150
Mariage d'Anne de Bretagne	160

CHAPITRE X.

Le duc de Valois assiste au couronnement de la reine.	164
Rétablissement des foires de Crépy.	166
Construction de l'église de St-Nicolas de La Ferté-Milon.	167
Le duc de Valois enfermé à Novarre.	171
Mort de Charles VIII.	174
Avènement au trône, de Louis d'Orléans, duc de Valois.	176
Il donne au comte François le duché en apanage.	177

CHAPITRE XI.

Résumé du xve siècle.	178
Chartes des communes.	185
Cys, Presles et St-Mard.	189
Découverte de l'imprimerie.	195
Architecture du xve siècle.	199
Sculpture. Peinture.	201

	Pages.		Pages.
Gravure, monnaies et langage.	206	Clocher de Béthizy.	267
Mœurs.	208	St-Yved de Braine.	267
Art dramatique.	215	Pélerinages du Valois.	269
Concile de Soissons.	218	St-Vulgis de Troesne.	270
L'Angelus institué par L. XI.	219	Légende de Félix de Valois à Cerfroid.	273
		Saint-Jean de Saintines.	274

CHAPITRE XII.
Règne de Louis XII.

Parenté du comte d'Angoulême avec Louis XII.	223
Députation au roi pour le mariage de sa fille avec François, duc de Valois.	226
Animosité de la reine contre Madame de Savoie.	228
Fiançailles du duc François.	230
Administration du duché.	233
Accroissement de N.-St-Fr.	234
Gruyers du Valois. Étendue des forêts du Valois.	235, 236
Maîtrise de la forêt de Laigue.	237
Droits coutumiers du Valois.	238

CHAPITRE XIII.

Premières armes de François de Valois.	247
Mort de la reine.	250
Mariage du duc François avec Claude de France.	253
Mariage du roi Louis XII avec Marie d'Angleterre.	255
François de Valois et Charles Brandon.	257
Mort de Louis XII.	257

CHAPITRE XIII bis.
Règne de François Ier.

Avènement du duc de Valois à la couronne.	261
La veuve de Louis XII quitte la France.	261
Marchés de Verberie et Béthizy rétablis.	262
Constructions du château de Villers-Cotterêts.	263
Capitainerie des chasses.	264
Exemption (ce qu'on entend par).	265

CHAPITRE XIV.

Conférence de Noyon.	289
Ordonnance sur la chasse.	290
Concordat de François Ier.	292
Camp du drap d'or.	303
Accident arrivé au roi à Villers-Cotterêts.	307
Châteaux de Cramailles et de Givraye.	309

CHAPITRE XV.

Etablissement des rentes perpétuelles.	311
Guerres en Picardie et en Champagne.	313
Vénalité des charges.	314
Anarchie dans le Valois.	319
Mort de la Reine Claude.	322
Combat d'Acy en Multien.	326
Lit de Justice.	337

CHAPITRE XVI.

Paix des Dames.	341
Phénomènes remarquables dans les saisons.	343
Le Duché de Valois cédé à la comtesse de Vendôme.	344
Terrier du Valois.	345
Organisation de l'infanterie.	354
Fin de la construction du château de Vil.-Cotterêts.	359
Le Pilory à Crépy.	360
Les Impériaux à Guise.	364

CHAPITRE XVII.

Ordonnance de Villers-Cotterêts sur les tribunaux.	372
Etats de la province.	373
Etablissement des registres de l'état civil.	375

	Pages.
Redevances aux Gruyers de Crépy.	377
Erection de Nanteuil en comté.	477
Haine d'Anne de Pisseleu contre Diane de Poitiers.	382
Les noces salées.	385

CHAPITRE XVIII.

Nouvelle guerre entre Charles-Quint et le Roi.	387
Froid extrême en 1544.	391
Les ennemis devant Neuilly-St-Front.	393
Charles-Quint loge au Château de Villers-Cotterêts.	395
Paix de Crépy.	396
St-Jean des Vignes.	399
Mort du roi François Ier.	402
Ses épargnes, ses constructions et sa devise.	403
Mort d'Anne de Pisseleu.	404

CHAPITRE XIX.

Règne de Henri II.

Construction de la Chapelle du château de V.-Cotterêts.	406
Amour du roi pour Diane de Poitiers.	407
Augmentation des charges judiciaires.	409
Projet d'établir l'inquisition en France.	410
L'amiral Coligny.	412
Le duc de Guise achète le comté de Nanteuil.	414
Le Roi à Nanteuil.	415
Mort du roi Henri II.	418

CHAPITRE XX.

Règnes de François II et Charles IX.

Voyages de François II à Nanteuil.	422
Sa mort à Orléans.	423

	Pages.
Réformes dans les dépenses.	424
La reine-mère devient duchesse de Valois.	427
Division de la forêt de Retz en 19 Garderies.	428
Navigation de l'Ourcq.	428
Etablissement d'un collége à Crépy.	430
Prise de Soissons par les protestants.	432
Les Huguenots à La F.-Mil.	
Paix entre les religionnaires.	436
Mort de Charles IX.	440

CHAPITRE XXI

Avénement de Henri III.

L'abbé de Longpont pousse le roi à la guerre civile.	442
Conférences de Nanteuil.	443
Les Guise cèdent Nanteuil au roi.	446
Gaspard de Schomberg en devient possessseur.	447
Crépy devient siége d'élection.	449
Marguerite de Valois devient titulaire du duché.	450
Mort de Henri III.	452

CHAPITRE XXII ET DERNIER.

Henri IV.

Rieux de Pierrefonds.	455
Les Ligueurs à V.-s.-Aisne.	457
Le duc de Mayenne à Laferté-Milon.	458
Siége de Pierrefonds.	459
Rieux est pris et pendu.	461
Pierrefonds est cédé à François des Ursins.	462
Siége de Laferté-Milon.	463
Destruction de ce château.	464
Marguerite prend le titre de duchesse de Valois.	469
Considérations générales sur le XVIe siècle.	470

FIN DE LA TABLE.

www.ingramcontent.com/pod-product-compliance
Lightning Source LLC
Chambersburg PA
CBHW050238230426
43664CB00012B/1750